ECONOMICS!

HENRY HAZLITT
ECONOMICS!

Über Wirtschaft und Mißwirtschaft

(Lektion und Beispiele)

Poller

CIP-Kurztitelaufnahme der Deutschen Bibliothek
Hazlitt, Henry:
Economics!
Über Wirtschaft u. Mißwirtschaft;
(Lektion u. Beispiele)/
Henry Hazlitt.
[Übers. aus d. Amerikan. von Wolfgang Rhiel]. –
Stuttgart: Poller, 1983.
Einheitssacht.: Economics in one lesson ‹dt.›
ISBN 3-87959-194-6

Horst Poller Verlag
Juni 1983
ISBN 3-87959-194-6

Die amerikanische Originalausgabe ist unter dem Titel
»ECONOMICS IN ONE LESSON«
im Verlag Arlington House Publishers,
Westport, Connecticut,
erschienen.

Übersetzung aus dem Amerikanischen: Wolfgang Rhiel

Copyright © 1946 by Harper Brothers
Copyright © 1962 and 1979 by Henry Hazlitt,
published by arrangement with
Arlington House Inc., New York

Alle Rechte der deutschsprachigen Ausgabe beim
Horst Poller Verlag, Stuttgart

Umschlagentwurf: Jürgen Reichert, Stuttgart-Stammheim
Gesamtherstellung: Süddeutsche Verlagsanstalt und
Druckerei GmbH, Ludwigsburg

Alle Rechte vorbehalten
Nachdruck, auch auszugsweise, nur mit Zustimmung des Verlages
Printed in Germany

Vertrieb: Verlag BONN AKTUELL GmbH, 7000 Stuttgart 31

Inhaltsverzeichnis

Vorwort zur ersten Auflage 7

Vorwort zur Neuauflage 11

Teil 1: Die Lektion 13

Teil 2: Die Beispiele 19

1. Das eingeschlagene Schaufenster 20
2. Zerstörung – ein Segen? 21
3. Arbeitsbeschaffung kostet Arbeitsplätze 27
4. Steuern lähmen die Produktion 34
5. Staatskredite als Weichensteller 36
6. Der »Fluch« der Maschine 45
7. Die Arbeit verteilen? 58
8. Weniger Bürokraten – weniger Kaufkraft? 63
9. Das goldene Kalb Vollbeschäftigung 67
10. Wen schützen Schutzzölle? 69
11. Alles ruft nach Exporten 80
12. Agrarmarktordnung auf amerikanisch 86
13. Kranke Branchen retten? 94
14. So funktioniert das Preissystem 99
15. Preis-Stützen sind teure Krücken 106
16. Wenn der Staat die Preise macht 114
17. Mietpreisbindung und die Folgen 124
18. Verordnete Mindestlöhne 131
19. Können Gewerkschaften wirklich Löhne erhöhen? 137
20. Karl Marx und der gerechte Lohn 150
21. Die Aufgabe der Profite 158
22. Das süße Gift Inflation 162
23. Angriff auf das Sparen 176
24. Noch einmal: Die Lektion 190

Teil 3: Nachgedanken 201

Register 213

Vorwort zur ersten Auflage

Dieses Buch ist eine Analyse wirtschaftlicher Irrtümer, die inzwischen so weitverbreitet sind, daß sie schon fast als gültige Lehrmeinung hingenommen und kaum mehr angezweifelt werden. Wenn sie sich noch nicht auf der ganzen Linie durchgesetzt haben, so liegt das nur an ihren inneren Widersprüchen und an dem einfachen Grund, daß man sich bei den praktischen Dingen des täglichen Lebens nicht dauernd irren kann.

Es gibt jedoch gegenwärtig keine bedeutende Regierung auf der Welt, deren Wirtschaftspolitik nicht von wenigstens einigen dieser Irrtümer beeinflußt, wenn nicht sogar fast völlig beherrscht wird. Der kürzeste und beste Weg zu einem Verständnis der Wirtschaft ist vielleicht der einer genauen Untersuchung solcher Denkfehler, vor allem jenes zentralen Fehlers, der allen anderen zugrunde liegt. Das ist das Vorhaben dieses Buches.

Es geht ihm also in erster Linie um Auswirkungen. Dabei erhebt es nicht den Anspruch der Originalität hinsichtlich irgendwelcher bedeutender Gedanken, die hier erörtert werden. Es will vielmehr belegen, daß viele der Ideen, die heute als phantastische Neuerung oder Fortschritt angepriesen werden, in Wahrheit einfache Neuauflagen alter Irrtümer sind und darüber hinaus jene Weisheit bestätigen, wonach derjenige, der nichts von seiner Vergangenheit weiß, dazu verdammt ist, sie zu wiederholen.

Der vorliegende Versuch ist, wie ich annehme, unverfroren »klassisch«, »traditionell« und »orthodox«. Das sind zumindest die Eigenschaften, mit denen ohne Frage jene das Buch werden abtun wollen, deren Trugschlüsse hier beleuchtet werden. Aber wer sich vorgenommen hat, der Wahrheit möglichst nahe zu kommen, wird sich durch solche Bezeichnungen nicht abschrecken lassen. Er wird nicht ständig nach einer Revolution in der Wirtschaft oder einem Neubeginn Ausschau halten. Er wird neuen Gedanken selbstverständlich genauso aufgeschlossen gegenüberstehen wie alten, aber gern die rastlose und eitle Jagd nach allem Neuen und Originellen anderen überlassen. Morris R. Cohen hat dazu gesagt: »Die Vorstellung, daß wir auf die Ansichten aller großen Denker der Vergangenheit verzichten könnten, ist sicher kein Fundament für die Hoffnung, daß sich unser eigenes Wirken als wertvoll für andere erweist.«[1]

Weil dieses Buch sich auf Auswirkungen konzentriert, habe ich mich unbekümmert und ohne das im einzelnen kenntlich zu machen, der Gedanken anderer bedient (einige wenige Fußnoten und Zitate sind die Ausnahme). Das ist unumgänglich, wenn man über ein Gebiet schreibt, auf dem unendlich viele der berühmtesten Köpfe der Welt geforscht haben. Drei Autoren fühle ich mich jedoch in einer Weise verpflichtet, daß ich nicht ohne eine Erwähnung darüber hinweggehen kann. Meine größte Dankesschuld hinsichtlich der Art der Darstellung, an die sich auch *meine Argumentation* anlehnt, gilt Frédéric Baştiat und seinem Werk *Ce qu'on voit et ce qu'on ne voit pas,* das inzwischen fast 100 Jahre alt ist. Die vorliegende Arbeit kann tatsächlich als eine Modernisierung, Erweiterung und Verallgemeinerung des Ansatzes betrachtet werden, den Bastiat in seiner Untersuchung gefunden hat. Ein weiterer Dank gilt Philip Wicksteed; vor allem wegen des Kapitels über Löhne und der Zusammenfassung im Abschlußkapitel stehe ich tief in der Schuld seines *Commonsense of Political Economy.* Als drittem habe ich Ludwig von Mises zu danken. Neben allem, was ich seinem Werk ganz allgemein verdanke, gilt meine besondere Erwähnung seiner Darstellung über die Art, in der sich der Prozeß monetärer Inflation ausbreitet.

Bei der Analyse der Irrtümer habe ich es für noch unangebrachter gehalten, bestimmte Namen zu erwähnen, als bei positiven Äußerungen. Das hätte erfordert, jedem kritisierten Autor in besonderer Weise gerecht zu werden, eingehend zu zitieren, zu berücksichtigen, welche spezielle Bedeutung er diesem und jenem Punkt beimißt, seine Urteilskriterien zu nennen, die mißverständlichen und in sich widersprüchlichen Seiten und anderes mehr. Ich hoffe da-

---

1 *Reason and Nature* (1931), S. X

her, daß niemand zu enttäuscht ist, wenn Namen wie Karl Marx, Thorstein Veblen, Major Douglas, Lord Keynes, Alvin Hansen und andere nicht in diesem Buch vorkommen.

Es ist nicht meine Absicht, Irrtümer bestimmter Autoren aufzuzeigen, sondern wirtschaftliche Fehlurteile in ihrer häufigsten, verbreitetsten oder einflußreichsten Form. Irrtümer werden ohnehin anonym, wenn sie erst einmal populär geworden sind. Die Haarspaltereien oder Unklarheiten bei den Autoren, die am meisten Verantwortung für die Verbreitung dieser Irrtümer tragen, verblassen. Lehrsätze werden vereinfacht; der Trugschluß, der vielleicht in einem Netz aus Beurteilungen, mißverstandenen Vorgängen oder mathematischen Gleichungen verborgen ist, steht damit deutlich vor uns. Ich hoffe, man wird mich nicht der Ungerechtigkeit anklagen mit der Begründung, ein berühmter Lehrsatz sei in der Form, in der ich ihn präsentiert habe, nicht exakt der gleiche, wie er von Keynes oder irgendeinem anderen aufgestellt wurde. Wir sind hier an der Überzeugung interessiert, die politisch einflußreiche Gruppen haben und nach der Regierungen handeln, nicht am historischen Ursprung dieser Überzeugungen.

Zum Schluß hoffe ich, man sieht es mir nach, daß ich so wenig Gebrauch von Statistiken mache. Der Versuch, statistische Bestätigungen etwa für die Auswirkungen von Zöllen, Preiskontrollen, Inflation und der Überwachung von Gütern wie Kohle, Gummi und Baumwolle zu bringen, hätte den Umfang des Buchs gesprengt. Als Journalist weiß ich im übrigen nur zu gut, wie schnell Statistiken überholt sind und durch neue Zahlen ersetzt werden. Wer sich für spezielle Wirtschaftsprobleme interessiert, sollte aktuelle »realistische« Diskussionen darüber lesen, die statistisch untermauert sind. Er wird keine Schwierigkeiten haben, die Statistiken im Lichte der Grundlagen richtig zu deuten, die er hier kennengelernt hat.

Ich habe mich bemüht, dieses Buch so einfach und frei von Fachausdrücken zu schreiben, wie es mit einer angemessenen Genauigkeit vereinbar ist, so daß auch ein Leser es verstehen kann, der keine wirtschaftlichen Vorkenntnisse hat.

Das Buch ist zwar als Einheit gedacht, trotzdem sind bereits drei Kapitel als Einzelartikel veröffentlicht worden, und ich möchte der *New York Times,* dem *American Scholar* und dem *New Leader* für die Erlaubnis danken, etwas nachzudrucken, was ursprünglich in diesen Blättern erschienen ist. Ich danke Professor von Mises für die Durchsicht des Manuskripts und seine nützlichen Anregungen. Die Verantwortung für die zum Ausdruck gekommenen Meinungen liegt selbstverständlich bei mir.

New York, 25. März 1946

Henry Hazlitt

Vorwort zur Neuauflage

Die erste Auflage dieses Buches erschien 1946. Sie wurde in acht Sprachen übersetzt und in zahlreichen Taschenbuchausgaben verbreitet. 1961 kam ein neues Kapitel über Mieterschutz hinzu, der in der ersten Auflage nur ganz allgemein im Zusammenhang mit der staatlichen Preiskontrolle behandelt worden war. Außerdem wurden einige Statistiken und erläuternde Hinweise auf den neuesten Stand gebracht.

Ansonsten hat es bisher keine Veränderungen gegeben, weil das einfach nicht notwendig erschien. Ich hatte dieses Buch geschrieben, um allgemeine wirtschaftliche Zusammenhänge zu schildern wie auch die nachteiligen Folgen, wenn man diese Zusammenhänge nicht beachtet. Es war mir weniger darum gegangen, auf die schädlichen Auswirkungen bestimmter Gesetze hinzuweisen. Meine Darstellung beruht zwar größtenteils auf amerikanischen Erfahrungen, aber die staatlichen Eingriffe der Art, die ich mißbillige, hatten weltweit in einem solchen Maß um sich gegriffen, daß es vielen ausländischen Lesern so vorkam, als hätte ich über die Wirtschaftspolitik ihres eigenen Landes geschrieben.

Dennoch scheint es mir nach 32 Jahren an der Zeit, eine umfassende Überarbeitung vorzulegen. So habe ich ein ganz neues Kapitel über Mietpreisbindung geschrieben. Außerdem ist ein neues Schlußkapitel hinzugekommen.

Wilton, Connecticut, im Juni 1978

Henry Hazlitt

Teil 1
DIE LEKTION

In keinem Bereich menschlichen Bemühens spuken so viele Irrtümer wie in der Wirtschaft. Das ist kein Zufall. Sind die dem Fach eigenen Schwierigkeiten schon groß genug, erhöhen sie sich noch um ein Vielfaches durch einen Umstand, der zum Beispiel für die Physik, die Mathematik oder die Medizin keine Bedeutung hat – das nachhaltige Eintreten für eigennützige Interessen. Zwar hat jede Gruppe bestimmte wirtschaftliche Interessen, die sich mit denen aller anderen Gruppen decken, doch sie hat auch, wie wir noch sehen werden, Eigeninteressen, die denen aller anderen Gruppen zuwiderlaufen. Bestimmte wirtschaftspolitische Maßnahmen der öffentlichen Hand kommen langfristig jedermann zugute, andere dagegen begünstigen nur *eine* Gruppe auf Kosten aller anderen. Die Gruppe, die von solchen Maßnahmen profitiert und deshalb ein direktes Interesse an ihnen hat, wird sich verständlicherweise mit Nachdruck und scheinbarer Glaubwürdigkeit für sie einsetzen. Sie wird die klügsten Köpfe engagieren, die sie sich beschaffen kann, damit sie sich ganz ihrer Sache annehmen. Und sie wird die Öffentlichkeit schließlich entweder davon überzeugen, daß ihre Sache gut ist, oder sie so verwirren, daß es praktisch unmöglich wird, die Zusammenhänge noch klar zu durchschauen.

Neben diesem Eintreten für Eigeninteressen produziert noch ein anderer nicht unbedeutender Umstand tagtäglich wirtschaftliche Irrtümer am laufenden Band. Das ist die unausrottbare Neigung der Menschen, nur die unmittelbaren Folgen einer Maßnahme, oder nur deren Auswirkungen auf eine bestimmte Gruppe zu sehen. Man versäumt zu fragen, wie sich diese Maßnahme langfristig nicht nur auf diese eine Gruppe, sondern auch auf alle anderen auswirkt. Es ist die Kurzsichtigkeit, die Spätfolgen außer acht zu lassen.

Darin liegt der ganze Unterschied zwischen gutem und schlechtem Wirtschaften. Der schlechte Wirtschafter sieht nur, was offenkundig ist, der gute blickt tiefer. Der schlechte Wirtschaftspolitiker erkennt nur die unmittelbaren Folgen eines geplanten Kurses, der gute bedenkt auch die erst später eintretenden und indirekten Konsequenzen. Der kurzsichtige Wirtschaftsexperte überlegt nur den Nutzen einer Maßnahme für eine bestimmte Gruppe, der weitblickende untersucht auch die Auswirkungen auf alle anderen Gruppen.

Diese Unterscheidung mag naheliegend erscheinen. Die Vorsicht, sämtliche Folgen eines bestimmten Handelns für alle zu bedenken, ist eigentlich selbstverständlich. Weiß nicht jeder aus seinem eigenen Leben, daß es Schwächen und Laster gibt, die im Moment zwar angenehm, am Ende aber verhängnisvoll sind? Weiß z. B. nicht jeder, der sich betrinkt, daß ihm am nächsten Tag schlecht ist und er einen Kater hat? Ist nicht jedem Gewohnheitstrinker bekannt, daß er seine Leber ruiniert und sein Leben verkürzt? Weiß der Playboy nicht, daß er sich auf alle möglichen Risiken einläßt, von der Erpressung bis zur Geschlechtskrankheit? Und um wieder auf den wirtschaftlichen, wenn auch immer noch privaten Bereich zu kommen: wissen der Faulenzer und der Verschwender nicht schon, während sie sich noch austoben, daß sie auf eine Zukunft in Schulden und Armut zusteuern?

Doch wenn wir zur staatlichen Wirtschaftspolitik kommen, werden all diese elementaren Wahrheiten mißachtet. Da gibt es Leute, die als glänzende Wirtschaftsexperten gelten, die das Sparen verurteilen und staatliche Verschwendung als Mittel zur Rettung der Wirtschaft empfehlen. Und wenn jemand auf die langfristigen Folgen dieser Politik hinweist, entgegnen sie leichthin, wie der auf großem Fuß lebende Sohn seinem warnenden Vater: »Auf lange Sicht – da sind wir doch sowieso alle tot.«

Aber das Tragische ist, daß wir ganz im Gegenteil bereits unter den langfristigen Folgen der Maßnahmen der jüngeren und ferneren Vergangenheit zu leiden haben. Das Heute ist schon das Morgen. Die langfristigen Auswirkungen einiger Wirtschaftsmaßnahmen werden vielleicht schon in wenigen Monaten sichtbar. Andere machen sich vielleicht erst in ein paar Jahren bemerkbar, und wieder andere erst in Jahrzehnten. Aber auf jeden Fall sind diese langfristigen Folgen bereits in den Maßnahmen enthalten.

So gesehen läßt sich daher die ganze Lehre von der Wirtschaft auf eine einzige Lektion, und diese Lektion auf einen einzigen Satz reduzieren. *Die Kunst des Wirtschaftens besteht darin, nicht nur die unmittelbaren, sondern auch die langfristigen Auswirkungen jeder Maßnahme zu sehen; sie besteht ferner darin, die Folgen jedes Vorgehens nicht nur für eine, sondern für alle Gruppen zu bedenken.*

Neun Zehntel der wirtschaftlichen Irrtümer, die in der heutigen Welt enormen Schaden bewirken, sind das Ergebnis der Nichtbeachtung dieser Lektion. Und all diese Fehlbeurteilungen gehen auf einen von zwei zentralen Irrtümern zurück, oder auf beide: auf den, nur die unmittelbaren Auswirkungen einer Handlung oder einer Maßnahme zu beachten, und auf den, nur die Folgen für eine bestimmte Gruppe zu sehen, ohne die Nachteile für andere.

Selbstverständlich ist auch der genau entgegengesetzte Irrtum möglich. Wenn wir eine Maßnahme erörtern, sollten wir nicht nur ihre langfristigen Auswirkungen auf die Gemeinschaft als Ganzes im Auge haben. Diesen Fehler begehen die Vertreter der klassischen Wirtschaftslehre ziemlich oft. Er ergab sich aus einer gewissen Gleichgültigkeit gegenüber Gruppen, die unmittelbar empfindlich von Maßnahmen oder Entwicklungen getroffen wurden, welche sich per Saldo und auf lange Sicht betrachtet durchaus als vorteilhaft erwiesen.

Heute unterläuft dieser Fehler kaum noch jemandem. Und die wenigen, denen er doch passiert, sind in erster Linie Wirtschaftstheoretiker. Der häufigste Irrtum heute, der in beinahe jeder Unterhaltung über Wirtschaftsfragen und Tausenden von Politikerreden wieder und wieder vorkommt, der grundlegende Trugschluß der »neuen« Wirtschaft, besteht darin, sich auf die kurzfristigen Auswirkungen von Maßnahmen auf bestimmte Gruppen zu konzentrieren und die langfristigen Folgen für die Volkswirtschaft als Ganzes zu übergehen oder zu verharmlosen. Die »neuen« Wirtschaftsexperten schmeicheln sich, daß dies ein gewaltiger, fast revolutionärer Fortschritt gegenüber den Methoden der »klassischen« oder »orthodoxen« Theoretiker sei, weil sie die kurzfristigen Auswirkungen in ihre Überlegungen mit einbeziehen, die letztere häufig nicht beachtet haben. Dabei machen sie selbst den weit schwereren Fehler, weil sie die langfristigen Folgen völlig übergehen oder vernachlässigen. Sie sehen den Wald nicht, weil sie sich ausschließlich und mit größter Akribie auf einzelne Bäume konzentrieren. Ihre Methoden und Schlußfolgerungen sind oft durch und durch reaktionär. Überrascht stellen sie manchmal fest, daß sie auf gleicher Linie mit dem Merkantilismus des 17. Jahrhunderts liegen. Sie verfallen in all die alten Fehler (oder würden es, wenn sie nicht so inkonsequent wären), welche die klassischen Ökonomen, wie wir glaubten, ein für allemal aus der Welt geschafft hatten.

Mit Bedauern wird oft vermerkt, daß die schlechten Wirtschaftsexperten ihre Irrtümer der Öffentlichkeit besser verkaufen als die guten Fachleute ihre Wahrheiten. Häufig wird beklagt, daß der wirtschaftliche Unsinn, den Demagogen öffentlich verbreiten, scheinbar mehr einleuchtet als die Argumente der ernsthaften Experten, die nachzuweisen versuchen, was falsch daran ist. Aber der eigentliche Grund dafür ist gar nicht schwer zu erraten. Er besteht darin, daß Demagogen und schlechte Wirtschaftspolitiker Halbwahrheiten anbieten. Sie sprechen nur die direkten Auswirkungen einer geplanten Maßnahme oder deren Folgen für eine bestimmte Gruppe an. Und vielleicht haben sie mit dem, was sie sagen, sogar recht. In diesen Fällen besteht die Antwort aber darin zu zeigen, daß der geplante Schritt auch längerfristige und weniger erwünschte Konsequenzen hat, oder daß er eine Gruppe nur auf Kosten aller anderen begünstigen kann. Die Antwort besteht darin, die halbe Wahrheit durch die fehlende Hälfte zu ergänzen und zu berichten. Aber oft erfordert es komplizierte und umständliche Überlegungen, die wichtigsten Auswirkungen einer geplanten Maßnahme auf alle Betroffenen zu berücksichtigen. Die meisten Zuhörer haben Schwierigkeiten, diesen Gedankengängen zu folgen. Sie langweilen sich sehr bald und hören nicht mehr genau zu. Die schlechtesten Wirtschaftsspezialisten haben für diese geistige Schwäche und Trägheit eine scheinbar einleuchtende Erklärung parat. Sie versichern dem Publikum, es brauche sich überhaupt nicht die Mühe zu machen, den Gedankengängen zu folgen oder deren Wert beurteilen zu wollen, weil das alles doch nur »klassischer Liberalismus«, »Laissez-faire« oder »kapitalistische Ausflüchte« seien, oder was sonst an abwertenden Bezeichnungen herhalten muß.

Wir haben das Wesentliche der Lektion und der Irrtümer, die ihr im Weg stehen, bisher nur anhand abstrakter Begriffe erläutert. Aber die Lektion wird nicht »sitzen«, und die Irrtümer werden auch weiterhin unerkannt bleiben, wenn nicht beides an Beispielen erklärt wird. Mit Hilfe dieser Beispiele können wir bei den ganz elementaren Wirtschaftsproblemen beginnen und uns bis zu den schwierigsten und kompliziertesten Prozessen vorwagen. Wir können anhand der Beispiele lernen, zunächst die ganz groben und offenkundigen Trugschlüsse zu erkennen und zu vermeiden, um am Ende dann einige äußerst raffinierte und schwer faßbare Denkfehler aufzudecken. Dieser Aufgabe wollen wir uns jetzt zuwenden.

Teil 2
DIE BEISPIELE

1.
Das eingeschlagene Schaufenster

Beginnen wir mit dem einfachsten Beispiel, das möglich ist, und entscheiden wir uns, dem Vorbild Bastiats folgend, für eine zerbrochene Fensterscheibe.

Ein Lausbub wirft mit einem Stein das Schaufenster einer Bäckerei ein. Der Bäcker kommt wütend herausgerannt, aber der Junge ist längst verschwunden. Einige Leute strömen zusammen und betrachten mit stiller Genugtuung das gähnende Loch in der Scheibe und die auf Brot und Gebäck liegenden Scherben. Nach einer Weile kommt in der Menge das Bedürfnis nach tiefschürfenden Betrachtungen auf. Und mit größter Wahrscheinlichkeit werden einige der Anwesenden einander oder dem Bäcker erklären, daß letztlich auch dieses Mißgeschick sein Gutes hat. Es gibt irgendeinem Glaser Arbeit. Sie fangen an, darüber nachzudenken und vertiefen sich in den Fall. Wieviel wird eine neue Scheibe kosten? 1000 Mark? Eine ganz schöne Summe. Aber wenn nie irgendwelche Fenster kaputtgingen, was würde dann aus den Glasern? Und so kann man natürlich endlos weiterfolgern. Der Glaser hat 1000 Mark mehr, die er bei anderen Kaufleuten ausgeben kann, die ihrerseits 1000 Mark mehr zum Ausgeben bei wieder anderen Kaufleuten haben, und so weiter. Das eingeworfene Fenster schafft in sich immer weiter ausbreitenden Kreisen Geld und Arbeit. Wenn die Menge die logische Schlußfolgerung aus all dem ziehen würde, hieße das, daß der kleine Lausbub, der den Stein geworfen hat, bei weitem keine Gefahr für die Öffentlichkeit ist, sondern vielmehr ein öffentlicher Wohltäter.

Betrachten wir die Sache etwas anders. Was die erste Schlußfolgerung angeht, hat die Menge zweifellos recht. Dieses kleine Werk der Zerstörung bedeutet zunächst einmal mehr Arbeit für irgendeinen Glaser. Dieser wird den Zwischenfall nicht unglücklicher aufnehmen als ein Leichenbestatter den Tod. Der Bäcker aber ist um 1000 Mark ärmer, für die er einen neuen Anzug hatte kaufen wollen. Weil er das Schaufenster erneuern lassen muß, wird er auf den Anzug verzichten müssen (oder auf ein gleichwertiges Bedürfnis oder Luxusgut). Anstelle eines Schaufensters und der 1000 Mark hat er jetzt nur ein Schaufenster. Oder, wenn er vorgehabt hätte, sich den Anzug noch am gleichen Tag zu kaufen, hätte er, anstatt ein Schaufenster und einen Anzug zu besitzen, mit einem Schaufenster und ohne Anzug zufrieden sein müssen. Wenn wir ihn als Teil der Gemeinschaft betrachten, hat die Gemeinschaft einen neuen Anzug eingebüßt, der sonst vielleicht geschneidert worden wäre, und ist um eben soviel ärmer.

Der geschäftliche Gewinn des Glasers ist mit anderen Worten nichts anderes als der geschäftliche Verlust des Schneiders. Es ist keine zusätzliche »Beschäftigung« entstanden. Die Leute vor dem Schaufenster hatten nur an zwei Parteien bei diesem Geschäft gedacht, an den Bäcker und den Glaser. Die potentiell betroffene dritte Partei, den Schneider, hatten sie vergessen. Sie vergaßen ihn, weil er jetzt gar nicht auf der Bildfläche erscheint. In ein oder zwei Tagen werden sie das neue Schaufenster sehen, aber den neuen Anzug werden sie nie zu sehen bekommen, weil ihn der Schneider nie machen wird. Die Leute sehen nur, was unmittelbar ins Auge fällt.

2.
Zerstörung – ein Segen?

Das zerbrochene Fenster ist damit erledigt. Ein grundlegender Trugschluß. Jeder, so sollte man meinen, könnte ihn vermeiden, wenn er nur einige Augenblicke nachdächte. Doch der Irrtum, dem die Menschen vor dem zerbrochenen Schaufenster erlegen sind, kommt in der Geschichte der Wirtschaft in hundert Verkleidungen wieder und wieder vor. Er grassiert heute in einem Ausmaß wie nie zuvor. Und jeden Tag bekräftigen sie ihn mit feierlichem Ernst aufs neue – einflußreiche Wirtschaftsführer, Handelskammern, Gewerkschaftsführer, Chefredakteure, Journalisten, Rundfunk- und Fernsehkommentatoren, erfahrene Statistiker, die sich der ausgefallensten Techniken bedienen, und Professoren der Wirtschaftswissenschaft an den besten Universitäten. Auf die verschiedenste Art und Weise lassen sie sich alle über die Vorzüge der Zerstörung aus.

Obwohl einige von ihnen es sicher für unter ihrer Würde hielten zu erklären, daß kleine Werke der Zerstörung per Saldo einen Nutzen erbringen können, sehen sie einen fast unbegrenzten Nutzen, wenn die Werke der Zerstörung gigantisch sind. Sie erzählen uns, wieviel wirtschaftlich besser es uns allen im Krieg als in Friedenszeiten geht. Sie erblicken »Produktionswunder«, die zu erreichen ein Krieg erforderlich wäre. Und vor ihren Augen taucht eine Welt auf, der durch gewaltige »akkumulierte« oder »gestützte« Nachfrage Wohlstand beschert wird. In Europa zählten sie am Ende des Zweiten Weltkriegs voller Eifer die Häuser, ganze Städte, die dem Erdboden gleichgemacht worden waren und »ersetzt werden mußten«. In Amerika zählten sie im Krieg die Häuser, die nicht gebaut werden konnten, die Nylonstrümpfe, die man nicht liefern konnte, die altersschwachen Autos und Reifen, die veralteten Radios und Kühlschränke. Dabei brachten sie es auf beachtliche Zahlen.

Da war er wieder, der alte Irrtum mit dem eingeworfenen Fenster, diesmal nur in neuem Gewand und aufgeblasen bis zur Unkenntlichkeit. Und unterstützt wurde er von einem ganzen Bündel verwandter Trugschlüsse. *Bedarf* und *Nachfrage* wurden verwechselt. Je mehr der Krieg zerstört, und je mehr Armut er bringt, desto größer ist der Nachkriegsbedarf. Daran besteht kein Zweifel. Aber Bedarf ist nicht gleich Nachfrage. Wirksame wirtschaftliche Nachfrage erfordert nicht nur einen Bedarf, sondern auch die entsprechende Kaufkraft. Der Bedarf Indiens ist heute um ein Vielfaches größer als der Amerikas. Aber seine Kaufkraft, und damit das »neue Geschäft«, das sie anregen kann, ist um ein Vielfaches kleiner.

Aber wenn wir über diesen Punkt hinausdenken, ergibt sich die Chance für einen weiteren Irrtum, den die Leute vor dem Schaufenster des Bäckers und alle, die ähnlich argumentieren, auch meistens aufgreifen. Sie denken, wenn sie das Wort »Kaufkraft« hören, nur an Geld. Aber Geld kann man drucken. Als diese Zeilen geschrieben wurden, war das

Drucken von Geld tatsächlich der größte Wirtschaftszweig der Welt – wenn man das Produkt in Geld ausdrückt. Aber je mehr Geld auf diese Weise in Umlauf gebracht wird, desto stärker wird die einzelne Geldeinheit entwertet. Dieser sinkende Wert ist an den steigenden Preisen der Waren abzulesen. Aber da die meisten Menschen so sehr daran gewöhnt sind, ihren Wohlstand und ihr Einkommen in Geld auszudrücken, glauben sie, besser daran zu sein, wenn diese in Geld ausgedrückten Zahlen steigen, obwohl sie, in Waren ausgedrückt, vielleicht weniger haben und weniger kaufen können. Die meisten »guten« wirtschaftlichen Folgen, welche die Menschen damals dem Zweiten Weltkrieg zuschrieben, gingen in Wirklichkeit auf die kriegsbedingte Inflation zurück. Sie hätten ebensogut bei einer vergleichbaren Inflation in Friedenszeiten entstehen können, und taten es ja auch. Auf diese Illusion, wenn es um Geld geht, kommen wir später noch einmal zurück.

Aber auch der Irrtum hinsichtlich der »gestützten« Nachfrage enthält eine Halbwahrheit, genauso wie beim zerbrochenen Fenster. Das eingeworfene Schaufenster brachte dem Glaser zusätzliche Arbeit. Die Zerstörungen durch den Krieg brachten den Produzenten bestimmter Waren zusätzliche Arbeit. Die Zerstörung von Häusern und Städten brachte der Bauwirtschaft mehr Arbeit. Da während des Krieges keine Autos, Radios und Kühlschränke hergestellt werden konnten, gab es nach dem Krieg angestaute Nachfrage *gerade nach diesen Produkten.*

Den meisten kam das wie eine erhöhte Gesamtnachfrage vor, was, *ausgedrückt in Mark oder Dollars mit geringerer Kaufkraft,* zum Teil auch zutraf. Aber was in erster Linie stattfand, war ein *Umlenken* der Nachfrage von anderen Waren auf diese speziellen Produkte. In Europa bauten die Menschen mehr neue Häuser als sonst, weil sie es mußten. Aber als sie sie bauten, standen ihnen in eben diesem Umfang weniger Arbeitskräfte und Produktionskapazität für alles andere zur Verfügung. Als sie sich Häuser kauften, konnten sie in eben dem Umfang weniger andere Waren kaufen. Überall, wo die Wirtschaft in einer Richtung ausgebaut wurde, wurde sie in einer anderen entsprechend abgebaut; eine Ausnahme gab es insofern, als Produktivkräfte durch ein Gefühl der Bedürftigkeit und Dringlichkeit angeregt wurden.

Kurz gesagt, das Kriegsende veränderte die *Richtung* der Anstrengungen; es verschob die Gewichte in der Wirtschaft und änderte die Struktur der Industrie.

Nach dem Zweiten Weltkrieg hatte Europa ein rasantes, teilweise außergewöhnliches »Wirtschaftswachstum« zu verzeichnen, sowohl in den Ländern, die vom Krieg heimgesucht worden waren, wie auch in jenen, in denen er nicht gewütet hatte. Einige Länder, die sehr stark zerstört worden waren, wie Deutschland, haben schnellere Fortschritte gemacht als andere Länder, die weniger unter den Kriegsfolgen zu leiden hatten, wie beispielsweise Frankreich. Das lag zum Teil daran, daß Westdeutschland eine gesündere Wirtschaftspolitik betrieb. Zum Teil aber auch daran, daß die drängende Notwendigkeit, zu normalen Wohnungs- und Lebensbedingungen zurückzukehren, verstärkte Anstrengungen auslöste. Aber das bedeutet nicht, daß die Vernichtung von Eigentum ein Vorteil für den Betroffenen ist. Niemand wird sein Haus anzünden, weil eine Theorie besagt, daß das Bedürfnis, es wiederaufzubauen, seine inneren Kräfte mobilisiert.

Nach einem Krieg wird die Tatkraft normalerweise eine Zeitlang angeregt. Zu Beginn des berühmten dritten Kapitels seiner *History of England* schreibt Macaulay:

»Kein gewöhnliches Unglück, keine gewöhnliche Mißwirtschaft stürzen eine Nation so tief ins Elend, daß das ständig fortschreitende materielle Wissen und die dauernden Bemühungen jedes einzelnen, mehr zu leisten, sie nicht doch zum Wohlstand führen könnten. Man hat immer wieder festgestellt, daß weder übermäßige Verschwendung, erdrückende Besteuerung, absurde Handelsbeschränkungen, bestechliche Gerichte, verheerende Kriege, Aufruhr, Verfolgungen, Feuersbrünste noch Überschwemmungen in der Lage waren, so schnell Kapital zu vernichten, wie der Fleiß privater Bürger es neu schaffen konnte.«

Niemand möchte, daß sein Besitz zerstört wird, weder im Krieg noch im Frieden. Was für den einzelnen ein Schaden oder Unglück ist, muß es auch für die Gesamtheit der Einzelpersonen sein, die eine Nation bilden.

Viele der häufigsten Irrtümer bei wirtschaftlichen Betrachtungen entstehen aus der vor allem heute sehr ausgeprägten Neigung, in abstrakten Begriffen zu denken, wie »Gesamtheit« oder »Nation«. Dabei werden oft die Menschen vergessen oder übersehen, die dahinter stehen und allem erst einen Sinn geben. Niemand könnte die Zerstörungen eines Krieges für einen wirtschaftlichen Vorteil halten, der als erstes an die Menschen denkt, deren Besitz vernichtet wird.

Wer meint, daß die Verwüstungen des Krieges die »Gesamtnachfrage« erhöhen, übersieht, daß Nachfrage und Angebot zwei Seiten der gleichen Medaille sind. Sie sind der gleiche Gegenstand von zwei verschiedenen Seiten betrachtet. Das Angebot schafft die Nachfrage, weil es im Grunde Nachfrage *ist*. Das Angebot dessen, was die Menschen produzieren, ist letztlich das einzige, was sie im Austausch für die Dinge anzubieten haben, die sie erwerben möchten. So gesehen stellt das Angebot von Weizen durch die Bauern ihre Nachfrage nach Autos und anderen Gütern dar. All das steckt in der modernen Arbeitsteilung und der Tauschwirtschaft.

Das Verständnis dieser grundlegenden Tatsache wird den meisten Menschen, darunter auch einigen angeblich hervorragenden Wirtschaftsfachleuten, zugegebenermaßen erschwert. Schuld daran sind komplizierte Sachverhalte wie Lohnzahlungen und die indirekte Form, in der der gesamte moderne Tausch über das Hilfsmittel Geld erfolgt. John Stuart Mill und andere klassische Autoren sahen durch den »Geldschleier« wenigstens die Tatsachen, auch wenn sie die komplizierten Auswirkungen des Gebrauchs von Geld manchmal nicht ausreichend berücksichtigten. Insoweit sind sie vielen ihrer heutigen Kritiker voraus, die Geld eher durcheinanderbringt als daß es sie die Zusammenhänge erkennen läßt. Die reine Inflation – also das bloße In-Umlauf-Bringen von mehr Geld mit der Folge steigender Löhne und Preise – erweckt vielleicht den Eindruck, als würde mehr Nachfrage geschaffen. Aber wenn man die tatsächliche Produktion und den Warenaustausch zugrunde legt, ist das gar nicht der Fall.

Es sollte eigentlich klar sein, daß in dem Maße, in dem Produktivkraft zerstört wird, auch ebensoviel echte Kaufkraft ausgelöscht wird. Wir sollten uns in diesem Punkt nicht durch die Auswirkungen der Geldinflation in Form steigender Preise oder das in Geld ausgedrückte »Volkseinkommen« täuschen oder verwirren lassen.

Es wird manchmal behauptet, die Deutschen oder Japaner hätten nach dem Krieg Vorteile gegenüber den Amerikanern gehabt, weil sie ihre alten, im Krieg zerstörten Fabriken durch hochmoderne, neue Anlagen ersetzen und damit effizienter und billiger produzieren konnten als die Amerikaner mit ihren älteren, zum Teil überholten Betrieben und Maschinen. Aber wenn das wirklich ein so klarer Vorteil gewesen wäre, hätten die Amerikaner leicht gleichziehen können, ihre alten Fabrikgebäude abreißen und die unmodernen Anlagen verschrotten können. Überall auf der Welt könnten ja die Produzenten Jahr für Jahr ihre alten Betriebe demontieren und neue Fabriken errichten.

Es ist ganz einfach so, daß es eine optimale Ersatzrate gibt, eine beste Zeit für den Austausch einer Anlage. Die Zerstörung seiner Fabrik durch Bomben wäre für einen Unternehmer nur dann von Vorteil, wenn die gesamte Anlage völlig abgeschrieben wäre und die Bomben in dem Moment fallen würden, wo er ohnehin das Verschrottungskommando hätte bestellen sollen.

Es trifft zu, daß die vorzeitige Wertminderung und Alterung, falls sie nicht angemessen in den Büchern berücksichtigt sind, die Zerstörung eines Betriebes vielleicht nicht ganz so schlimm erscheinen lassen. Es trifft ebenfalls zu, daß die Existenz neuer Anlagen das Veralten älterer Anlagen beschleunigt. Unterstellen wir, die Besitzer der älteren Fabriken und Maschinen versuchen, sie über die Zeit hinaus zu nutzen, in der sie damit ihren Gewinn maximieren können. Dann erzielen die Hersteller, deren Betriebe zerstört wurden, einen relativen Vorteil oder verringern, um es exakter auszudrücken, ihren relativen Verlust – vorausgesetzt, daß sie sowohl die Absicht wie das Kapital haben, die zerstörten Anlagen durch neue zu ersetzen.

Wir kommen, zusammengefaßt, zu dem Schluß, daß es nie von Vorteil ist, wenn eine Anlage von Granaten oder Bomben zerstört wird, es sei denn, sie ist infolge von Wertminderung und Überalterung bereits wertlos gewesen.

Bei der ganzen Diskussion haben wir außerdem bisher einen wesentlichen Gesichtspunkt ausgelassen. Ein einzelner (oder eine sozialistische Regierung) kann Industriebetriebe und Anlagen nur dann erneuern, wenn er die Ersparnisse, das angesammelte Kapital, erworben hat oder erwirbt, die für den Ersatz erforderlich sind. Aber Kriege vernichten angesammeltes Kapital.

Es können, wie wir einräumen müssen, neutralisierende Umstände eintreten. Technologische Entdeckungen und Fortschritte im Verlauf eines Krieges können beispielsweise die individuelle oder gesamte Produktivität in diesem oder jenem Punkt steigern, und die gesamtwirtschaftliche Produktivität erhöht sich vielleicht am Ende. Die Nachkriegsnachfrage wird nie in allen Einzelheiten so aussehen wie die Vorkriegsnachfrage. Doch sollten uns solche Komplikationen nicht davon abhalten, die grundlegende Erkenntnis zu sehen, daß die mutwillige Zerstörung jedes Gegenstandes, der noch einen wirklichen Wert hat, immer ein Verlust, ein Mißgeschick oder eine Katastrophe ist. Sie kann letztlich nie eine Wohltat oder ein Segen sein, wie immer die relativierenden Überlegungen im Einzelfall aussehen mögen.

3.
Arbeitsbeschaffung kostet Arbeitsplätze

Es gibt gegenwärtig keinen hartnäckigeren und stärkeren Glauben in der Welt als den Glauben an die Staatsausgaben. Wo man hinsieht, werden Staatsausgaben als ein Allheilmittel gegen alle unsere wirtschaftlichen Gebrechen hingestellt. Tritt die Privatwirtschaft in einigen Bereichen auf der Stelle? Mit Staatsausgaben bekommen wir das schon wieder hin. Herrscht Arbeitslosigkeit? Das ist offensichtlich die Folge »ungenügender privater Kaufkraft«. Und über die Abhilfe gibt es ebenfalls keinen Zweifel. Die Regierung muß nur genug ausgeben, um den »Ausfall« wieder wettzumachen.

Eine Unmenge Bücher baut auf diesem Irrtum auf. Und wie so oft bei Leitsätzen dieser Art, ist er Teil eines verworrenen Netzes von Trugschlüssen geworden, die sich gegenseitig hochschaukeln. Das ganze Netz läßt sich an dieser Stelle nicht erklären, aber wir werden später auf einige seiner Verästelungen zurückkommen. Untersuchen können wir hier jedoch den Ur-Irrtum, der all diese Nachkommen in die Welt gesetzt hat, den Stammbaum des gesamten Netzes an Irrtümern.

Alles, was wir außer den unentgeltlichen Gaben der Natur bekommen, müssen wir in irgendeiner Form bezahlen. Es wimmelt jedoch von sogenannten Wirtschaftsexperten, in deren Köpfen es wiederum von Theorien wimmelt, wie man etwas für nichts bekommen kann. Sie erzählen uns, daß der Staat unentwegt Geld ausgeben kann, ohne auch nur einen Pfennig Steuern erheben zu müssen, daß er immer neue Schulden anhäufen kann, ohne sie je zurückzahlen zu müssen, weil »wir uns das ja selbst schulden«. Auf diese ausgefallenen Ansichten kommen wir an anderer Stelle zurück. Hier müssen wir, wie ich fürchte, dogmatisch vorgehen und darauf verweisen, daß angenehme Träume dieser Art bisher noch immer durch Staatsbankrotte oder eine galoppierende Inflation zerstört worden sind. Hier müssen wir einfach festhalten, daß sämtliche Staatsausgaben letztlich aus dem Steueraufkommen bezahlt werden müssen, daß die Inflation selbst lediglich eine Sonderform der Besteuerung ist, und zwar eine besonders heimtückische.

Wir stellen also zunächst einmal bis auf weiteres das Netz von Trugschlüssen zurück, die auf der schleichenden Staatsverschuldung und Inflation beruhen. Im vorliegenden Kapitel sehen wir es als erwiesen an, daß jede vom Staat ausgegebene Mark entweder sofort oder später durch eine Mark aus Steuergeldern finanziert werden muß. Sobald wir die Sache so betrachten, erscheinen die angeblichen Wunder der Staatsausgaben in einem ganz neuen Licht.

In einem gewissen Umfang sind öffentliche Ausgaben notwendig, damit der Staat grundlegende Aufgaben erfüllen kann. Auch öffentliche Arbeiten sind in einem gewissen Umfang notwendig, damit wichtige staatliche Dienstleistungen erbracht werden können – der Bau von Straßen, Brücken und Tunnels, von Rüstungsbetrieben und Marineschulen, von Gebäuden für die Parlamente, die Polizei und die

Feuerwehr. Um diese öffentlichen Arbeiten, die um ihrer selbst willen erforderlich sind und allein aus diesem Grund gerechtfertigt sind, geht es mir hier nicht. Mir geht es um die öffentlichen Arbeiten, die als Mittel betrachtet werden, »Arbeitsplätze zu schaffen« oder der Gemeinschaft zu Wohlstand zu verhelfen, zu dem sie sonst nicht kommen würde.

Eine Brücke wird gebaut. Dagegen läßt sich nichts einwenden, wenn sie gebaut wird, um eine dringende öffentliche Nachfrage zu befriedigen; wenn sie ein ansonsten unlösbares Verkehrs- oder Transportproblem ausräumt; wenn sie, kurz gesagt, für die Steuerzahler insgesamt wichtiger ist als jene Dinge, für die sie sonst einzeln ihr Geld ausgegeben hätten, wenn es nicht durch die Steuer abgeschöpft worden wäre. Aber eine Brücke, die gebaut wird, »um Arbeitsplätze zu schaffen«, ist eine Brücke anderer Art. Wenn das Beschaffen von Arbeitsplätzen der Zweck ist, wird der Bedarf zu einer untergeordneten Frage. »Projekte« müssen *erfunden* werden. Anstatt nur darüber nachzudenken, wo Brücken gebaut werden *müssen,* fängt man bei der öffentlichen Hand an, sich darüber Gedanken zu machen, wo man Brücken bauen *könnte.* Sind für die Beamten triftige Gründe denkbar, warum es zwischen A und B eine Brücke geben sollte? Es wird sehr bald zu einer zwingenden Notwendigkeit. Und diejenigen, die das bezweifeln, werden als rückständige Querulanten abgeschoben.

Zwei Argumente werden für die Brücke vorgebracht. Das eine hört man im allgemeinen, bevor die Brücke gebaut wird, das andere meistens, wenn sie fertiggestellt ist. Das erste Argument lautet, die Brücke schaffe Arbeitsplätze, gebe beispielsweise 500 Leuten ein Jahr lang Arbeit. Es wird stillschweigend unterstellt, daß dies Arbeitsplätze sind, die andernfalls nicht entstanden wären.

Das wird sofort gesehen. Aber wenn wir es uns angewöhnt haben, nicht nur die unmittelbaren, sondern auch die mittelbaren Folgen zu sehen, und nicht nur den Personenkreis, der direkt von dem öffentlichen Projekt profitiert, sondern auch den, der indirekt betroffen ist, zeigt sich ein ganz anderes Bild. Es ist richtig, daß einige Brückenarbeiter unter Umständen mehr Arbeit bekommen, als im anderen

Fall. Aber die Brücke muß mit Steuergeldern bezahlt werden. Jede Mark, die für die Brücke ausgegeben wird, wird den Steuerzahlern abgenommen. Wenn die Brücke 10 Millionen Mark kostet, verlieren die Steuerzahler 10 Millionen Mark. Man nimmt ihnen Geld ab, das sie andernfalls für die Dinge ausgegeben hätten, die sie am dringendsten brauchten.

Es ist also für jeden Arbeitsplatz, der durch das öffentliche Brückenbauprojekt geschaffen wurde, irgendwo anders ein privater Arbeitsplatz vernichtet worden. Wir können die bei der Brücke beschäftigten Männer sehen. Wir können ihnen bei der Arbeit zuschauen. Das Beschäftigungsargument der öffentlichen Hand wird augenscheinlich, und für die meisten Menschen wahrscheinlich auch überzeugend. Aber da gibt es noch etwas anderes, das wir nicht sehen, weil bedauerlicherweise verhindert wurde, daß es entsteht. Das sind die Arbeitsplätze, die durch die 10 Millionen Mark vernichtet wurden, die man den Steuerzahlern abgenommen hat. Bestenfalls hat es also durch das Projekt eine *Umlenkung* von Beschäftigung gegeben. Mehr Brückenbauarbeiter — weniger Automobilarbeiter, Fernsehtechniker, Beschäftigte in der Bekleidungsindustrie, Bauern.

Aber nun zum zweiten Argument. Die Brücke ist fertig. Es ist, wie wir annehmen wollen, eine schöne, keine häßliche Brücke. Die magischen Staatsausgaben haben sie entstehen lassen. Wo wäre sie, wenn es nach den rückständigen Querulanten gegangen wäre? Es gäbe gar keine Brücke. Das Land wäre um eben das ärmer.

Wieder sind hier die staatlichen Stellen, die das Geld bewilligen, im Besitz des besseren Arguments, jedenfalls bei denen, die nur das erkennen, was sie leibhaftig vor sich sehen. Sie können die Brücke sehen. Aber wenn sie gelernt haben, die indirekten wie die direkten Folgen zu berücksichtigen, können sie vor ihrem geistigen Auge noch einmal die Möglichkeiten sehen, die nie eine Chance hatten, verwirklicht zu werden. Sie können die nicht gebauten Häuser sehen, die nicht produzierten Autos und Waschmaschinen, die nicht genähten Kleider und Mäntel und vielleicht auch die nicht gewachsenen und nicht verkauften Nahrungsmittel. Um diese nicht erzeugten Waren sehen zu können, braucht man eine gewisse Vorstellungkraft, die nur wenige Menschen haben. Wir können uns – vielleicht – diese nicht existierenden Güter vorstellen, aber wir haben sie nicht so augenfällig vor uns, wie die Brücke, über die wir jeden Tag fahren. Geschehen ist lediglich dies: ein Produkt ist anstelle anderer entstanden.

Die gleichen Überlegungen gelten selbstverständlich für jede andere Form öffentlicher Arbeiten. So zum Beispiel für den mit öffentlichen Geldern geförderten Bau von Wohnungen für Personen mit geringem Einkommen. Hier geschieht nichts anderes, als daß über die Steuern Familien mit höherem Einkommen Geld abgenommen wird (und zum Teil vielleicht sogar auch Familien mit noch geringerem Einkommen). Sie sollen auf diese Weise gezwungen werden, diese minderbemittelten Familien zu unterstützen und es ihnen ermöglichen, für die gleiche oder weniger Miete als bisher wohnen zu können.

Ich beabsichtige hier nicht, das Für und Wider des öffentlich geförderten Wohnungsbaus zu diskutieren. Mir geht es lediglich darum, auf den Trugschluß zweier Gedankengänge hinzuweisen, die am häufigsten zugunsten des öffentlich geförderten Wohnungsbaus ins Spiel gebracht werden. Es ist zum einen das Argument, er »schafft Arbeitsplätze«, zum anderen das, er schafft Wohlstand, der andernfalls nicht entstanden wäre. Beide Argumente sind falsch, denn sie übersehen, was durch die Besteuerung verlorengeht. Zugunsten des öffentlichen Wohnungsbaus erhobene Steuern vernichten in anderen Branchen ebenso viele Arbeitsplätze, wie sie in der Bauwirtschaft schaffen. Andere Folgen sind nicht gebaute privat finanzierte Wohnungen, nicht produzierte Waschmaschinen und Kühlschränke und das Fehlen zahlloser anderer Waren und Dienstleistungen.

Und Gegenargumente, daß beispielsweise der öffentliche Wohnungsbau nicht durch Pauschalzuweisungen finanziert werden müsse, sondern nur durch jährliche Mietzuschüsse, werden dadurch nicht stichhaltiger. Das heißt nur, daß die Kosten für den Steuerzahler auf mehrere Jahre verteilt werden und nicht auf einmal anfallen. Aber für die eigentliche Frage sind solche technischen Einzelheiten unerheblich.

Der große psychologische Vorteil, den die Befürworter des öffentlichen Wohnungsbaus haben, besteht darin, daß man die Bauarbeiter bei ihrer Tätigkeit sieht und auch die Häuser, wenn sie fertig sind. Sie werden von Menschen bewohnt, die ihre Freunde stolz durch die Räume führen. Die Arbeitsplätze, die durch die für den Wohnungsbau verwendeten Steuergelder vernichtet wurden, werden nicht gesehen, genausowenig wie die Waren und Dienstleistungen, die nie erzeugt werden. Es bedarf schon einer besonderen gedanklichen Anstrengung, und ganz sicher vor allem dann, wenn man die Häuser und die glücklichen Menschen darin sieht, um an den Wohlstand zu denken, der statt dessen nicht geschaffen wurde. Ist es überraschend, wenn die Verfechter des öffentlich geförderten Wohnungsbaus, sobald sie darauf angesprochen werden, solche Einwände als Phantasiegebilde oder reine Theorie abtun, wo sie doch auf die mit öffentlichen Mitteln geförderten Häuser zeigen können, die tatsächlich existieren? Das erinnert an eine der Gestalten aus George Bernard Shaws *Die heilige Johanna,* die antwortet, als sie von der pythagoreischen Theorie hört, daß die Erde rund sei und sich um die Sonne drehe: »Was für ein Narr! Hat er denn keine Augen im Kopf?«

Die gleiche Überlegung müssen wir noch einmal auf Großprojekte anwenden, wie etwa die *Tennessee Valley Authority**. In diesem Fall ist die Gefahr einer optischen Täuschung allein infolge der ungeheuren Ausmaße größer als sonst.

Da steht ein mächtiger Staudamm, ein überwältigender Bogen aus Stahl und Beton, »größer als alles, was privates Kapital hätte errichten können«, das goldene Kalb der Photographen, das Paradies der Sozialisten, das am häufigsten verwendete Symbol der Wunder staatlicher Bautätigkeit, staatlichen Besitzes und Wirkens. Da gibt es gewaltige Generatoren und Kraftwerke. Es handelt sich, wie es heißt, um ein ganzes Gebiet, das auf ein höheres wirtschaftliches Niveau gehoben wurde und Industrie- und Gewerbebetriebe anzieht, die andernfalls überhaupt nicht existieren könnten. Und all das wird in den Lobgesängen der Apologeten

---

* Staatsprojekt zur allgemeinen Entwicklung des Tennessee-Tals.

als ein wirtschaftlicher Reingewinn ohne Gegenposten dargestellt.

Wir müssen an dieser Stelle die Verdienste der Tennessee Valley Authority oder ähnlicher öffentlicher Großprojekte nicht näher beleuchten. Aber diesmal brauchen wir ganz besonders viel Vorstellungskraft, wenn wir uns die Sollseite des Hauptbuchs ansehen. Wenn Einzelpersonen und Gesellschaften Steuern abverlangt und diese in einer bestimmten Region des Landes ausgegeben werden, warum sollte es dann überraschen und als ein Wunder angesehen werden, wenn diese Region vergleichsweise reicher wird? Wir sollten uns daran erinnern, daß dann andere Landesteile entsprechend ärmer werden. Das Projekt, das so groß ist, daß »privates Kapital es nicht hätte errichten können«, ist sehr wohl mit privatem Kapital gebaut worden — dem Kapital nämlich, das in Form von Steuern enteignet wurde (und falls man sich das Geld geliehen hat, muß man es sich letztlich auch wieder über die Enteignung in Form von Steuern beschaffen). Wieder müssen wir unsere Vorstellungskraft bemühen, um die privaten Kraftwerke zu sehen, die privaten Wohnungen, Schreibmaschinen und Fernsehapparate, die nie die Chance hatten, gebaut zu werden, weil den Menschen überall im Land Geld abgenommen wurde, um den photogenen Norris-Damm zu errichten.

Ich habe bewußt die günstigsten Beispiele für Ausgaben der öffentlichen Hand ausgewählt, also diejenigen, die von den staatlichen Investoren am häufigsten und inbrünstigsten als so dringend bezeichnet werden und in der Gunst der Öffentlichkeit ganz oben stehen. Ich habe nicht von den Hunderten von Projekten gesprochen, mit denen Zeit verplempert wird, und auf die man sich zwangsläufig in dem Moment einläßt, wo es das Hauptziel ist, »Arbeitsplätze zu schaffen« und »die Menschen in Brot und Arbeit zu setzen«. Denn dann wird, wie wir gesehen haben, der Nutzen des Projekts selbst unweigerlich zu einer zweitrangigen Frage. Außerdem, je verschwenderischer das Vorhaben und je aufwendiger der Einsatz von Arbeitskräften ist, desto besser eignet es sich für den Zweck, mehr Beschäftigung zu schaffen. Unter diesen Umständen ist es höchst unwahrscheinlich, daß die von den Bürokraten ausgesuchten Pläne pro ausgegebener Mark den gleichen Nettozuwachs an Reichtum und Wohlfahrt erbringen, wie er von den Steuerzahlern selbst erwirtschaftet worden wäre, wenn man jedem einzelnen von ihnen erlaubt hätte, zu kaufen oder zu tun, was sie gewollt hätten, anstatt sie zu zwingen, Teile ihres Einkommens an den Staat abzutreten.

4.
Steuern lähmen die Produktion

Staatsausgaben sollen Wohlstand schaffen. Aber die Steuern, die zu ihrer Finanzierung erhoben werden müssen, zerstören zugleich Wohlstand – und zwar wahrscheinlich mehr, als durch die Staatsausgaben an Wohlstand geschaffen wird. Auch dafür gibt es einen Grund. Es geht nämlich nicht einfach darum, wie vielfach angenommen wird, dem Bürger etwas aus der rechten Tasche zu nehmen, um es ihm in die linke zu stecken. Die Regierung, die das Geld ausgibt, rechnet uns zum Beispiel vor, daß bei einem Volkseinkommen von 1,5 Billionen Mark das Steueraufkommen von 360 Milliarden Mark pro Jahr nur 24 Prozent des Volkseinkommens beträgt, die von privaten auf öffentliche Zwecke übertragen werden. Hier wird so getan, als wäre der Staat nichts anderes als ein Großunternehmen und das ganze nichts weiter als eine buchhalterische Transaktion. Die Regierung, die das Geld ausgibt, vergißt, daß sie A das Geld wegnimmt, um es B zu geben. Das heißt, sie weiß es sehr wohl, doch während sie die Segnungen dieser Umverteilung für B und all die herrlichen Dinge preist, die er sonst nicht hätte, übersieht sie die Auswirkungen der Maßnahmen auf A. B wird berücksichtigt, A vergißt man.

In unserer modernen Welt wird nicht jeder mit dem gleichen Prozentsatz besteuert. Die Hauptlast der Einkommensteuern liegt auf einem prozentual kleinen Teil des Volkseinkommens, und diese Einkommensteuern müssen durch andere Steuerarten ergänzt werden. Diese Steuern beeinflussen zwangsläufig die Unternehmungslust und die Motivation des Steuerzahlers, dem sie abverlangt werden. Wenn ein Unternehmen an jeder Mark Verlust volle 100 Pfennig verliert, von jeder Mark Gewinn aber nur 40 Pfennig behalten darf, und wenn es Verlustjahre nicht angemessen mit Gewinnjahren aufrechnen kann, wirkt sich das auf seine Strategie aus. Es expandiert nicht mehr, oder nur noch in Bereichen mit minimalem Risiko. Wer diese Situation durchschaut, wird abgehalten, ein neues Unternehmen zu gründen. Die bestehenden Unternehmen stellen keine neuen Mitarbeiter ein, zumindest weniger als sonst. Und andere werden sich erst gar nicht selbständig machen. Die Anpassung der Betriebe und Maschinen an den neuesten Stand der Technik wird langsamer vor sich gehen als sonst. Auf lange Sicht entgehen dem Verbraucher dadurch bessere und billigere Erzeugnisse, und die Realeinkommen bleiben niedrig, verglichen mit dem Stand, den sie hätten erreichen können.

Ein ähnlicher Effekt tritt ein, wenn die Privateinkommen mit 50, 60 oder 70 Prozent besteuert werden. Dann beginnen die Betroffenen sich nämlich zu fragen, warum sie sechs, acht oder neun Monate im Jahr für den Staat arbeiten sollen, und nur sechs, vier oder drei für sich und ihre Familie. Wenn sie im Fall eines Verlusts die ganze Mark einbüßen, bei einem Gewinn aber nur einen Teil der Mark behalten können, kommen sie zu dem Schluß, daß es töricht wäre, mit ihrem Kapital ein Risiko einzugehen. Das risikobereite Kapital schrumpft ohnehin immer mehr. Es wird weggesteuert, bevor es angesammelt werden kann. Kurz gesagt, privates Kapital zur Schaffung neuer Arbeitsplätze kann sich erst gar nicht bilden. Soweit aber doch neugebildetes Kapital vorhanden sein sollte, nimmt man den Anreiz, es in die Neugründung von Unternehmen zu stecken. Die Regierung, die das Geld ausgibt, verursacht genau das Problem, das zu lösen sie vorgibt: Arbeitslosigkeit.

In einem gewissen Umfang sind Steuern natürlich notwendig, damit der Staat seine grundlegenden Aufgaben wahrnehmen kann. Hierfür erhobene maßvolle Steuern müssen die Produktion nicht übermäßig beeinträchtigen. Die dafür erbrachten Gegenleistungen des Staates, die unter anderem die Produktion selbst sichern, gleichen das mehr als aus. Aber je mehr Volkseinkommen für Steuern abgezweigt wird, desto größer ist die abschreckende Wirkung auf die private Produktion und die Beschäftigung. Wenn die gesamte Steuerlast ein erträgliches Maß überschreitet, wird es unmöglich, Steuern zu erfinden, die die Unternehmer nicht kopfscheu machen und keine Arbeitsplätze vernichten.

5.
Staatskredite als Weichensteller

»Ermunterungen« des Staates für die Wirtschaft sind manchmal genauso zu fürchten wie staatliche Einsprüche. Diese Ermunterungen erfolgen vielfach in Form direkter Staatskredite oder von Staatsbürgschaften.

Die Diskussion über Staatskredite wird oft dadurch erschwert, daß die Möglichkeit einer Inflation mit in die Frage hineinspielt. Die Auswirkungen der verschiedenen Inflationsarten werden wir in einem späteren Kapitel untersuchen. Hier wollen wir aus Gründen der Vereinfachung annehmen, daß der Kredit, über den wir sprechen, nicht inflatorisch ist. Wie wir noch sehen werden, erschwert die Inflation zwar unsere Analyse, ändert aber im Grunde nichts an den Auswirkungen der diskutierten Maßnahmen.

Im amerikanischen Kongreß zum Beispiel werden häufig Anträge auf mehr Kredite für die Farmer gestellt. Nach Meinung der meisten Kongreßmitglieder können die Farmer einfach gar nicht genug Kredite bekommen. Die Kredite, die von den privaten Hypothekenbanken, Versicherungsgesellschaften oder den Provinzbanken eingeräumt werden, sind nie »ausreichend«. Der Kongreß findet immer wieder neue Lücken, die noch nicht von den Kreditgebern gestopft worden sind, gleichgültig wie viele er selbst schon aufgerissen hat. Die Farmer bekommen vielleicht genügend langfristige Kredite, oder genügend kurzfristige, aber dann stellt sich heraus, daß nicht genügend »Zwischenkredite« angeboten werden, oder die Zinsen zu hoch sind. Oder man beklagt, daß Privatdarlehen nur an die reichen und alteingesessenen Farmer gegeben werden. So sorgt der Gesetzgeber für eine Anhäufung von immer mehr neuen Kreditanstalten und Darlehensformen.

Der Glaube an all diese Maßnahmen hat, wie sich zeigen wird, seinen Ursprung in einer gleich doppelten Kurzsichtigkeit. Zum einen wird die Angelegenheit nur vom Standpunkt des Bauern aus betrachtet, der Geld leiht. Zum anderen wird nur die erste Hälfte der Transaktion gesehen.

Nun muß jedes Darlehen irgendwann zurückgezahlt werden – jedenfalls nach Meinung der ehrlichen Kreditnehmer. Der Kredit ist eine Schuld. Die Anregung, vermehrt Kredite zu gewähren und aufzunehmen, bedeutet daher nichts anderes als die Anregung, die Schuldenlast zu erhöhen. Solche Aufforderungen wären sicher weit weniger verlockend, wenn man grundsätzlich den Ausdruck »Schulden« und nicht die unverfänglichere Bezeichnung »Kredit« gebrauchen würde.

Wir brauchen hier nicht die normalen Darlehen zu erörtern, die der Bauer aus privaten Quellen erhält. Sie bestehen aus Hypotheken, aus Teilzahlungskrediten für den Kauf von Autos, Kühlschränken, Fernsehgeräten, Traktoren und anderen Landmaschinen und aus Bankkrediten. Sie werden dem Bauern eingeräumt, damit er wirtschaften kann, bis er in der Lage ist, seine Erzeugnisse zu ernten, zu vermarkten und Geld dafür einzunehmen. Hier brauchen wir uns nur mit den Landwirtschaftsdarlehen zu beschäftigen, die entweder direkt vom Staat gewährt oder von ihm garantiert werden.

Bei diesen Darlehen gibt es zwei Grundtypen. Das eine ist ein Darlehen, das dem Bauern ermöglichen soll, seine Erzeugnisse vom Markt fernzuhalten. Dies ist eine besonders schädliche Kreditart, aber es ist besser, sie erst später zu behandeln, wenn wir auf die Frage der staatlichen Warenbewirtschaftung zu sprechen kommen. Mit der zweiten Darlehensart soll Kapital zur Verfügung gestellt werden — oft mit dem Ziel, dem Bauern den Einstieg ins Geschäft dadurch zu ermöglichen, daß er den Bauernhof selbst, oder ein Maultier, oder einen Traktor kaufen kann, oder alles zusammen.

Auf den ersten Blick spricht sehr viel für diese Art Darlehen. Nehmen wir als Beispiel eine arme Familie, die keine Mittel hat, sich ihren Lebensunterhalt zu verdienen. Kaufen wir ihr einen Bauernhof; ermöglichen wir ihr den Einstieg in die Landwirtschaft; machen wir erfolgreiche und selbstbewußte Bürger aus ihnen. Wir lassen sie ihren Beitrag zum Sozialprodukt leisten und das Darlehen von dem zurückzahlen, was sie produzieren. Oder nehmen wir einen Bauern, der sich mit primitiven Anbaumethoden abmüht, weil ihm das Kapital fehlt, mit dem er einen Traktor kaufen könnte. Leihen wir ihm das Geld für einen Traktor; er soll seine Produktivität steigern. Das Darlehen kann er aus den Einkünften zurückzahlen, die er dank der höheren Ernteerträge erzielt. Auf diese Weise bereichern wir nicht nur ihn und helfen ihm auf die Beine, wir bereichern die ganze Gemeinschaft um den zusätzlichen Ertrag. Und das Darlehen, so die Argumentation, kostet den Staat und die Steuerzahler weniger als nichts, weil es »sich selbst bezahlt«.

In der Praxis geschieht genau das jeden Tag, wenn ein Privatkredit gewährt wird. Wenn jemand einen Bauernhof kaufen will und, sagen wir, nur die Hälfte oder ein Drittel des Kaufpreises in bar hat, wird ihm ein Nachbar oder eine Sparkasse den Rest in Form einer Hypothek auf den Bauernhof leihen. Wenn er einen Traktor kaufen möchte, wird der Traktorhersteller oder eine Finanzierungsgesellschaft ihm die Möglichkeit einräumen, ein Drittel des Kaufpreises anzuzahlen und den Rest in Raten aus seinen Einkünften zu begleichen, zu denen der Traktor selbst beitragen wird.

Doch es besteht ein entscheidender Unterschied zwischen den Darlehen, die ein privater Kreditgeber einräumt, und den vom Staat gewährten Darlehen. Der private Kreditgeber riskiert sein eigenes Geld. (Die Bank setzt zwar das Geld anderer aufs Spiel, die es ihr anvertraut haben. Aber wenn sie das Geld verliert, muß sie es entweder aus eigenen Mitteln erstatten, oder sie wird aus dem Geschäft gedrängt.) Wenn jemand das eigene Kapital einem Risiko aussetzt, wird er im allgemeinen sorgfältig Für und Wider gegeneinander abwägen. Er wird feststellen, ob eine angemessene Sicherheit gegeben ist, wie gut das Geschäft ist und wie es um die Kreditwürdigkeit des zukünftigen Schuldners steht.

Würde der Staat nach den gleichen strengen Maßstäben

vorgehen, spräche kaum etwas dafür, daß er sich überhaupt auf diesem Gebiet betätigt. Warum sollte er genau das tun, was schon private Betriebe machen? Aber der Staat handelt fast immer nach anderen Maßstäben. Der einzige Grund, warum er sich in das Kreditgeschäft einschaltet, liegt darin, den Personen Darlehen zu verschaffen, die von privaten Geldgebern keinen Kredit bekommen würden. Das heißt nichts anderes, als daß die staatlichen Geldgeber mit dem Geld anderer Leute (dem der Steuerzahler nämlich) Risiken eingehen, die den privaten Geldgebern für ihr eigenes Kapital zu hoch sind. Die Befürworter dieser Kreditart räumen hin und wieder durchaus ein, daß die Verluste bei den vom Staat gewährten Darlehen höher sind als bei den Privatdarlehen. Aber gleichzeitig erklären sie, daß diese Verluste mehr als ausgeglichen werden, und zwar durch die zusätzliche Produktion, hervorgerufen durch die Kreditnehmer, die ihre Darlehen zurückzahlen, und sogar auch durch die meisten jener Kreditnehmer, die ihre Schulden nicht zurückzahlen.

Dieses Argument erscheint nur so lange stichhaltig, wie wir uns auf den einzelnen Kreditnehmer konzentrieren, dem der Staat Geldmittel beschafft, und diejenigen übersehen, denen durch seine Pläne Mittel genommen werden. Denn was wirklich verliehen wird, ist nicht Geld, das lediglich das Tauschmittel ist, sondern Kapital. (Ich habe den Leser schon darauf hingewiesen, daß wir die Schwierigkeiten, die sich durch eine inflationäre Kreditausweitung ergeben, später behandeln.) Was in Wirklichkeit geliehen wird, ist zum Beispiel der Bauernhof oder der Traktor selbst. Nun ist die Zahl der bestehenden Bauernhöfe begrenzt, und ebenso die Produktion von Traktoren (wir nehmen insbesondere an, daß ein Überschuß an Traktoren nicht einfach auf Kosten anderer Erzeugnisse produziert wird). Der Bauernhof oder Traktor, der A geliehen worden ist, kann nicht B geliehen werden. Die eigentliche Frage ist also, ob A oder B den Bauernhof bekommen soll.

Damit kommen wir zu den Verdiensten von A und B und dem, was jeder zur Produktion beiträgt oder beizutragen imstande ist. Nehmen wir an, A bekäme den Bauernhof, wenn der Staat sich nicht einschaltete. Die Regionalbank oder sein Nachbar kennt ihn und seinen Ruf. Beide suchen eine Anlage für ihre Geldmittel. Sie wissen, daß er ein guter Bauer und ein aufrechter Mann ist, der zu seinem Wort steht. Sie halten ihn für ein gutes Risiko. Er hat, vielleicht durch Fleiß, Genügsamkeit und Umsicht, bereits soviel Bargeld zusammengebracht, daß er ein Viertel des Kaufpreises für den Bauernhof zahlen könnte. Sie leihen ihm die restlichen drei Viertel, und er bekommt den Bauernhof.

Unter denen, die in Gelddingen etwas sonderbare Ansichten vertreten, ist die eigenartige Vorstellung weitverbreitet, daß ein Kredit etwas ist, das eine Bank einem Menschen gibt. Kredit ist ganz im Gegenteil etwas, das ein Mensch bereits hat. Er hat Kredit, weil er vielleicht gut verkäufliche Vermögenswerte besitzt, die einen größeren Barwert haben als das Darlehen, das er haben möchte. Oder er hat Kredit, weil er ihn sich durch seine Wesensart und seinen Ruf verdient hat. Er bringt ihn mit, wenn er in die Bank geht. Und deshalb bietet die Bank ihm das Darlehen an. Die Bank gibt ihm nicht etwas für nichts. Sie glaubt, daß das Geld wieder zurückgezahlt wird. Sie tauscht nur einen liquideren Vermögenswert in einen weniger liquiden um. Manchmal unterläuft der Bank ein Fehler, und dann trägt nicht nur sie den Schaden, sondern die ganze Gemeinschaft, denn Werte, die der Kreditnehmer schaffen sollte, sind nicht entstanden, und Hilfsmittel wurden vergeudet.

Nehmen wir jetzt an, die Bank bietet A, der Kredit hat, ein Darlehen an. Aber der Staat schaltet sich in wohltätiger Absicht in das Kreditgeschäft ein, weil er, wie wir unterstellen wollen, besorgt wegen B ist. B kann weder eine Hypothek noch sonst ein Darlehen von den privaten Kreditgebern bekommen, weil er bei ihnen keinen Kredit hat. Er hat keine Ersparnisse, keinen guten Ruf als Bauer und lebt im Moment vielleicht von der Fürsorge. Warum, so sagen sich die Befürworter des Staatskredits, sollen wir nicht ein nützliches und produktives Mitglied der Gesellschaft aus ihm machen und ihm soviel leihen, daß er einen Bauernhof und einen Maulesel oder einen Traktor kaufen und sich etwas aufbauen kann?

In einzelnen Fällen geht das vielleicht gut aus. Aber es liegt auf der Hand, daß die nach staatlichen Gesichtspunkten ausgesuchten Kreditnehmer ein höheres Risiko darstellen als diejenigen, die von einem privaten Kreditinstitut ein Darlehen erhalten haben. Durch Darlehen an erstere geht mehr Geld verloren, und die Ausfallquote wird bei ihnen sehr viel höher sein. Sie werden nicht soviel leisten und mehr Hilfsmittel vergeuden. Doch die Empfänger von Staatsdarlehen werden ihre Bauernhöfe und Traktoren auf Kosten derjenigen bekommen, die sonst Privatdarlehen erhalten hätten. Weil B einen Bauernhof hat, bleibt A ein Bauernhof vorenthalten. Vielleicht muß A aufgeben, weil die Zinsen infolge der staatlichen Eingriffe gestiegen sind, oder weil die Immobilienpreise wegen des Zinsanstiegs in die Höhe getrieben wurden, oder weil sonst kein anderer Bauernhof in der Gegend zu haben ist. Unter dem Strich hat das Staatsdarlehen den durch die Gemeinschaft geschaffenen Wohlstand auf jeden Fall nicht erhöht, sondern verringert. Und das, weil das verfügbare Sachkapital (Bauernhöfe, Traktoren usw.) weniger leistungsfähigen Kreditnehmern gegeben wurde.

Die Sache wird noch deutlicher, wenn wir uns von der Landwirtschaft ab- und anderen Branchen zuwenden. Immer wieder wird der Vorschlag gemacht, der Staat solle die Risiken übernehmen, die »für die Privatwirtschaft zu hoch« sind. Das heißt, man soll den Beamten erlauben, mit dem Geld der Steuerzahler Risiken einzugehen, auf die sich mit seinem eigenen Geld niemand einlassen würde.

Eine solche Politik würde Mißstände verschiedenster Art heraufbeschwören. Sie würde die Vetternwirtschaft begünstigen; Darlehen würden an Freunde oder gegen Bestechungsgelder gezahlt. Sie würde zwangsläufig Skandale auslösen und jedesmal zu Gegenbeschuldigungen führen, wenn Steuergelder für gescheiterte Vorhaben hinausgeworfen würden. Der Ruf nach dem Sozialismus würde lauter werden. Denn zu Recht würde die Frage aufkommen: wenn der Staat schon die Risiken trägt, warum soll er dann nicht auch die Gewinne einbehalten? Wie sollte man in der Tat rechtfertigen, daß man die Steuerzahler auffordert, die Risiken zu tragen, während man den privaten Kapitalisten zugesteht, den Profit einzustreichen? (Aber genau das machen wir bereits, wie wir noch sehen werden – bei den »nicht regreßfähigen« Staatsdarlehen an die Bauern.)

Aber wir wollen diese Nachteile im Moment beiseite lassen und uns mit nur einer Folge dieser Darlehensart beschäftigen. Bei diesen Darlehen wird nämlich Kapital verschleudert und die Produktion beeinträchtigt. Das verfügbare Kapital wird ungeeigneten oder bestenfalls zweifelhaften Projekten nachgeworfen. Der Staat vergeudet es an diejenigen, die nicht so befähigt oder vertrauenswürdig sind wie die Personen, die es sonst bekommen hätten. Denn das Sachkapital ist im Gegensatz zum Papiergeld, das in beliebiger Menge gedruckt werden kann, mengenmäßig in jedem Moment begrenzt. Was man B gibt, kann man nicht auch A geben.

Viele Menschen möchten ihr Kapital investieren. Aber sie sind vorsichtig. Sie möchten es auch zurückbekommen. Wer sein Geld verleiht, wird demnach alle Angebote sorgsam prüfen, bevor er es einem Risiko aussetzt. Er wird die Gewinnaussichten gegen die Möglichkeiten eines Verlusts abwägen. Trotzdem wird er manchmal einen Fehler machen. Aber aus verschiedenen Gründen unterlaufen den privaten Kreditgebern offenbar weniger Fehler als den staatlichen. Zunächst einmal gehört das Geld ihnen selbst oder ist ihnen freiwillig anvertraut worden. Wenn der Staat Darlehen gibt, verleiht er das Geld anderer Leute, denen er es über die Steuern und ungeachtet ihrer persönlichen Wünsche abgenommen hat. Das private Geld wird nur dort investiert, wo fest mit einer Rückzahlung und Zinsen oder einem Gewinn gerechnet wird. Das zeigt, daß man von den Personen, denen das Geld geliehen wurde, die Produktion von Erzeugnissen erwartet, die am Markt auch tatsächlich abgenommen werden. Das vom Staat gewährte Geld dagegen wird wahrscheinlich zur Verwirklichung irgendwelcher allgemeiner und unklarer Ziele verliehen, wie etwa dem, »Arbeitsplätze zu schaffen«. Und je unergiebiger das Vorhaben ist, das heißt je größer das Mißverhältnis zwischen erforderlichem Arbeitseinsatz und Erfolg, desto hochtrabender wird man die Investitionen wahrscheinlich anpreisen.

Die privaten Kreditgeber müssen sich darüber hinaus einer harten Auslese am Markt stellen. Wenn sie grobe Fehler machen, verlieren sie ihr Geld und können nichts mehr verleihen. Nur wenn sie bisher erfolgreich waren, können sie auch weiterhin Kredite geben. Die privaten Geldgeber werden demnach in einem rigorosen Verfahren ausgesondert, bei dem nur die Leistungsfähigsten bestehen; ausgenommen ist hier nur der relativ kleine Kreis, der über eine Erbschaft zu Vermögen gekommen ist. Die Beamten dagegen, die über die staatlichen Darlehen entscheiden, sind entweder solche, welche die Prüfungen des Staatsdienstes absolviert haben und wissen, wie man hypothetische Fragen hypothetisch beantwortet; oder es sind solche, die am scheinbar einleuchtendsten erklären können, warum Darlehen gegeben werden, oder warum es nicht ihr Verschulden war, daß die Kredite nicht den erwarteten Erfolg gebracht haben. Aber unter dem Strich ändert sich nichts: private Darlehen nutzen die bestehenden Ressourcen und Geldmittel sehr viel besser als die vom Staat gewährten. Die staatlichen Darlehen vergeuden weit mehr Kapital und Ressourcen als Privatdarlehen. Kurz: Staatsdarlehen verringern, verglichen mit Privatdarlehen, die Produktion, sie steigern sie nicht.

Bei Staatsdarlehen für Privatpersonen oder bestimmte Projekte wird also B berücksichtigt und A vergessen. Es werden nur die Personen gesehen, in deren Hände das Kapital gelangt, nicht diejenigen, die es andernfalls bekommen hätten. Man blickt nur auf das Projekt, für das Kapital bereitgestellt wird; die Projekte, von denen dadurch Kapital abgezogen wird, werden nicht zur Kenntnis genommen. Es zählt nur der unmittelbare Nutzen für eine einzige Gruppe; die Verluste, die anderen Gruppen entstehen, und der Nettoverlust für die Gemeinschaft als Ganzes spielen keine Rolle.

Gegen die vom Staat garantierten Darlehen und Hypotheken für Privatgeschäfte und -personen spricht fast genausoviel, wie gegen die vom Staat direkt gewährten Darlehen und Hypotheken, auch wenn die Parallelen nicht sofort ersichtlich sind. Auch die Befürworter der staatlich garantierten Hypotheken vergessen, daß letztlich Sachkapital verliehen wird, das vom Angebot her begrenzt ist. Sie vergessen außerdem, daß sie B, für den Chancengleichheit besteht, auf Kosten von A helfen, für den sie nicht besteht. Staatlich garantierte Hypotheken für Wohnungen und Häuser haben zwangsläufig schlechtere Darlehen als sonst zur Folge, vor allem wenn nur eine geringe oder überhaupt keine Anzahlung verlangt wird. Sie zwingen den Steuerzahler, die schlechten Risiken zu subventionieren und für die Verluste aufzukommen. Sie ermuntern viele Menschen, eine Wohnung oder ein Haus zu »kaufen«, das sie sich gar nicht wirklich leisten können. Sie bewirken schließlich meistens ein Überangebot an Wohnraum, verglichen mit dem Angebot an anderen Waren. Sie heizen vorübergehend das Bauen übermäßig an, erhöhen die Baukosten für alle (auch für die Käufer mit garantierten Hypotheken) und führen die Bauwirtschaft am Ende eventuell auf den falschen und kostspieligen Weg einer überzogenen Expansion. Auf lange Sicht erhöhen staatlich garantierte Hypotheken also nicht die Gesamtproduktion des Landes, sondern begünstigen Fehlinvestitionen.

Wir haben zu Beginn dieses Kapitels erklärt, daß die »Hilfe« des Staates für die Wirtschaft manchmal ebenso zu fürchten ist wie seine Einsprüche. Das gilt für die staatlichen Subventionen ebenso wie für die staatlichen Darlehen. Der Staat leiht oder gibt der Wirtschaft nie etwas, das er ihr nicht zugleich wegnimmt. Oft hört man Vertreter des *New Deal* des amerikanischen Präsidenten Roosevelt oder andere Anhänger der Planwirtschaft Loblieder darauf singen, wie sie mit Hilfe staatlicher Dienststellen 1932 und später die Wirtschaft »herausgehauen« hätten. Doch der Staat kann der Wirtschaft keine finanzielle Hilfe geben, die er der Wirtschaft nicht vorher oder später entzieht. Die Finanzmittel des Staates kommen ausschließlich aus den Steuern. Selbst der vielgerühmte »Staatskredit« beruht auf der Annahme, daß die Darlehen letztlich aus den Steuereinkünften zurückgezahlt werden. Wenn der Staat der Wirtschaft Darlehen oder Subventionen gibt, macht er nichts anderes als erfolgreiche Privatunternehmer zu besteuern, um erfolglose Privatunternehmer zu unterstützen. Es mag Notlagen geben, in denen man das unter Umständen vertreten kann, doch brauchen wir die Vorzüge einer solchen Politik hier nicht näher zu untersuchen. Aber langfristig betrachtet, und aus der Sicht des Landes als Ganzem, sieht das nicht gerade vielversprechend aus. Und die Erfahrung hat gezeigt, daß es das auch nicht ist.

6.
Der »Fluch« der Maschine

Zu den unausrottbarsten wirtschaftlichen Trugschlüssen überhaupt gehört der Glaube, daß Maschinen Arbeitslosigkeit schaffen. Unzählige Male schon zerschlagen, ist dieser Glaube ebensooft wieder auferstanden, unbezähmbar und mächtig wie eh und je. Immer wenn lange Zeit Massenarbeitslosigkeit herrscht, wird die Maschine erneut dafür verantwortlich gemacht. Dieser Irrtum ist noch immer die Grundlage vieler Gewerkschaftspraktiken. Die Öffentlichkeit nimmt diese Praktiken hin, weil sie entweder im Grunde glaubt, daß die Gewerkschaften recht haben, oder zu unsicher ist, um zu erkennen, warum sie falsch sind.

Die Meinung, daß Maschinen zu Arbeitslosigkeit führen, ergibt völlig unsinnige Konsequenzen, wenn man die Sache logisch durchdenkt. Nicht nur wir müßten mit jedem technologischen Fortschritt, den wir erzielen, Arbeitslosigkeit verursachen. Schon der primitive Mensch hätte sie vor Jahrtausenden mit jedem Versuch heraufbeschwören müssen, sich seine Arbeit durch sinnvollere Werkzeuge zu erleichtern.

Aber wir brauchen gar nicht so weit zurückzublicken und können uns Adam Smith und seinem Werk *Eine Untersuchung über Natur und Ursachen des Volkswohlstands* zuwenden, das 1776 erschienen ist. Das erste Kapitel dieses bedeutenden Buches trägt die Überschrift »Über die Arbeitsteilung«. Auf der zweiten Seite des Kapitels berichtet uns der Autor, daß ein Handwerker, der als Nadelmacher arbeitete und unerfahren im Umgang mit Maschinen war,

»nur mit Mühe eine Nadel am Tag, und ganz sicher keine zwanzig herstellen konnte«; aber wenn er sich bestimmte Maschinen beschaffte, konnte er 4800 Nadeln pro Tag produzieren. So hatte also jede Maschine, die aufgestellt wurde, schon zu Zeiten von Adam Smith zwischen 240 und 4800 Nadelmacher arbeitslos gemacht. Allein in der nadelherstellenden Industrie mußte es 99,98 Prozent Arbeitslose geben, wenn es zutraf, daß die Maschinen den Menschen die Arbeit wegnahmen. Konnte es eigentlich noch schlimmer kommen?

Das konnte es, denn die Industrielle Revolution hatte kaum die ersten Schritte gemacht. Sehen wir uns einige der Ereignisse und Besonderheiten dieser Revolution etwas näher an. Betrachten wir beispielsweise, was bei den Strumpfherstellern geschah. Die Arbeiter, die die Strümpfe noch in Handarbeit herstellten, zerschlugen die Strumpfwirkmaschinen, die aufgestellt wurden. Allein bei einem dieser Tumulte hatten sich über 1000 Menschen zusammengerottet. Sie brannten Häuser nieder, und die Eigentümer der Betriebe, in denen die neuen Maschinen standen, wurden bedroht und mußten fliehen. Ruhe trat erst ein, nachdem man das Militär gerufen hatte und die Rädelsführer entweder deportiert oder gehängt worden waren.

Es ist jedoch wichtig, sich vor Augen zu halten, daß insofern, als die Aufständischen an die eigene unmittelbare oder auch fernere Zukunft dachten, ihr Widerstand gegen die Maschinen durchaus logisch war. Denn William Felkin erzählt uns in seinem Buch *History of the Machine-Wrought Hosiery Manufactures* (Geschichte der maschinellen Wirkwarenherstellung) von 1867, daß es 40 Jahre dauerte, bis sich der Großteil der 50 000 englischen Strumpfstricker und ihrer Familien ganz von Hunger und Elend befreien konnte, welche die Maschinen über die Menschen gebracht hatten. Aber soweit die Aufrührer glaubten, und die meisten taten das zweifelsohne, daß die Maschinen immer mehr Arbeiter verdrängen würden, irrten sie sich. Denn bereits vor Ende des 19. Jahrhunderts beschäftigte die Strumpfindustrie mindestens 100 Menschen, wo sie zu Beginn des Jahrhunderts nur einen Arbeiter beschäftigt hatte.

1760 erfand Arkwright die Spinnmaschine mit automatischer Garnzuführung. Für diese Zeit schätzt man die Zahl der englischen Spinner, die noch mit dem Spinnrad arbeiteten, auf 5200, und die der Weber auf 2700 – insgesamt also 7900 Personen, die mit der Herstellung von Baumwollstoffen beschäftigt waren. Gegen die Einführung der Arkwrightschen Erfindung wurde mit der Begründung Widerstand geleistet, sie bedrohe die Lebensgrundlage der Arbeiter. Der Protest mußte mit Gewalt niedergeschlagen werden. Doch 1787, 27 Jahre nach Bekanntwerden der Erfindung, zeigte eine parlamentarische Untersuchung, daß die Zahl der Personen, die tatsächlich mit dem Spinnen und Weben von Baumwolle beschäftigt waren, von 7900 auf 320 000 gestiegen war, eine Erhöhung um 4050 Prozent.

Wenn der Leser etwa ein Buch wie *Recent Economic Changes* von David A. Wells aufschlägt, das 1889 erschienen ist, wird er Passagen finden, die mit Ausnahme der Daten und absoluten Zahlen von einem heutigen Feind der Technik stammen könnten. Ich möchte ein paar Stellen zitieren:

»In den zehn Jahren von 1870 bis 1880 erhöhte die britische Handelsmarine ihren Umschlag, allein was die Ein- und Ausklarierungen betraf, auf 22 000 000 Tonnen... doch die Zahl der Arbeitskräfte, die diesen gewaltigen Umschlag bewältigten, war 1880 im Vergleich zu 1870 auf rund 3000 (2990 genau) gesunken. Was war die Ursache dafür? Die Einführung von mit Dampfkraft betriebenen Ladekränen und Getreidehebern an den Ladeplätzen, der Einsatz der Dampfkraft usw. ...

1873 erzielte Bessemerstahl in England, wo der Preis nicht durch Schutzzölle in die Höhe getrieben wurde, 80 $ pro Tonne. 1886 wurde er im gleichen Land wirtschaftlicher hergestellt und kostete pro Tonne weniger als 20 $. Im gleichen Zeitraum wurde die Produktionskapazität einer Bessemerbirne vervielfacht, und das, obwohl sich der Arbeitseinsatz verringerte.

Die Leistungskapazität der weltweit hergestellten und 1887 bereits arbeitenden Dampfmaschinen wurde vom Amt für Statistik in Berlin auf einen Wert geschätzt, welcher der von 200 000 000 Pferden oder etwa 1 000 000 000 Menschen entspricht, das heißt mindestens der Leistung des Dreifachen der arbeitsfähigen Weltbevölkerung...«

Man sollte meinen, daß diese letzte Zahl Wells hätte veranlassen müssen, einen Moment innezuhalten und sich zu fragen, ob es in der Welt von 1889 überhaupt noch Beschäftigte geben würde. Doch er schloß lediglich mit verhaltenem Pessimismus, daß »die industrielle Überproduktion unter diesen Umständen ... möglicherweise chronisch wird«.

Im Depressionsjahr 1932 begann das Spiel von neuem. Wieder schob man den Maschinen die Schuld an der Arbeitslosigkeit zu. Innerhalb weniger Monate hatten sich die Vorstellungen einer Gruppe, die sich selbst Technokraten nannte, wie ein Lauffeuer im ganzen Land verbreitet. Ich will den Leser nicht mit den abenteuerlichen Zahlen behelligen, die diese Gruppe vorbrachte, und erspare mir auch die Korrekturen, welche die wahren Tatsachen belegen könnten. Es genügt die Feststellung, daß die Technokraten den Trugschluß in seiner ganzen Unschuld wieder aufgriffen, wonach Maschinen den Menschen immer mehr zurückdrängen. Allerdings gaben sie diesen Irrtum in ihrer Unwissenheit als eine eigene neue und revolutionäre Entdeckung aus. Einmal mehr bewahrheitete sich Santayanas Wort, daß derjenige, der seine Vergangenheit vergißt, dazu verurteilt ist, sie zu wiederholen.

Die Technokraten machten sich schließlich lächerlich und mußten abtreten. Aber ihre Ansichten, die ihnen vorauseilten, haben sich gehalten. Sie spiegeln sich in unzähligen nur der Arbeitsbeschaffung dienenden Maßnahmen und Sonderbehandlungspraktiken der Gewerkschaften wider. Und diese Maßnahmen und Praktiken werden hingenommen und finden sogar Zustimmung, nur weil die Öffentlichkeit in diesem Punkt ohne jede Orientierung ist.

Bei einer Aussage im Namen des Justizministeriums der Vereinigten Staaten vor dem *Temporary National Economic Committee,* einem Wirtschaftsausschuß, führte Corvin Edwards im März 1941 zahllose Beispiele für diese Praxis an. Der Gewerkschaft der Elektriker in New York wurde vorgeworfen, sie weigere sich, nicht im Bundesstaat New York hergestellte elektrische Anlagen einzubauen, es sei denn, die Anlagen würden auf der Baustelle zerlegt und wieder zusammengesetzt. In Houston im Bundesstaat Texas einigten sich die Klempnermeister und die Gewerkschaft der Installateure darauf, daß die der Gewerkschaft angehörenden Arbeiter für den Einbau vorgefertigte Rohre nur dann verlegten, wenn das Gewinde an einem Rohrende abgesägt und auf der Baustelle ein neues Gewinde geschnitten wurde. Verschiedene Regionalverbände der Malergewerkschaft beschlossen Beschränkungen für den Einsatz von Spritzpistolen. Sie hatten ausschließlich den Zweck, dadurch Arbeit zu beschaffen, daß das langsamere Arbeiten mit der Bürste gefordert wurde. Ein Regionalverband der Gewerkschaft der LKW-Fahrer verlangte, daß in jedem Lastwagen, der in das New Yorker Stadtgebiet einfuhr, neben dem regulär beschäftigten Fahrer zusätzlich ein örtlicher Fahrer saß. In mehreren Städten forderte die Gewerkschaft der Elektriker, daß bei jedem Bauvorhaben, für das eventuell Elektrizität oder sonstige Energie gebraucht wurde, ganztags ein Wartungselektriker anwesend sein müsse, der aber keinerlei Elektroarbeiten durchführen durfte. Nach den Worten von Corvin Edwards »bedeutet (diese Vereinbarung) in vielen Fällen, daß ein Arbeiter angestellt wird, der den Tag damit verbringt, zu lesen oder Solitaire zu spielen, und nichts weiter tut, als bei Arbeitsbeginn und bei Feierabend einen Schalter umzulegen«.

Beispiele für diese reinen Arbeitsbeschaffungspraktiken lassen sich auch für viele andere Bereiche anführen. Bei den Eisenbahnern bestand die Gewerkschaft darauf, daß Feuerwehrmänner auf Lokomotivtypen angestellt werden, die derartige Vorsichtsmaßnahmen gar nicht brauchten. An den Theatern forderte die Gewerkschaft den Einsatz von Kulissenschiebern auch bei Stücken, in denen gar keine Kulisse verwendet wurde. Die Musikergewerkschaft verlangte in vielen Fällen die Verpflichtung sogenannter Ersatzmusiker oder sogar ganzer Ersatzorchester, wo nur Musik aus der Konserve gebraucht wurde.

Bis 1961 gab es keine Anzeichen dafür, daß der Irrtum ausgemerzt sei. Nicht nur Gewerkschaftsführer, sondern auch Regierungsmitglieder sprachen mit ernster Miene davon, daß die »Automation« eine der Hauptursachen der Arbeitslosigkeit sei. Man diskutierte über die Automation, als sei sie etwas völlig Neues. Der Begriff war jedoch nur ein neuer Name für ständigen technologischen Fortschritt und Weiterentwicklungen bei arbeitsparenden Anlagen.

Aber der Widerstand gegen arbeitsparende Maschinen ist selbst heute nicht auf wirtschaftlich unbedarfte Geister begrenzt. Erst 1970 erschien das Buch eines Autors, der so angesehen ist, daß er inzwischen den Nobelpreis für Wirtschaftswissenschaft bekommen hat. In seinem Buch sprach er sich dagegen aus, in den Entwicklungsländern arbeitsparende Maschinen einzusetzen, weil sie »die Nachfrage nach Arbeitskräften verringern«[1]. Die logische Folgerung daraus wäre, daß der beste Weg zu einem Maximum an Arbeitsplätzen darin besteht, jegliche Arbeit so unwirtschaftlich und unproduktiv wie möglich zu machen. Das besagt letztlich, daß die englischen Maschinenstürmer, die zu Beginn des 19. Jahrhunderts die Strumpfwirkmaschinen, die maschinellen Webstühle und die Schermaschinen zerschlugen, im Grunde doch das Richtige gemacht haben.

Man könnte ganze Berge von Zahlen anführen, um nachzuweisen, wie unrecht die Gegner der Technik in der Vergangenheit hatten. Aber das nützt nichts, solange wir nicht genau begreifen, *warum* sie unrecht hatten. Denn sowohl die Statistik wie die Geschichte sind bei wirtschaftlichen Fragen unbrauchbar, wenn sie nicht von einem *deduktiven* Verständnis der Tatsachen begleitet werden – was in diesem Fall Verständnis dessen bedeutet, warum in der Vergangenheit die Einführung von Maschinen und anderen arbeitsparenden Geräten diese Folgen haben *mußte*. Sonst erklären die Gegner der Technik nämlich (und sie tun es tatsächlich auch, wenn man ihnen vorhält, daß sich die Voraussagen ihrer Vorläufer als unsinnig erwiesen haben): »Das mag früher durchaus gestimmt haben, aber heute sind die Umstände doch grundlegend anders, und wir können es uns einfach nicht leisten, noch weiter arbeitsparende Maschinen zu entwickeln.« Die Frau des amerikanischen Präsidenten Roosevelt schrieb am 19. September 1945 in einem Artikel, der gleichzeitig in mehreren Zeitungen erschien: »Wir haben inzwischen einen Punkt erreicht, wo arbeitsparende Anlagen nur dann gut sind, wenn sie dem Arbeiter nicht seine Stellung nehmen.«

---

1 Gunnar Myrdal, *The Challenge of World Poverty,* New York, Pantheon Books, 1970, S. 400 ff.

Wenn es wirklich zuträfe, daß die Einführung arbeitsparender Maschinen eine Ursache ständig zunehmender Arbeitslosigkeit und Not wäre, dann wäre die logische Schlußfolgerung, die daraus gezogen werden müßte, revolutionär, und zwar nicht nur für den technischen Bereich, sondern für unser ganzes zivilisatorisches Verständnis. Wir müßten nicht nur den gesamten zukünftigen technischen Fortschritt als ein Unglück betrachten, sondern auch den der Vergangenheit. Tagtäglich versuchen wir, jeder auf seinem Gebiet, den Aufwand für ein bestimmtes Ergebnis zu verringern. Wir alle bemühen uns, den eigenen Arbeitsaufwand niedrig zu halten, die für ein bestimmtes Ziel notwendigen Mittel haushälterisch einzusetzen. Jeder Angestellte, der kleine wie der große, versucht ständig, seine Aufgaben noch wirtschaftlicher zu lösen, das heißt, durch das Einsparen von Arbeit. Jeder intelligente Arbeiter ist bestrebt, den Einsatz abzubauen, den er für die ihm zugewiesene Aufgabe aufbringen muß. Wer von uns besonders ehrgeizig ist, versucht unermüdlich, das Ergebnis, das in einer bestimmten Zeit erzielt werden kann, zu verbessern. Wenn die Gegner der Technik logisch und konsequent wären, müßten sie diesen Fortschritt und Erfindungsgeist nicht nur als nutzlos, sondern als geradezu schädlich abtun. Warum sollten wir eine Fracht mit der Bahn von München nach Hamburg transportieren, wenn wir soviel mehr Menschen dadurch beschäftigen könnten, daß wir sie beispielsweise auf dem Rücken dorthin tragen ließen?

Theorien, die mit so gravierenden Fehlern behaftet sind, wie diese, werden nie mit logischer Konsequenz vertreten. Aber dennoch richten sie viel Schaden an, weil sie nämlich überhaupt vertreten werden. Wir wollen daher versuchen, so genau wie möglich festzustellen, was geschieht, wenn technische Verbesserungen und arbeitsparende Maschinen eingeführt werden. Die Einzelheiten werden von Fall zu Fall andere sein, je nachdem, welche Bedingungen in einer bestimmten Branche oder Periode gelten. Doch wir werden ein Beispiel auswählen, das die wesentlichen Möglichkeiten berücksichtigt.

Nehmen wir an, ein Bekleidungsproduzent erfährt von einer Maschine, die Damen- und Herrenmäntel mit dem halben Arbeitsaufwand herstellt, wie er bisher nötig war. Der Unternehmer stellt die Maschinen auf und entläßt die Hälfte seiner Arbeiter.

Auf den ersten Blick sieht das wie ein eindeutiger Verlust von Arbeitsplätzen aus. Aber die Herstellung der Maschine hat auch Arbeit erfordert. Hier ist also ein Ausgleich in Form von Arbeitsplätzen, die ansonsten nicht entstanden wären. Der Produzent kauft die Maschine natürlich nur, wenn sie entweder mit dem halben Arbeitsaufwand bessere Kleidungsstücke herstellt, oder die gleichen Stücke zu geringeren Kosten. Nehmen wir letzteres an. Wir können nicht damit rechnen, daß der Arbeitsaufwand für die Produktion der Maschinen ebensoviel an Löhnen gekostet hat, wie der Arbeitsaufwand, den der Bekleidungsproduzent langfristig durch den Erwerb der Maschinen zu sparen hofft. Sonst wäre es unwirtschaftlich gewesen, und er hätte sie nicht gekauft.

Es besteht also immer noch ein Nettoverlust an Beschäftigung, der geklärt werden muß. Aber wir sollten auf jeden Fall die realistische Möglichkeit im Auge behalten, daß sogar die erste Auswirkung der Anschaffung arbeitsparender Maschinen darin bestehen kann, daß die Beschäftigung zunimmt. Denn der Bekleidungshersteller erwartet, nur *langfristig* durch den Kauf der Maschinen Geld zu sparen; unter Umständen dauert es mehrere Jahre, bis die Maschinen »sich bezahlt machen«.

Nachdem die Maschinen Einsparungen erbracht haben, die zum Ausgleich ihrer Kosten ausreichen, macht der Bekleidungshersteller mehr Gewinn als bisher. (Wir wollen annehmen, daß er seine Mäntel zu den gleichen Preisen wie seine Konkurrenten verkauft und nicht anstrebt, sie zu unterbieten.) Bisher sieht es vielleicht so aus, als hätte es bei den Arbeitsplätzen einen Nettoverlust gegeben, während nur der Produzent, der Kapitalist, einen Gewinn gemacht hat. Aber genau aus diesem Zusatzgewinn müssen die nachfolgenden sozialen Gewinne kommen. Der Produzent muß diesen zusätzlichen Gewinn auf mindestens eine von drei Arten ausgeben, aber wahrscheinlich wird er alle drei unterschiedlich stark nutzen: (1) Er verwendet den zusätzlichen Gewinn, um zu expandieren und kauft weitere Maschinen, mit denen er noch mehr Mäntel herstellen kann; (2) er investiert den Zusatzgewinn in anderen Wirtschaftsunternehmen; (3) er verwendet den Zusatzgewinn, um den eigenen Konsum zu erhöhen. Gleichgültig für welche dieser drei Möglichkeiten er sich entscheidet, er verbessert dadurch die Beschäftigungslage.

Der Bekleidungshersteller verfügt mit anderen Worten als Folge seiner Einsparungen über einen Gewinn, den er vorher nicht hatte. Jede Mark, die er an Löhnen für seine früheren Mantelschneider eingespart hat, muß er jetzt als indirekte Löhne an die Arbeiter des Produzenten der neuen Maschine zahlen, oder an die Arbeiter eines anderen Kapital nachfragenden Unternehmens, oder an die Beschäftigten, die für ihn ein neues Haus oder einen Wagen bauen, oder Juwelen und Pelze für seine Frau herstellen. Auf jeden Fall sorgt er indirekt für ebenso viele Arbeitsplätze, wie er direkt aufgegeben hat.

Doch bei der Situation, wie sie jetzt ist, bleibt es nicht, und kann es auch nicht bleiben. Falls dieser tatkräftige Produzent im Vergleich zu seinen Mitbewerbern große Einsparungen macht, wird er entweder auf ihre Kosten anfangen zu expandieren, oder die Konkurrenten werden sich ebenfalls nach und nach Maschinen anschaffen. Erneut bekommen die Beschäftigten in der Maschinenfabrik mehr Arbeit. Aber der Wettbewerb und die gestiegene Produktion werden bald die Preise für die Mäntel drücken. Die Gewinne für den, der sich neue Maschinen anschafft, werden sinken. Die Gewinnrate der Hersteller, die mit den neuen Maschinen arbeiten, beginnt zu fallen, während die Hersteller, die sich immer noch nicht für die neuen Maschinen entscheiden konnten, überhaupt keinen Gewinn machen. Die Einsparungen werden also allmählich an die Käufer der Mäntel weitergegeben – an die *Verbraucher*.

Aber da Mäntel jetzt billiger sind, kaufen mehr Leute einen Mantel. Obwohl also weniger Beschäftigte nötig sind, um die gleiche Menge Mäntel wie früher herzustellen, werden jetzt mehr Mäntel als vorher produziert. Wenn die Nachfrage nach Mänteln »elastisch« ist, wie es in der Wirtschaftstheorie heißt, dann können vielleicht sogar in der Mantelindustrie mehr Menschen Beschäftigung finden als vor der Einführung der neuen arbeitsparenden Maschinen. (Elastisch heißt die Nachfrage dann, wenn bei sinkenden Mantelpreisen mehr Mäntel gekauft werden, und umgekehrt.) Wie das geschichtlich tatsächlich abgelaufen ist, haben wir am Beispiel der Strumpfmacher und anderer Textilhersteller gesehen.

Aber die neuen Arbeitsplätze hängen nicht von der Elastizität der Nachfrage nach dem betreffenden Erzeugnis ab. Nehmen wir an, daß trotz einer drastischen Preissenkung von, sagen wir, 150 auf 100 Mark nicht ein einziger Mantel zusätzlich verkauft wurde. Die Folge wäre, daß die Verbraucher ein unverändert gutes Angebot an Mänteln hätten, jeder Käufer eines Mantels darüber hinaus aber jetzt 50 Mark übrig hätte, die ihm sonst nicht geblieben wären. Er wird diese 50 Mark daher für etwas anderes ausgeben und so zusätzliche Beschäftigung in *anderen* Branchen schaffen.

Um es noch einmal kurz zusammenzufassen: Maschinen, technologische Verbesserungen, Automation, Einsparungen und wirtschaftliches Verhalten bei den Unternehmern machen die Menschen nicht arbeitslos.

Selbstverständlich sind nicht alle Erfindungen und Entdeckungen »arbeitsparend«. Einige, wie etwa Präzisionsinstrumente, Nylon, bestimmte Kunstharze, Sperrholz oder Kunststoffe aller Art verbessern einfach die Qualität der Erzeugnisse. Andere, wie das Telefon oder das Flugzeug, erbringen Leistungen, zu denen der Mensch mit direkter Arbeit gar nicht in der Lage ist. Wieder andere lassen Gegenstände und Dienstleistungen entstehen, die es sonst gar nicht gäbe, wie Röntgengeräte, Radios, Fernsehgeräte, Klimaanlagen und Computer. Im vorliegenden Fall haben wir jedoch genau eine Maschine der Art ausgewählt, an der sich die Gegner der Technik immer besonders gerieben haben.

Natürlich kann man das Argument, daß Maschinen niemanden arbeitslos machen, über Gebühr strapazieren. So wird zum Beispiel gelegentlich behauptet, daß Maschinen mehr Arbeitsplätze schaffen, als ohne sie bestehen würden. Unter ganz bestimmten Umständen kann das zutreffen. *In speziellen Branchen* können sie tatsächlich für weit mehr Arbeitsplätze sorgen. Die Zahlen aus der Textilbranche für das 18. Jahrhundert sprechen für sich. Und Zahlen aus neuerer Zeit sind nicht weniger eindrucksvoll. 1910 arbeiteten in den Vereinigten Staaten in der noch jungen Automobilindustrie 140 000 Menschen. 1920, als die Wagen schon besser und auch preiswerter waren, beschäftigte die Branche 250 000 Menschen. Da die Verbesserungen und Kostensenkungen anhielten, lag die Beschäftigung 1930 bei 380 000. 1973 war sie auf 941 000 gestiegen. An der Herstellung von Flugzeugen und Flugzeugteilen arbeiteten 1973 in den USA 514 000 Menschen, und 393 000 Beschäftigte gab es bei den Produzenten elektronischer Bauteile. So ist es dank neuer Erfindungen und sinkender Kosten in vielen neugeschaffenen Branchen gewesen.

Auch absolut betrachtet kann man sagen, daß Maschinen die Zahl der Arbeitsplätze enorm gesteigert haben. Die Weltbevölkerung ist heute viereinhalbmal so groß wie Mitte des 18. Jahrhunderts, als die industrielle Revolution ihren Vormarsch gerade erst begann. Wir können sagen, daß die Maschinen diese Bevölkerungszunahme erst ermöglicht haben, denn ohne sie hätte die Welt die vielen Menschen überhaupt nicht versorgen können. Man kann folglich behaupten, daß 75 Prozent der Menschen heute den Maschinen nicht nur ihren Arbeitsplatz, sondern auch ihr Leben verdanken.

Es ist jedoch falsch, die Aufgabe oder den Erfolg der Maschine in erster Linie darin sehen zu wollen, *Arbeitsplätze* zu schaffen. Der eigentliche Erfolg der Maschinen ist die Erhöhung der *Produktion*, die Steigerung des Lebensstandards, die Mehrung des wirtschaftlichen Wohlstands. Es ist kein Problem, alle zu beschäftigen, selbst (oder gerade) in der rückständigsten Wirtschaft nicht. Vollbeschäftigung – Überbeschäftigung; langes, beschwerliches, unmenschliches Arbeiten – ist charakteristisch für gerade die Länder, die industriell am weitesten zurückgeblieben sind. Wo Vollbeschäftigung bereits besteht, können neue Maschinen, Erfindungen und Entdeckungen nicht *mehr* Beschäftigung bringen – oder erst dann, wenn die Bevölkerung zugenommen hat. Sie bringen wahrscheinlich mehr *Nicht*-Beschäftigung mit sich (wobei ich jetzt aber *freiwillige*, keine *unfreiwillige* Nichtbeschäftigung meine), weil es sich die Menschen jetzt leisten können, weniger Stunden zu arbeiten, während Kinder und alte Menschen überhaupt nicht mehr zu arbeiten brauchen.

Noch einmal: Maschinen steigern die Produktion und erhöhen den Lebensstandard. Das kann auf zweierlei Arten geschehen. Entweder dadurch, daß die Erzeugnisse durch den Einsatz von Maschinen für den Verbraucher billiger werden (wie in unserem Beispiel mit den Mänteln), oder dadurch, daß die Maschinen eine Erhöhung der Löhne bewirken, weil sie die Produktivität der Arbeiter verbessern. Sie lassen also entweder die Löhne steigen, oder machen über eine Preissenkung möglich, daß der Verbraucher mit dem gleichen Lohn mehr Waren und Dienstleistungen kaufen kann. Manchmal tun sie beides. Was tatsächlich geschieht, hängt wesentlich von der Geldpolitik ab, die im jeweiligen Land betrieben wird. Aber auf jeden Fall erhöhen Maschinen, Entdeckungen und Erfindungen die *Reallöhne*.

Noch ein warnendes Wort, bevor wir dieses Thema verlassen. Es war das große Verdienst der klassischen Wirtschaftstheoretiker, auf die mittelbaren Folgen einzugehen und die langfristigen Auswirkungen einer bestimmten Wirtschaftspolitik oder Entwicklung auf die Gemeinschaft zu untersuchen. Aber darin lag gleichzeitig der Mangel. Da die Analysen langfristig und umfassend angelegt waren, wurde der kurzfristige, spezielle Aspekt manchmal vernachlässigt. Zu oft neigten die Klassiker dazu, die unmittelbaren Auswirkungen einer Entwicklung auf bestimmte Gruppen entweder herunterzuspielen oder völlig zu vergessen. Wir haben zum Beispiel gesehen, daß viele englische Strumpfmacher durch das Aufkommen der neuen Strumpfwirkmaschinen in größte Not gerieten, eine der ersten Auswirkungen der Industriellen Revolution.

Doch diese Tatsachen und ihre Gegenstücke aus der heutigen Zeit haben einige Autoren veranlaßt, ins andere Extrem zu flüchten und *nur noch* die unmittelbaren Auswirkungen auf bestimmte Gruppen zu sehen. Herr Meier verliert durch die Anschaffung irgendeiner neuen Maschine seinen Arbeitsplatz. »Achten Sie auf Herrn Meier«, erklären diese Autoren beschwörend. »Verlieren Sie ihn nicht aus den Augen.« Doch dann blicken sie *nur noch* auf Herrn Meier und vergessen Herrn Schmidt, der gerade neu eingestellt worden ist, um die neue Maschine herzustellen; sie vergessen Herrn Lehmann, der gerade eine neue Stelle bekommen hat, um diese Maschine zu bedienen, und sie übersehen Frau Huber, die jetzt einen Mantel kaufen kann, der nur noch halb soviel kostet wie vorher. Und weil sie nur Augen für Herrn Meier haben, befürworten sie am Ende rückschrittliche und unsinnige Maßnahmen.

Natürlich, mit einem Auge sollten wir schon auf Herrn Meier schauen. Er ist durch eine neue Maschine arbeitslos geworden. Vielleicht findet er bald einen neuen Arbeitsplatz, womöglich sogar einen besseren. Aber vielleicht hat er auch viele Jahre darauf verwandt, sich zu spezialisieren und besondere Kenntnisse anzueignen, für die es nun auf dem Markt keine Verwendung mehr gibt. Er hat das, was er in sich, in seine veralteten Kenntnisse investiert hat, verloren. Ähnlich hat vielleicht sein früherer Arbeitgeber seine Investitionen in alte Maschinen oder Arbeitsverfahren verloren, die plötzlich nicht mehr zeitgemäß waren. Er war ein gelernter Arbeiter und bekam den Lohn eines gelernten Arbeiters. Jetzt ist er über Nacht wieder zu einem ungelernten Arbeiter geworden und kann im Augenblick nur auf die Bezahlung eines ungelernten Arbeiters hoffen, weil seine Spezialkenntnisse nicht mehr gebraucht werden. Wir können und sollen Herrn Meier nicht vergesssen. Er ist einer jener tragischen Fälle, die, wie wir noch sehen werden, fast überall da vorkommen, wo es technischen und wirtschaftlichen Fortschritt gibt.

Die Frage, was im Fall Meier im einzelnen geschehen sollte – ob man ihn sich selbst überläßt, ihm Trennungs- oder Arbeitslosengeld zahlt, ihn der Fürsorge übergibt oder auf Staatskosten umschulen läßt –, würde uns vom Thema abbringen, das wir uns hier gestellt haben. Wesentlichster Punkt ist, daß wir versuchen sollten, *alle* wichtigen Auswirkungen jeder Wirtschaftspolitik oder Entwicklung zu sehen

- die unmittelbaren Folgen für bestimmte Gruppen und die langfristigen, die alle Gruppen betreffen.

Wenn wir dieser Frage soviel Raum gewidmet haben, so deshalb, weil unsere Überlegungen über die Auswirkungen neuer Maschinen, Erfindungen und Entdeckungen auf die Beschäftigung, die Produktion und den Wohlstand von entscheidender Bedeutung sind. Wenn wir uns hier irren sollten, dann gäbe es wohl kaum etwas auf wirtschaftlichem Gebiet, wo wir recht hätten.

7.
Die Arbeit verteilen?

Ich habe bereits auf einige Arbeitsbeschaffungspraktiken der Gewerkschaften hingewiesen. Diese Praktiken und ihre Duldung durch die Öffentlichkeit entspringen dem gleichen fundamentalen Irrtum, wie die Angst vor den Maschinen. Gemeint ist hier die Ansicht, daß Arbeitsplätze um so eher vernichtet werden, je effizienter gearbeitet wird. Und daraus wird dann geschlossen, daß ein weniger wirtschaftliches Arbeiten die Arbeitsplätze erhält oder neue schafft.

Eng verbunden mit diesem Trugschluß ist die Überzeugung, daß die weltweit verfügbare Arbeit vom Umfang her begrenzt ist. Und wenn wir schon nicht einen umständlicheren Weg für die Arbeit finden können, so meint man, sollten wir doch wenigstens über Verfahren nachdenken, wie sie am besten auf möglichst viele Köpfe verteilt werden kann.

Dieser Irrglaube liegt auch der minutiösen Unterteilung der Arbeit zugrunde, auf der die Gewerkschaften bestehen. Das Baugewerbe in den Großstädten ist geradezu verschrien für dieses Bereichsdenken. Maurer dürfen keinen Kamin hochziehen; das ist ausschließlich Sache der Steinmetze. Der Elektriker darf kein Brett herausreißen, um einen Anschluß zu legen, und das Brett dann wieder einsetzen; das muß der Zimmermann machen, egal wie einfach das ist. Der Klempner baut keine Fliese aus oder ein, wenn er eine defekte Dusche zu reparieren hat; dafür ist der Fliesenleger da.

Zwischen den Gewerkschaften werden erbitterte Zuständigkeitsfehden ausgetragen darüber, wem das ausschließliche Recht zusteht, bestimmte Arten von Arbeit im Grenzbereich zu anderen Tätigkeiten auszuüben. In einer Erklärung der amerikanischen Eisenbahnen für den Ausschuß für Verwaltungsfragen des Justizministeriums führten die Bahngesellschaften zahllose Beispiele an, in denen das für Schlichtungsfragen zuständige Gremium der nationalen Eisenbahngesellschaft festgelegt hatte, daß jede einzelne Tätigkeit bei der Eisenbahn, gleichgültig wie geringfügig sie ist, wie z. B. das Führen eines Telefongesprächs oder das Feststellen bzw. Lösen einer Weiche, ausschließlich einer bestimmten Angestelltengruppe zusteht. Falls ein Angestellter einer anderen Gruppe im Verlauf seiner regulären Beschäftigung solche Arbeiten vornimmt, muß dieser Angestellte einen Tageslohn extra dafür bekommen. Und gleichzeitig müssen die beurlaubten oder nicht beschäftigten Mitglieder der Gruppe, denen es zusteht, diese Arbeit durchzuführen, einen vollen Tageslohn bezahlt bekommen, weil sie nicht aufgefordert worden sind, die Arbeit auszuführen.

Es stimmt, daß einige wenige auf Kosten aller anderen von dieser übergenauen und willkürlichen Aufteilung der Arbeit profitieren können, vorausgesetzt, das geschieht nur in ihrem Fall. Aber wer sich generell für sie ausspricht, erkennt nicht, daß sie immer die Produktionskosten erhöht und letztlich eine geringere Arbeitsleistung und eine geringere Produktion zur Folge hat. Der Familienvater, der gezwungen wird, zwei Leute zu beschäftigen, wo nur für einen Arbeit ist, hat einer Person zusätzlich zu Arbeit verholfen. Aber er hat in eben dem Umfang weniger Geld übrig, das er für etwas anderes ausgeben und das jemand anderem Beschäftigung verschaffen könnte. Da die Reparatur im Badezimmer doppelt so teuer war, wie sie eigentlich hätte sein sollen, beschließt er, den neuen Pullover, auf den er ein Auge geworfen hatte, nicht zu kaufen. Die »Arbeit« steht dadurch nicht besser da, denn der Beschäftigung eines Fliesenlegers, der gar nicht gebraucht wurde, stand die *Nicht*-Beschäftigung einer Person gegenüber, die einen Pullover gestrickt oder eine Strickmaschine bedient hätte.

Der Familienvater aber hat schlechter abgeschnitten. Anstatt im Besitz eines reparierten Badezimmers und eines Pullovers zu sein, hat er jetzt nur ein repariertes Badezimmer, aber keinen Pullover. Und wenn wir den Pullover als Teil des Volkseinkommens betrachten, hat das Land einen Pullover weniger. Wir sehen also, was dabei herauskommt, wenn man durch die willkürliche Verteilung von Arbeit zusätzliche Arbeit zu schaffen versucht.

Doch es gibt noch andere Pläne zur »Verteilung der Arbeit«, für die sich Gewerkschaftssprecher und Gesetzgeber oft einsetzen. Am häufigsten hört man den Vorschlag, die wöchentliche Arbeitszeit zu verkürzen, und zwar per Gesetz. Die Überzeugung, daß dies »die Arbeit verteilen« und »mehr Arbeitsplätze schaffen« würde, stand als einer der Hauptgründe hinter den Strafbestimmungen für Überstunden bei der gesetzlichen Regelung der Arbeitszeit in den Vereinigten Staaten. Die ersten Gesetze in den USA, die beispielsweise verboten, Frauen oder Minderjährige länger als 48 Wochenstunden zu beschäftigen, beruhten auf der Ansicht, daß eine längere Arbeitszeit gesundheits- und sittenwidrig sei. Zum Teil gingen sie auch auf die Überzeugung zurück, daß eine längere Arbeitszeit nachteilig für die Leistungsfähigkeit sei. Die gesetzliche Regelung hingegen, wonach der Arbeitgeber einen 50prozentigen Überstunden-Zuschlag zahlen muß, wenn die 40stündige Wochenarbeitszeit überschritten wird, hatte andere Gründe. Sie rührte nicht in erster Linie von der Überzeugung her, daß beispielsweise 45 Stunden Wochenarbeitszeit abträglich für die Gesundheit oder die Leistungsfähigkeit seien. Sie gründete sich teilweise auf die Hoffnung, den Wochenlohn der Arbeiter zu erhöhen. Zum Teil hoffte man aber auch, den Arbeitgeber zur Einstellung weiterer Arbeiter zu zwingen, indem man ihn davon abhielt, regulär Leute länger als 40 Stunden wöchentlich zu beschäftigen. Und seit einiger Zeit bestehen Pläne, die Arbeitslosigkeit durch Einführung der 30-Stunden- oder Viertagewoche abzuwenden.

Wie wirken sich diese Pläne tatsächlich aus, gleichgültig ob sie von einer Einzelgewerkschaft oder dem Gesetzgeber durchgedrückt worden sind? Das Problem wird deutlicher, wenn wir es anhand zweier Fälle untersuchen. Der erste sieht einen Abbau der normalen Wochenarbeitszeit von 40 auf 30 Stunden bei unverändertem Stundenlohn vor. Im zweiten Fall wird die Wochenarbeitszeit von 40 auf 30 Stunden verringert, der Stundenlohn aber so angehoben, daß der Arbeiter den gleichen Wochenlohn wie bisher erhält.

Wenden wir uns zunächst dem ersten Fall zu. Wir unterstellen, daß die wöchentliche Arbeitszeit von 40 auf 30 Stunden reduziert wird, ohne daß sich der Stundenlohn verändert. Falls bei Einführung dieses Plans in größerem Umfang Arbeitslosigkeit besteht, werden ohne Frage zusätzliche Arbeitsplätze geschaffen. Wir können jedoch nicht davon ausgehen, daß so viele zusätzliche Arbeitsplätze geschaffen werden, wie nötig sind, um das bisherige Niveau des gesamten Lohnaufkommens und der Gesamtarbeitszeit aufrechtzuerhalten. Das können wir nur, wenn wir von der unwahrscheinlichen Annahme ausgehen, daß in allen Branchen der gleiche Prozentsatz an Arbeitslosigkeit geherrscht hat, und daß die neu eingestellten Arbeitskräfte ihre Aufgabe im Durchschnitt genausogut erledigen wie die bereits Beschäftigten. Aber unterstellen wir einmal, daß es tatsächlich so sei. Wir nehmen also an, daß die erforderliche Zahl zusätzlicher Arbeitskräfte mit den jeweils gewünschten Fähigkeiten zur Verfügung steht, und daß die neuen Arbeitskräfte die Produktionskosten nicht steigern. Was wäre dann das Ergebnis eines Abbaus der Wochenarbeitszeit von 40 auf 30 Stunden bei unverändertem Stundenlohn?

Es sind zwar mehr Menschen beschäftigt, aber da der einzelne jetzt weniger Stunden arbeitet, bleibt die insgesamt geleistete Arbeitszeit unverändert. Es ist unwahrscheinlich, daß es zu einer nennenswerten Ausweitung der Produktion kommt. Das gesamte Lohnaufkommen und die »Kaufkraft« werden nicht zunehmen. Ereignet haben wird sich – selbst unter den günstigsten, und daher wohl kaum sehr realistischen Voraussetzungen – lediglich, daß die bisher schon Beschäftigten die bisher noch nicht Beschäftigten subventionieren. Denn damit die neu Beschäftigten jeweils drei Viertel des Lohns der bisher schon Beschäftigten bekommen, erhalten letztere nur noch drei Viertel ihres bisherigen Lohns. Es trifft zwar zu, daß die schon vorher Beschäftigten jetzt weniger Stunden arbeiten. Aber dieses Mehr an Freizeit ist zu einem hohen Preis erkauft, und die Arbeiter hätten diese Entscheidung wahrscheinlich nicht aus eigenem Antrieb getroffen. Es ist ein Opfer, damit *andere* einen Arbeitsplatz bekommen.

Die Gewerkschaftsführer, die eine kürzere Wochenarbeitszeit fordern, um die »Arbeit zu verteilen«, wissen das im allgemeinen, und daher propagieren sie den Gedanken auf eine Weise, die unterstellt, daß man nicht auf das eine verzichten muß, wenn man das andere tut. Verringern wir, so erklären sie, die Wochenarbeitszeit von 40 auf 30 Stunden, um mehr Arbeitsplätze zu schaffen, aber gleichen wir die verkürzte Arbeitszeit dadurch aus, daß wir den Stundenlohn um ein Drittel *erhöhen*. Nehmen wir an, die Beschäftigten hätten bisher bei 40stündiger Wochenarbeitszeit 480 Mark verdient. Damit sie auch bei 30 Wochenstunden 480 Mark bekommen, muß der Stundenlohn um 4 Mark auf 16 Mark erhöht werden.

Welche Folgen hätte ein solcher Plan? Die unmittelbar auf der Hand liegende Konsequenz wäre eine Steigerung der Produktionskosten. Wenn wir annehmen, daß die Beschäftigten bisher bei 40 Wochenstunden weniger bekommen haben, als das Niveau der Produktionskosten, Preise und Gewinne ermöglichte, hätten sie höhere Stundenlöhne *ohne* einen Abbau der Wochenarbeitszeit erhalten können. Sie hätten mit anderen Worten die gleiche Stundenzahl arbeiten und *ein Drittel höhere* Löhne bekommen können, anstatt wie bei den jetzt 30 Wochenstunden nur den gleichen Lohn wie bisher. Aber wenn die Beschäftigten bei 40 Wochenstunden bereits so hohe Löhne bekamen, wie das Niveau der Produktionskosten und Preise ermöglichte (und die Arbeitslosigkeit, die man zu bekämpfen versucht, kann durchaus ein Zeichen sein, daß sie sogar schon mehr verdienten), dann ist die Steigerung der Produktionskosten als Folge der 33prozentigen Lohnerhöhung weit größer, als die bestehenden Preise, Produktion und Kosten noch auffangen können.

Die Folge der höheren Löhne ist daher eine weit größere Arbeitslosigkeit als vorher. Die am unproduktivsten arbeitenden Betriebe werden aus dem Markt gedrängt, und die unrentabelsten Beschäftigten verlieren ihren Arbeitsplatz. Die Produktion wird in voller Breite eingeschränkt. Höhere Produktionskosten und ein eingeschränktes Angebot lassen die Preise steigen, so daß die Beschäftigten für den gleichen Lohn weniger kaufen können. Andererseits senkt die gestiegene Arbeitslosigkeit die Nachfrage und damit tendenziell die Preise. Wie sich die Warenpreise letztlich entwickeln, hängt davon ab, welche Geldpolitik verfolgt wird. Falls eine inflationäre Geldpolitik betrieben wird, damit die Preise steigen und die gestiegenen Stundenlöhne bezahlt werden können, erweist sich das als Irrweg. Denn das senkt die *Real*löhne, deren Kaufkraft real auf den alten Stand zurückgeht. Das Ergebnis wäre dann das gleiche wie bei einer verringerten Wochenarbeitszeit *ohne* Erhöhung der Stundenlöhne. Und welche Folgen sich daraus ergeben, haben wir bereits erörtert.

Die Programme zur Verteilung der Arbeit unterliegen mit anderen Worten der gleichen Illusion, wie wir sie schon erwähnt haben. Diejenigen, die solche Pläne unterstützen, denken nur an die Arbeitsplätze, die sie unter Umständen für bestimmte Personen oder Gruppen schaffen. Die Auswirkungen auf die Gesamtheit werden nicht gesehen.

Die Programme zur Verteilung der Arbeit stützen sich auch, wie wir zu Anfang schon angeführt haben, auf die falsche Annahme, daß es Arbeit nur in begrenzter Menge gibt. Das ist ein gewaltiger Irrtum. Die Arbeit ist von der Menge her unbegrenzt, solange noch Bedürfnisse und Wünsche der Menschen unerfüllt bleiben, die man durch Arbeit befriedigen kann. In einer modernen Tauschwirtschaft wird dann am meisten Arbeit geleistet, wenn Preise, Kosten und Löhne in einem optimalen Verhältnis zueinander stehen. Wie dieses Verhältnis aussieht, besprechen wir später.

8.
Weniger Bürokraten – weniger Kaufkraft?

Wenn nach einem großen Krieg erwogen wird, die Streitkräfte abzubauen, kommt immer sofort die Angst auf, daß nicht genügend Arbeitsplätze für die Soldaten da sind und sie folglich keine Beschäftigung finden. Selbstverständlich braucht die Privatwirtschaft einige Zeit, um Millionen von Männern aufzunehmen, die plötzlich aus der Armee entlassen werden. Dabei ist bisher immer nur die Geschwindigkeit, aber kaum einmal die Bedächtigkeit aufgefallen, mit der die Wirtschaft diese Aufgabe anging. Die Angst vor der Arbeitslosigkeit entsteht, weil die Menschen nur die eine Seite des Vorgangs sehen.

Sie sehen, wie die Soldaten auf den Arbeitsmarkt strömen. Woher soll die »Kaufkraft« kommen, sie zu beschäftigen? Wenn wir annehmen, daß der Staatshaushalt ausgeglichen ist, ist die Antwort einfach. Die Regierung hört auf, die Soldaten zu unterstützen. Aber die Steuerzahler behalten die Geldmittel, die man ihnen bisher abgenommen hat, um die Soldaten zu bezahlen. Und die Steuerzahler haben dann zusätzlich Geld in Händen, mit dem sie außer der Reihe Waren kaufen können. Die zivile Nachfrage wird mit anderen Worten erhöht und gibt den zusätzlichen Arbeitskräften in Gestalt der ehemaligen Soldaten Beschäftigung.

Sind die Soldaten über einen unausgeglichenen Haushalt bezahlt worden, also durch Staatsverschuldung und andere Formen der Defizitfinanzierung, so liegt der Fall etwas anders. Doch das berührt die Frage der Defizitfinanzierung, deren Auswirkungen wir an anderer Stelle behandeln. Es genügt die Erkenntnis, daß die Defizitfinanzierung für die hier aufgeworfene Frage unerheblich ist. Denn wenn wir unterstellen, daß in einem Haushaltsdefizit ein Vorteil liegt, könnte man genau das gleiche Haushaltsdefizit wie vorher schaffen, indem man einfach die Steuern um den Betrag senkt, den man in der Kriegszeit für die Armee ausgegeben hat.

Doch wir stehen wirtschaftlich nach der Demobilisierung nicht an der gleichen Stelle, wie vor ihr. Die bisher von Zivilisten bezahlten Soldaten werden nicht ohne weiteres zu Zivilisten, die immer noch von anderen Zivilisten Hilfe erhalten. Sie werden Zivilisten, die sich selbst helfen. Wenn wir annehmen, daß die Männer, die man gegebenenfalls bei den Streitkräften gehalten hätte, nicht mehr für die Landesverteidigung gebraucht werden, wäre ihre weitere Dienstverpflichtung reine Verschwendung gewesen. Sie wären unproduktiv gewesen. Die Steuerzahler hätten sie zwar unterhalten, aber keine Gegenleistung dafür bekommen. Jetzt jedoch geben die Steuerzahler diesen Teil ihrer Geldmittel an sie als Auch-Zivilisten im Austausch für entsprechende Erzeugnisse oder Dienstleistungen weiter. Die Gesamtproduktion des Landes, der Wohlstand aller Bürger, ist höher.

Die gleiche Argumentation gilt für Staatsbeamte, wenn ihre Zahl übermäßig steigt und sie der Gemeinschaft keine Dienste leisten, die in einem angemessenen Verhältnis zu der Entlohnung stehen, die sie erhalten. Doch sobald jemand etwas unternimmt, die Zahl der überflüssigen Beamten zu beschneiden, geht mit Sicherheit der Aufschrei durch das Land, diese Maßnahme sei »deflationistisch«. Soll man diesen Beamten die »Kaufkraft« entziehen? Soll man den Grundbesitzern und Händlern Schaden zufügen, die auf diese Kaufkraft angewiesen sind? Man verringert doch ganz einfach »das Volkseinkommen«, so heißt es, und leistet einer Depression Vorschub oder verstärkt sie.

Auch hier entsteht der Irrtum wieder daraus, daß man nur die Auswirkungen dieser Maßnahme auf die entlassenen Beamten und die Händler sieht, die von ihnen abhängen. Wieder wird vergessen, daß die Steuerzahler, wenn diese Bürokraten nicht beschäftigt werden, das Geld behalten können, das ihnen vorher zur Bezahlung der Bürokraten abgenommen wurde. Wieder wird übersehen, daß das Einkommen und die Kaufkraft der Steuerzahler um wenigstens soviel zunehmen, wie das Einkommen und die Kaufkraft der ehemaligen Beamten abnehmen. Wenn bestimmte Händler, die früher überwiegend von diesen Bürokraten lebten, Einbußen erleiden, machen andere Händler an anderen Orten um mindestens ebensoviel mehr Umsatz. Städte mit dem Sitz von Regierungen oder großen Behörden kommen vielleicht mit weniger Läden aus; aber andere Städte können unter Umständen mehr Geschäfte aufmachen.

Aber auch diesmal ist der Fall noch nicht zu Ende. Das

Land steht ohne die überflüssigen Beamten nicht nur ebensogut da, wie wenn es sie behalten hätte. Es steht sich im Gegenteil noch weit besser. Denn die Beamten müssen jetzt in der Privatwirtschaft unterkommen oder sich selbständig machen. Und die zusätzliche Kaufkraft der Steuerzahler fördert das, wie im Fall mit den Soldaten. Aber die Beamten bekommen in der Privatwirtschaft nur dann einen Arbeitsplatz, wenn sie denen, welche die Arbeitsplätze stellen, eine entsprechende Gegenleistung bringen – oder auch den Kunden der Arbeitgeber, bei denen die Beamten eine Stelle finden. Anstatt von anderen zu leben, werden sie zu Bürgern, die etwas leisten.

Es sei noch einmal ausdrücklich darauf hingewiesen, daß ich in all diesen Fällen nicht jene Beamten meine, deren Arbeit wirklich notwendig ist. Polizisten, Feuerwehrmänner, Straßenreiniger, Beamte im Gesundheitsdienst, Richter, Beamte der Legislative und Exekutive, die notwendig sind, leisten ebenso wertvolle Dienste, wie andere Beschäftigte in der Privatwirtschaft. Sie machen es möglich, daß die Privatwirtschaft unter rechtsstaatlichen und geordneten Verhältnissen frei und friedlich funktionieren kann. Ihre Rechtfertigung beziehen diese Beamten jedoch aus dem Nutzen ihrer Dienstleistungen, nicht aus der »Kaufkraft«, die sie dank der Tatsache besitzen, daß sie vom Staat bezahlt werden.

Die Argumentation mit der »Kaufkraft« ist wirklich abenteuerlich. Sie ließe sich ebensogut auf einen Gangster oder einen Dieb anwenden, der uns bestiehlt. Nachdem er uns das Geld abgenommen hat, hat er mehr Kaufkraft. Er unterstützt damit Bars, Restaurants, Nachtclubs, Schneider und vielleicht auch Arbeiter in der Automobilindustrie. Aber das, was er mit seinen Ausgaben für diese Arbeitsplätze tut, tun wir für andere Arbeitsplätze weniger, denn wir haben den gleichen Betrag weniger zum Ausgeben. Ebenso kann der Steuerzahler in dem Maße weniger für Arbeitsplätze tun, wie die Ausgaben der Beamten ausmachen. Wenn uns ein Dieb unser Geld stiehlt, bekommen wir dafür keine Gegenleistung. Wenn uns das Geld über die Steuern abgenommen wird, um nutzlose Bürokraten zu bezahlen, ist exakt die gleiche Situation gegeben. Wir haben in der Tat noch Glück, wenn die nutzlosen Bürokraten nur faulenzen und sich ein schönes Leben machen. Doch wahrscheinlicher ist, daß sie sich als tatkräftige Reformer gebärden, die mit Feuereifer Sand in das Getriebe der Wirtschaft streuen. Wenn sich für die Weiterbeschäftigung eines oder mehrerer Beamter als Argument nur noch die Bewahrung ihrer Kaufkraft anführen läßt, ist das ein Zeichen dafür, daß die Zeit reif ist, sich ihrer zu entledigen.

9.
Das goldene Kalb Vollbeschäftigung

Das wirtschaftliche Ziel jedes Landes wie auch jedes einzelnen besteht darin, mit dem geringstmöglichen Einsatz das beste Ergebnis zu erreichen. Der ganze Fortschritt der Menschheit erklärt sich daraus, daß sie mit gleicher Arbeit mehr hervorbrachte. Aus diesem Grund begann der Mensch damit, Lasten einem Maultier aufzuladen, anstatt sich selbst, erfand er das Rad und den Wagen, die Eisenbahn und den Lastwagen. Aus diesem Grund setzte der Mensch seine geistigen Fähigkeiten ein und machte Tausende und Abertausende arbeitsparender Erfindungen.

Das ist alles so selbstverständlich, daß man kaum wagen würde, es zu erwähnen, wenn es nicht immer wieder von denen vergessen würde, die die neuen Sprüche prägen und in Umlauf bringen. Auf Landesmaßstäbe übertragen, besagt dieser allererste Grundsatz, daß unser eigentliches Ziel darin liegt, die Produktion soweit wie möglich zu steigern. Auf dem Weg dorthin fällt die Vollbeschäftigung, das heißt das Fehlen unfreiwilliger Untätigkeit, als notwendiges Nebenprodukt an. Aber die Produktion ist das Ziel, die Beschäftigung lediglich das Mittel. Wir können nicht ununterbrochen mit voller Auslastung produzieren, ohne Vollbeschäftigung zu haben. Aber wir können ohne weiteres Vollbeschäftigung haben, ohne mit voller Auslastung zu produzieren.

Primitive Stämme leben nackt, ernähren sich und wohnen kärglich, aber sie leiden nicht unter Arbeitslosigkeit. China und Indien sind um vieles ärmer als etwa die Vereinigten Staaten, doch ihnen machen am meisten die rückständigen Produktionsverfahren zu schaffen, die sowohl Ursache wie Folge der Kapitalknappheit sind, nicht die Arbeitslosigkeit. Nichts läßt sich leichter erreichen als Vollbeschäftigung, sobald man sie von der vollausgelasteten Produktion abkoppelt und als Selbstzweck betrachtet. Hitler schuf mit gewaltigen Rüstungsprogrammen Vollbeschäftigung. Der Zweite Weltkrieg bescherte allen beteiligten Nationen Vollbeschäftigung. In den deutschen Zwangsarbeitslagern herrschte Vollbeschäftigung. Mit Zwang ist Vollbeschäftigung jederzeit zu erreichen.

Doch die Gesetzgeber erarbeiten keine Gesetzesvorlagen für die Vollauslastung der Produktion, sondern Vorlagen für die Vollbeschäftigung. Selbst Unternehmerkommissionen regen heute »Vollbeschäftigungs-Ausschüsse« an, nicht etwa Ausschüsse für die Vollauslastung der Produktion oder gar für beides. Überall wird das Mittel zum Zweck, und der Zweck selbst wird vergessen.

Löhne und Beschäftigung werden diskutiert, als hätten sie nichts mit der Produktivität und dem Ertrag zu tun. Aufgrund der Annahme, daß es Arbeit nur in begrenzter Menge gibt, wird die Schlußfolgerung gezogen, daß eine 30-Stundenwoche mehr Abeitsplätze schafft und daher der 40-Stundenwoche vorzuziehen sei. Unzählige reine Arbeitsbeschaffungspraktiken der Gewerkschaften werden völlig verwirrt geduldet. Wenn ein Gewerkschaftsfunktionär droht, ein Funkhaus lahmzulegen, falls dort nicht mindestens doppelt so viele Musiker beschäftigt werden, wie man braucht, steht ein Teil der Öffentlichkeit hinter ihm, weil er doch letzten Endes nur versucht, Arbeitsplätze zu schaffen. Als es in den Vereinigten Staaten noch die Works Progress Administration gab, eine staatliche Einrichtung zur Untersuchung von Arbeitsbedingungen und zur Arbeitsbeschaffung für Arbeitslose durch Zuschüsse, galt jeder Mitarbeiter dieser Behörde als genieverdächtig, der sich Projekte ausdachte, bei denen im Verhältnis zum Wert der geleisteten Arbeit die größtmögliche Anzahl Menschen beschäftigt wurde – bei denen mit anderen Worten die Arbeit am unproduktivsten war.

Es wäre weit besser, wenn man die Wahl hätte (aber man hat sie nicht), möglichst viel zu produzieren und einen Teil der Bevölkerung untätig zu lassen und dabei sogar noch zu unterstützen, als durch so viele Arten verkappter Arbeitsbeschaffung »Vollbeschäftigung« herzustellen, wodurch nur der Produktionsablauf gestört wird. Kulturelle Fortschritte waren immer mit einem Abbau der Beschäftigung verbunden, nicht mit deren Zunahme. Weil wir als Land immer wohlhabender geworden sind, konnten wir die Kinderarbeit ausmerzen und vielen alten Menschen die Notwendigkeit ersparen, arbeiten zu müssen. Viele Frauen hatten nicht mehr nötig, sich eine Arbeit zu suchen. In den Vereinigten Staaten beispielsweise muß ein vergleichsweise weit kleinerer Teil der Bevölkerung arbeiten als etwa in China oder Rußland. Aber die eigentliche Frage ist nicht, wieviel Arbeitsplätze es in zehn Jahren in einem Land gibt, sondern wieviel produziert werden soll und wie der Lebensstandard ist. Das Problem der Verteilung, auf das heute soviel Gewicht gelegt wird, läßt sich letztlich am leichtesten lösen, wenn es genug zu verteilen gibt.

Vieles wird klarer, wenn wir unser Hauptaugenmerk dorthin lenken, wo es am angebrachtesten ist – auf die Maßnahmen, welche die Produktion am meisten steigern.

10.
Wen schützen Schutzzölle?

Allein das Aufzählen wirtschaftspolitischer Maßnahmen, die von Regierungen überall auf der Welt ergriffen werden, würde genügen, jeden entsetzt die Hände über dem Kopf zusammenschlagen zu lassen, der sich ernsthaft mit Wirtschaftstheorie beschäftigt. Welchen Sinn kann es haben, so wird er sich wahrscheinlich fragen, über Verfeinerungen und Fortschritte wirtschaftswissenschaftlicher Theorien nachzudenken, wenn die Auffassung in der Bevölkerung und die von den Regierungen tatsächlich betriebene Politik mitsamt ihrer internationalen Verflechtungen noch nicht einmal bei Adam Smith angelangt sind? Denn die handels-

und zollpolitischen Maßnahmen von heute sind nicht nur ebenso abträglich wie die des 17. und 18. Jahrhunderts, sondern weit schädlicher. Die wirklichen Gründe für solche Zölle und andere Handelsbeschränkungen sind noch immer die gleichen, und auch die vorgeschobenen Gründe haben sich nicht geändert.

Seitdem Adam Smith vor über 200 Jahren sein Buch *Wohlstand der Nationen* geschrieben hat, ist die Freizügigkeit des Handels in unzähligen Reden und Erklärungen beschworen worden. Aber direkter und einfacher als damals wurde sie wahrscheinlich nie formuliert. Smith ging von einer grundsätzlichen Aussage aus: »In jedem Land wird und muß es immer das Bestreben der großen Mehrheit der Bevölkerung sein, das, was sie erwerben möchte, von denen zu kaufen, die es am billigsten verkaufen.« »Die Aussage ist so selbstverständlich«, fährt Smith fort, »daß es lächerlich erscheint, sich der Mühe zu unterziehen und sie beweisen zu wollen. Und sie hätte auch nie in Frage gestellt werden können, hätten nicht die interessengebundenen Argumente der Kaufleute und Fabrikbesitzer den gesunden Sinn der Menschen verwirrt.«

Unter einem anderen Aspekt wurde der freie Handel als eine Folge der Spezialisierung der Arbeit betrachtet:

Es ist der Grundsatz jedes einsichtigen Familienoberhauptes, nie den Versuch zu unternehmen und zu Hause etwas herzustellen, was er billiger kaufen kann. Der Schneider versucht nicht, sich seine Schuhe selbst zu machen, sondern kauft sie beim Schuhmacher. Der Schuhmacher versucht nicht, sich seine Kleidung selbst zu nähen, sondern beauftragt damit einen Schneider. Der Bauer versucht weder das eine noch das andere, sondern beauftragt den jeweiligen Handwerker. Jeder empfindet es als vorteilhaft, sein ganzes Können auf eine Weise einzusetzen, bei der er dem Nachbarn überlegen ist, und mit einem Teil seiner Erzeugnisse, oder was dasselbe ist, mit dem Preis eines Teils davon, das zu erwerben, wozu er Gelegenheit hat. Was vernünftig ist, wenn es um die Führung einer Familie geht, kann kaum unsinnig sein, wenn es um die eines großen Landes geht.

Aber was brachte die Menschen zu der Annahme, daß das, was vernünftig ist, wenn es um die Führung einer

Familie geht, unsinnig sein könnte, wenn es um ein großes Land geht? Es war ein ganzes Gespinst aus Trugschlüssen, aus dem sich die Menschen noch immer nicht befreien konnten. Und die Hauptschuld trägt jener zentrale Irrtum, mit dem sich dieses Buch befaßt. Jener Irrtum, nur die unmittelbaren Folgen eines Zolls für bestimmte Gruppen zu berücksichtigen, und die langfristigen Auswirkungen auf die gesamte Gemeinschaft nicht zu beachten.

Ein amerikanischer Hersteller von Wollpullovern wendet sich an den Kongreß und erklärt dem zuständigen Ausschuß, daß es für seine Branche einer nationalen Katastrophe gleichkäme, wenn die Zölle auf englische Pullover abgeschafft oder gesenkt werden. Er selbst verkauft seine Pullover im Moment für 30 $ das Stück, aber die englischen Hersteller könnten ihre Pullover in gleicher Qualität für 25 $ anbieten. Es ist daher ein Zoll von 5 $ nötig, damit er weiter im Geschäft bleibt. Selbstverständlich denkt er nicht an sich, sondern an die vielen tausend Menschen, die er beschäftigt, und an diejenigen, die von ihren Ausgaben leben. Nimmt man ihnen die Arbeit, verursacht man Arbeitslosigkeit und eine Abnahme der Kaufkraft, was immer weitere Kreise ziehen würde. Und falls der Hersteller beweisen kann, daß er tatsächlich aus dem Markt gedrängt wird, wenn der Zoll abgeschafft oder gesenkt würde, hält der Kongreß seine Argumentation für überzeugend.

Aber der Trugschluß kommt wieder daher, daß nur dieser Hersteller und seine Angestellten, oder nur die amerikanische Pulloverindustrie gesehen wird. Er kommt daher, daß nur die unmittelbar sichtbaren Ergebnisse zur Kenntnis genommen werden, nicht auch die, welche nicht sichtbar sind, weil man verhindert hat, daß sie entstehen konnten.

Die Lobbyisten, die sich für Schutzzölle stark machen, bringen pausenlos Argumente vor, die in Wirklichkeit gar nicht zutreffen. Aber wir wollen annehmen, daß die Tatsachen in diesem Fall genau so sind, wie der Pulloverhersteller angegeben hat. Unterstellen wir, daß ein Zoll von 5 $ pro Pullover notwendig ist, damit er im Geschäft bleiben und seine Arbeiter weiterhin beschäftigen kann.

Wir haben bewußt das ungünstigste Beispiel für die Folgen eines Zollabbaus gewählt. Wir befassen uns nicht mit den Argumenten für die Einführung eines neuen Zolls, der einer neuen Branche zum Start verhilft, sondern mit denen für die Beibehaltung eines Zolls, *der bereits eine Industrie hat entstehen lassen* und nicht zurückgenommen werden kann, ohne daß jemand geschädigt wird.

Der Zoll wird aufgehoben; der Hersteller gibt sein Geschäft auf; tausend Beschäftigte sind ohne Arbeit; die Händler, die von ihnen gelebt haben, kommen in Schwierigkeiten. Das ist das unmittelbare Ergebnis, das jeder sieht. Aber da gibt es auch noch Ergebnisse, die zwar weit schwieriger zu verfolgen, aber trotzdem nicht weniger unmittelbar und nicht weniger real sind. Denn jetzt kann man Pullover für 25 $ das Stück kaufen, die bisher 30 $ gekostet haben. Der Verbraucher kann jetzt einen Pullover gleicher Qualität für weniger Geld bekommen, oder für das gleiche Geld einen sehr viel besseren. Wenn er einen Pullover der gleichen Qualität kauft, besitzt er nicht nur einen Pullover, sondern hat auch noch 5 $ übrig, die er andernfalls nicht gehabt hätte, und für die er etwas anderes kaufen kann. Mit den 25 $, die er für den importierten Pullover ausgegeben hat, sorgt er für Beschäftigung in der englischen Pulloverindustrie – wie der amerikanische Hersteller richtig vorausgesagt hat. Mit den verbleibenden 5 $ tut er etwas für die Beschäftigung in verschiedenen anderen Branchen in den Vereinigten Staaten.

Aber das sind noch nicht alle Auswirkungen. Dadurch, daß der amerikanische Verbraucher englische Pullover kauft, verhilft er den Engländern zu Dollars, mit denen sie in den USA amerikanische Waren kaufen können. Das ist tatsächlich die einzige Möglichkeit, wie die Engländer ihre Dollars verwenden können (ich habe hier schwankende Wechselkurse, Darlehen, Kredite u. a. m. außer acht gelassen, die zu Komplikationen geführt hätten). Weil die Amerikaner den Engländern gestattet haben, mehr an sie zu verkaufen, sind die Engländer jetzt in der Lage, mehr von ihnen zu kaufen. Sie sind letztlich sogar *gezwungen,* mehr von den Amerikanern zu kaufen, wenn sie ihre Dollarguthaben nicht ungenutzt lassen wollen. Als Folge davon, daß die

Amerikaner mehr englische Erzeugnisse ins Land gelassen haben, müssen sie jetzt mehr amerikanische Waren exportieren. Und wenn auch jetzt weniger Menschen in der amerikanischen Pulloverindustrie beschäftigt sind, arbeiten doch mehr Menschen vielleicht in der amerikanischen Waschmaschinen- oder Flugzeugbranche – und zwar weit produktiver. Die amerikanische Beschäftigungssituation hat sich nicht verschlechtert, aber die amerikanische und englische Produktion sind gestiegen. Die Arbeitskräfte in beiden Ländern werden besser genutzt und verrichten die Arbeit, die sie am besten beherrschen, anstatt gezwungenermaßen etwas zu tun, wozu sie nur unter unwirtschaftlichen Bedingungen oder mangelhaft in der Lage sind. Die Verbraucher in beiden Ländern stehen sich besser. Sie können das, was sie erwerben möchten, dort kaufen, wo sie es am billigsten bekommen. Die Amerikaner sind jetzt besser mit Pullovern versorgt, und die englischen Verbraucher besser mit Waschmaschinen und Flugzeugen.

Betrachten wir die Sache jetzt von der anderen Seite, und untersuchen wir, wie sich ein Zoll auswirkt, der erstmals erhoben wird. Unterstellen wir, daß es bisher keine Zölle auf ausländische Strickwaren gegeben hat. Die amerikanischen Verbraucher konnten ausländische Pullover kaufen, auf denen keine Zölle lagen, und jetzt erst wurde das Argument vorgebracht, die Amerikaner könnten selbst eine Pulloverindustrie aufbauen, wenn sie für jeden ausländischen Pullover eine Abgabe von 5 $ erheben würden.

Bisher ist alles durchaus logisch. Die englischen Pullover würden für die amerikanischen Verbraucher durch diese Maßnahme so teuer, daß es für amerikanische Hersteller lohnend würde, in das Pullovergeschäft einzusteigen. Aber die amerikanischen Verbraucher würden gezwungen, diese Industrie zu subventionieren. Für jeden amerikanischen Pullover, den sie jetzt kaufen würden, müßten sie praktisch eine Steuer von 5 $ zahlen, die über den höheren Preis der neuen Pulloverindustrie von ihnen eingezogen würde.

Es wären jetzt Amerikaner in der Pulloverindustrie beschäftigt, die vorher nicht dort gearbeitet haben. Soviel ist richtig. Aber die Wirtschaft oder die Beschäftigung des Landes hätte nicht zugenommen. Weil der amerikanische Verbraucher 5 $ mehr für die gleiche Pulloverqualität zahlen muß, hat er jetzt genau diesen Betrag weniger, für den er etwas anderes hätte kaufen können. Er muß seine übrigen Ausgaben um 5 $ kürzen. Damit eine Branche sich entwickelt oder ins Leben gerufen wird, müssen hundert andere Branchen schrumpfen. Damit in der Pulloverindustrie vielleicht 50 000 Menschen Beschäftigung finden, wären in anderen Branchen 50 000 Menschen weniger beschäftigt.

Aber die neue Industrie wäre *sichtbar*. Die Zahl der dort Beschäftigten, das investierte Kapital, der Marktwert ihrer Erzeugnisse, ausgedrückt in Dollar, all das läßt sich ohne weiteres beziffern. Die Nachbarn könnten sehen, wie die Menschen jeden Tag zur Arbeit in die Pulloverfabrik gehen. Das Arbeitsergebnis wäre direkt greifbar. Aber der Schrumpfungsprozeß in 100 anderen Branchen und der Verlust von 50 000 Arbeitsplätzen anderswo würden nicht so schnell auffallen. Selbst der beste Statistiker könnte nicht genau angeben, wie sich die Verluste von Arbeitsplätzen verteilen, wie viele Beschäftigte in den einzelnen Branchen entlassen wurden, wie groß die geschäftlichen Einbußen jeweils waren. Denn ein Verlust, der sich auf viele andere Wirtschaftszweige des Landes erstreckt, wäre für den einzelnen Betroffenen vergleichsweise klein. Niemand könnte sagen, wie genau der Verbraucher die übrigen 5 $ ausgegeben hätte, wenn man sie ihm gelassen hätte. Die überwiegende Mehrheit der Menschen würde sich daher wahrscheinlich der Illusion hingeben, die neu entstandene Industrie habe sie nichts gekostet.

Es ist wichtig festzuhalten, daß der neue Zoll auf Pullover nicht die amerikanischen Löhne steigen ließe. Es ist zwar richtig, daß er den Amerikanern ermöglichen würde, etwa zum amerikanischen Durchschnittslohn in der Pulloverindustrie zu arbeiten, anstatt sich in dieser Branche dem Wettbewerb auf englischem Lohnniveau stellen zu müssen. Aber die amerikanischen Löhne würden nach der Einführung eines Zolls nicht generell steigen. Denn es gäbe, wie wir gesehen haben, keine Zunahme bei den verfügbaren Arbeitsplätzen, keinen Nettoanstieg der Nachfrage nach Gütern und keine Steigerung der Arbeitsproduktivität. Die Arbeitsproduktivität würde als Folge des Zolls sogar sinken.

Und das führt uns zu den tatsächlichen Auswirkungen einer Zollmauer. Es ist nicht nur so, daß alle sichtbaren Gewinne durch weniger offenkundige, aber trotzdem nicht weniger reale Verluste aufgehoben werden. Der Zoll verursacht für das Land vielmehr einen Nettoverlust. Denn anders als in den Jahrhunderten gezielter Propaganda und zielloser Verwirrung behauptet wurde, *verringert* der Zoll das amerikanische Lohnniveau.

Betrachten wir etwas eingehender, wie das vor sich geht. Wir haben gesehen, daß der zusätzliche Betrag, den die Verbraucher für ein durch Zölle geschütztes Produkt zahlen, von ihnen nun nicht mehr für andere Dinge ausgegeben werden kann. Für die Wirtschaft insgesamt ergibt sich hier kein Nettogewinn. Aber als Folge der künstlich errichteten Schranken zum Schutz gegen ausländische Waren werden Arbeit, Kapital und Land der Amerikaner von einem rentablen zu einem weniger rentablen Einsatz umgelenkt. Aus diesem Grund sinkt die Durchschnittsproduktivität der amerikanischen Arbeit und des amerikanischen Kapitals als Folge der Zollmauer.

Wenn wir jetzt vom Standpunkt des Verbrauchers ausgehen, stellen wir fest, daß er mit seinem Geld weniger kaufen kann. Weil er für Pullover und andere geschützte Güter mehr bezahlen muß, kann er von anderen Erzeugnissen nur noch weniger kaufen. Die allgemeine Kaufkraft seines Einkommens ist gesunken. Ob der Zoll sich letztlich in niedrigeren Löhnen oder höheren Preisen auswirkt, hängt von der Geldpolitik ab, die betrieben wird. Klar ist jedoch, daß der Zoll – auch wenn er die Löhne über den Stand erhöht, den sie sonst in den *geschützten Branchen* gehabt hätten – die Reallöhne im Gesamtdurchschnitt verringert, verglichen mit dem Niveau, das sie sonst gehabt hätten.

Nur wessen Geist seit Generationen irregeführt worden ist, kann diesen Schluß als widersprüchlich betrachten. Welches andere Ergebnis können wir von einer Politik erwarten, die unsere Ressourcen an Kapital und Arbeitskraft bewußt unwirtschaftlicher einsetzt, als unserem Wissensstand entspricht? Was können wir anderes erwarten, wenn wir aus freien Stücken künstliche Hindernisse für Handel und Verkehr errichten?

Denn wenn wir Zollmauern errichten, hat das die gleiche Wirkung, als wenn wir richtige Mauern hochziehen würden. Es ist bezeichnend, daß sich die Protektionisten im allgemeinen der Sprache des Krieges bedienen. Sie sprechen davon, eine Invasion ausländischer Erzeugnisse zurückschlagen zu müssen. Und die Mittel, die sie auf fiskalischem Gebiet vorschlagen, ähneln denen des Schlachtfeldes. Die Zollbarrieren, die gegen diese Invasion errichtet werden, gleichen den Panzerfallen, Gräben und Stacheldrahtverhauen, welche die Invasionsversuche eines fremden Heeres zurückschlagen oder verlangsamen sollen.

Und so wie die fremde Armee gezwungen ist, immer aufwendigere Mittel zur Überwindung dieser Hindernisse einzusetzen – stärkere Panzer, Minensuchgeräte, Pioniertrupps, die den Stacheldraht beseitigen, Flüsse durchwaten und Brücken schlagen –, müssen auch immer aufwendigere und leistungsfähigere Transportmittel entwickelt werden, die die Zollhürden überwinden. Auf der einen Seite versuchen wir, die Transportkosten zwischen den einzelnen Ländern durch den Bau immer schnellerer und leistungsfähigerer Flugzeuge und Schiffe, besserer Straßen und Brücken und stärkerer Lokomotiven und Lastwagen zu senken. Und auf der anderen Seite entwerten wir diese Investitionen in ein gut funktionierendes Verkehrssystem durch Zölle, die den Transport der Waren handelstechnisch noch schwieriger machen als er vorher war. Wir verbilligen das Verschiffen der Pullover um einen Dollar und erhöhen anschließend den Zoll um zwei Dollar, um zu verhindern, daß die Pullover verschifft werden. Dadurch daß wir die Fracht verringern, die rentabel befördert werden kann, mindern wir den Wert der Investitionen in die Leistungsfähigkeit des Transportwesens.

Der Zoll ist als ein Mittel dargestellt worden, das dem Produzenten zu Lasten des Verbrauchers einen Vorteil verschafft. In gewisser Hinsicht trifft das zu. Wer zu dieser Vorstellung neigt, denkt nur an die Interessen des Produzenten, der unmittelbar von den einzelnen Abgaben profitiert. Er vergißt die Interessen der Verbraucher, die unmittelbar dadurch getroffen werden, daß sie diese Abgaben zahlen müssen. Doch es ist falsch, sich die Zollproblematik so vorzustellen, als ginge es um einen Interessenkonflikt zwischen den Produzenten auf der einen und den Verbrauchern auf der anderen Seite. Es stimmt, daß der Zoll alle Verbraucher belastet. Aber es stimmt nicht, daß er auch alle Produzenten begünstigt. Ganz im Gegenteil hilft er, wie wir gerade gesehen haben, den durch Zölle geschützten Produzenten auf Kosten aller übrigen Produzenten des Landes, *und ganz besonders auf Kosten derjenigen, die einen vergleichsweise großen potentiellen Exportmarkt haben.*

Gerade dieser letzte Punkt läßt sich vielleicht durch ein stark überzeichnetes Beispiel etwas deutlicher darstellen. Nehmen wir an, wir machen die Zollmauer so hoch, daß sie absolut abschreckend wirkt und überhaupt keine Importe mehr ins Land kommen. Nehmen wir weiter an, daß als Folge davon die Preise für Pullover in Amerika nur um 5 $ steigen. Dann geben die amerikanischen Verbraucher, da sie 5 $ mehr für einen Pullover zu zahlen haben, im Durchschnitt 5 Cents weniger bei 100 anderen amerikanischen Branchen aus. (Die Zahlen sollen lediglich das Prinzip verdeutlichen. Selbstverständlich würde sich der Verlust nicht so gleichmäßig verteilen. Außerdem würde ganz bestimmt auch die Pulloverindustrie getroffen, da auch noch *andere* Branchen durch Zölle geschützt werden. Aber diese Komplikationen können wir beiseite lassen).

Da der amerikanische Markt für die ausländischen Handelspartner jetzt völlig verschlossen ist, erwirtschaften sie keine Dollars mehr und sind daher *nicht mehr in der Lage, noch irgendwelche amerikanischen Erzeugnisse zu kaufen.* Als Folge davon erleidet die amerikanische Wirtschaft Verluste, die in direktem Verhältnis zum Anteil ihrer bisherigen Verkäufe ins Ausland stehen. Vor allem betroffen werden Hersteller von Rohbaumwolle, Kupfer, Nähmaschinen, landwirtschaftlichen Maschinen, Schreibmaschinen, Verkehrsflugzeugen und ähnlichen Gütern sein.

Eine höhere Zollmauer, die jedoch nicht eine so abschreckende Wirkung hat, wird der Art nach ähnliche Ergebnisse nach sich ziehen, lediglich in geringerem Umfang.

Ein Zoll wirkt sich also dahingehend aus, daß er die *Struktur* der Produktion eines Landes verändert. Er verändert die Anzahl der Berufe, die Art der Berufe und die Größe einer Branche im Vergleich zu einer anderen. Der Zoll vergrößert die Wirtschaftszweige, in denen ein Land relativ unproduktiv arbeitet, und läßt diejenigen schrumpfen, in denen das Land vergleichsweise leistungsfähig ist. Er schmälert also die Leistungsfähigkeit eines Landes, aber auch die der Länder, mit denen es andernfalls verstärkt Handel getrieben hätte.

Ein Zoll hat keinen Einfluß auf die Frage der Beschäftigung, auch wenn noch soviel und dagegen angeführt wird. (Es ist zwar richtig, daß *plötzliche Veränderungen* eines Zolls in der einen oder anderen Richtung vorübergehend Arbeitslosigkeit auslösen können, da sie entsprechende Veränderungen der Produktionsstruktur bewirken. Solche plötzlichen Veränderungen können sogar eine Abschwungsphase hervorrufen.) Auf die Löhne dagegen hat ein Zoll sehr wohl Einfluß. Auf lange Sicht drückt er immer die Reallöhne, weil er die Leistungsfähigkeit, die Produktion und den Wohlstand senkt.

Die Hauptirrtümer im Zusammenhang mit Zöllen haben demnach alle ihren Ursprung in dem einen großen Trugschluß, mit dem sich dieses Buch befaßt. Sie sind das Ergebnis dessen, daß nur die unmittelbaren Auswirkungen eines einzelnen Zollsatzes auf eine Produzentengruppe gesehen, die langfristigen Folgen sowohl für die Gesamtheit der Verbraucher wie auch alle übrigen Produzenten aber vergessen werden.

(Vielleicht fragt jetzt der eine oder andere Leser: »Warum löst man das Problem nicht dadurch, daß man *alle* Produzenten durch Zölle schützt?« Der gedankliche Kurzschluß liegt hier darin, daß diese Maßnahme nicht alle Produzenten einheitlich begünstigen kann, schon gar nicht jene heimischen Produzenten, welche die ausländischen Produzenten ohnehin bereits ausstechen: Diese sehr leistungsfähigen Produzenten leiden zwangsläufig unter der

Umleitung der Kaufkraft, die durch den Zoll bewirkt wird.)

Bei den Zöllen müssen wir einen Vorbehalt beachten, den gleichen, der auch hinsichtlich der Einführung von Maschinen galt. Es ist sinnlos abzustreiten, daß ein Zoll die Interessen bestimmter Leute begünstigt, oder zumindest begünstigen kann. Das geschieht natürlich auf Kosten aller anderen. Aber eine Begünstigung ist es trotzdem. Wenn nur eine Branche allein geschützt werden könnte, während ihre Firmenbesitzer und Beschäftigten bei allem, was sie sonst kaufen, die Vorteile des Freihandels in Anspruch nehmen könnten, würde dieser Industriezweig sogar netto profitieren. Sobald jedoch versucht wird, weitere Kreise in den Genuß der Zollvorteile kommen zu lassen, bekommen aber auch die Menschen in den geschützten Branchen (Produzenten und Verbraucher) allmählich die Nachteile der protektionistischen Maßnahmen für andere zu spüren, so daß sie sich am Ende womöglich schlechter stellen, als wenn weder sie noch sonst jemand geschützt worden wäre.

Aber wir sollten nicht, wie es die Anhänger des Freihandels so oft getan haben, die Möglichkeit bestreiten, daß bestimmte Gruppen von diesen Zollvorteilen profitieren. Wir sollten beispielsweise nicht so tun, als würde ein Zollabbau allen helfen und niemandem schaden. Es stimmt zwar, daß das Land einen Vorteil hätte, wenn ein Zoll abgeschafft würde. Aber *irgend jemand* hätte dadurch auch einen Nachteil. Gruppen, die bisher einen starken Schutz genossen, würden hart getroffen. Und das ist auch einer der Gründe, warum es nicht gut ist, überhaupt solche geschützten Interessen entstehen zu lassen.

Aber Klarheit und unvoreingenommenes Denken zwingen uns zu der Erkenntnis, daß einige Branchen zu Recht behaupten, daß ein Abbau der Zölle bei ihren Produkten das Ende für sie bedeuten und den Beschäftigten den Arbeitsplatz nehmen würde (letzteres vielleicht nur vorübergehend). Und falls die Beschäftigten Spezialisten sind, haben sie vielleicht auf die Dauer den Schaden, oder doch solange, bis sie umgelernt haben. Wenn wir die Auswirkungen von Zöllen verfolgen, sollten wir uns, wie schon beim Beispiel der Maschinen, darum bemühen, *alle* wichtigen lang- und kurzfristigen Folgen für *sämtliche* Gruppen zu berücksichtigen.

Als Nachtrag zu diesem Kapitel sollte ich vielleicht anfügen, daß sich die hier vorgebrachten Argumente nicht gegen *alle* Zölle richten. Es gibt Abgaben, die hauptsächlich aus fiskalischen Gründen erhoben werden, oder um kriegswichtige Industriezweige am Leben zu erhalten. Sie richten sich auch nicht gegen das, was sich für die Zölle anführen läßt. Sie wenden sich ausschließlich gegen den Trugschluß, daß ein Zoll »Beschäftigung schafft«, »die Löhne anhebt« oder »etwas für den Lebensstandard des Landes« tut. Ein Zoll bewirkt nichts von alldem, und was die Löhne und den Lebensstandard angeht, erreicht er genau das Gegenteil. Doch würde es uns zu weit führen, wollten wir auch noch die Abgaben untersuchen, die zu anderen Zwecken erhoben werden.

Wir brauchen uns hier auch nicht um die Auswirkungen von Importquoten, Devisenbewirtschaftung, Bilateralismus und andere Maßnahmen zu kümmern, die den internationalen Handel einschränken, umlenken oder verhindern. Solche Instrumente haben im allgemeinen die gleichen Folgen wie hohe oder prohibitive Zölle, in vielen Fällen sogar noch schlimmere. Sie werfen zwar schwierigere Fragen auf, doch kann man ihren Netto-Auswirkungen mit den gleichen Überlegungen auf die Spur kommen, wie wir sie eben auf die Zollschranken angewandt haben.

11.
Alles ruft nach Exporten

Das schon pathologische Streben nach Exporten wird nur noch von der ebenfalls krankhaften Furcht vor Importen übertroffen, die alle Nationen befallen hat. Aber logisch betrachtet, kann eigentlich nichts widersprüchlicher sein. Auf lange Sicht müssen sich Im- und Exporte ausgleichen; beide Begriffe sind dabei sehr weit gefaßt und umfassen auch die »unsichtbaren« Posten wie die Ausgaben der Touristen, Übersee-Frachtgebühren und alle anderen Positionen der »Zahlungsbilanz«. Die Exporte kommen für die Importe auf, und umgekehrt. Je größer unsere Exporte sind, desto mehr müssen wir importieren, wenn wir jemals erwarten, unser Geld zu sehen. Je kleiner unsere Importe sind, desto weniger können wir auch exportierten. Ohne Importe können wir nichts exportieren, denn den Ausländern fehlt es an den Mitteln, mit denen sie Waren von uns kaufen können. Wenn wir uns entschließen, unsere Einfuhren zu drosseln, entscheiden wir uns in Wahrheit auch dafür, unsere Ausfuhren zu verringern. Und wenn wir uns vornehmen, unsere Exporte zu steigern, bezwecken wir damit in Wahrheit auch, unsere Importe anzukurbeln.

Das hat einen ganz elementaren Grund. Ein amerikanischer Exporteur verkauft seine Erzeugnisse an einen britischen Importeur und bekommt als Bezahlung englische Pfund. Aber mit englischen Pfund kann er weder seine Arbeiter bezahlen, noch seiner Frau Kleider oder Theaterkarten kaufen. Dafür braucht er amerikanische Dollars. Die britischen Pfunde nützen ihm also nichts, es sei denn, er kauft selbst englische Waren dafür oder verkauft sie (etwa über eine Bank) an irgendeinen amerikanischen Importeur, der damit englische Produkte erwerben will. Gleichgültig wofür er sich entschließt, die Transaktion ist erst dann abgeschlossen, wenn die amerikanischen Ausfuhren durch Einfuhren in gleichem Umfang bezahlt sind.

Die Situation wäre die gleiche, wenn das Geschäft in amerikanischen Dollars und nicht in englischen Pfunden abgewickelt worden wäre. Der britische Importeur kann den amerikanischen Exporteur erst dann in Dollars bezahlen, wenn irgendein anderer britischer Exporteur in den USA ein Dollarguthaben als Folge eines früheren Verkaufs dorthin erworben hat. Der Devisentausch ist mit anderen Worten ein Verrechnungsgeschäft, bei dem in den Vereinigten Staaten die Schulden der Ausländer in Dollars gegen ihre Dollarguthaben aufgerechnet werden. In England werden die Schulden der Ausländer in Pfund gegen ihre Pfundguthaben aufgerechnet.

Es ist nicht nötig, auf die technischen Einzelheiten näher einzugehen, über die man sich in jedem guten Lehrbuch über Devisen informieren kann. Aber wir sollten doch hervorheben, daß nichts Geheimnisvolles dahintersteckt (obwohl es oft so geheimnisvoll verpackt wird), und daß es keine grundsätzlichen Unterschiede zum heimischen Handel gibt. Auch wir müssen etwas verkaufen, wenngleich das bei den meisten eher Dienstleistungen als Güter sein dürften, um uns die Kaufkraft zu verschaffen, mit der wir etwas erwerben können. Auch der heimische Handel läuft im wesentlichen so ab, daß Schecks und andere Forderungen über eine Clearingstelle miteinander verrechnet werden.

Es ist zwar zutreffend, daß unter dem internationalen Goldstandard größere Differenzen in den Export- und Importbilanzen gelegentlich durch das Überstellen von Gold ausgeglichen wurden. Aber man hätte genausogut Baumwolle, Stahl, Whisky, Parfum oder irgendein anderes Erzeugnis nehmen können. Der Hauptunterschied liegt darin, daß bei Bestehen eines Goldstandards die Nachfrage nach Gold beinahe unbegrenzt ausgedehnt werden kann, weil es eher als ein anderes Gut als internationales »Geld« akzeptiert wird und die Staaten dem Empfang von Gold keine künstlichen Hindernisse entgegenstellen, wie sie es bei fast allen anderen Produkten tun. (Später sind sie dann dazu übergegangen, den *Export* von Gold in einer Weise zu erschweren, wie das bei keinem anderen Erzeugnis der Fall war, doch das ist eine andere Geschichte.)

Nun können die gleichen Leute, die in Fragen des Binnenhandels kühl und klar urteilen, unglaublich emotional und wirr reagieren, wenn es um den Außenhandel geht. Bei Angelegenheiten des Außenhandels sind sie imstande, allen Ernstes Grundsätze zu befürworten oder ruhig hinzunehmen, die auf inländische Geschäfte anzuwenden sie für hellen Wahnsinn halten würden. Ein typisches Beispiel dafür ist die Ansicht, die Regierung sollte anderen Ländern beträchtliche Darlehen gewähren, um die eigenen Exporte zu fördern, gleichgültig, ob diese Darlehen jemals zurückgezahlt werden oder nicht.

Dem einzelnen Bürger sollte es natürlich erlaubt sein, sein Geld auf eigenes Risiko ins Ausland zu verleihen. Die Regierung sollte keine willkürlichen Hindernisse aufrichten, um das Gewähren privater Darlehen an Länder zu verhindern, mit denen man in Frieden lebt. Wir als einzelne sollten bereit sein, den Menschen aus rein humanitären Gründen großzügig etwas zukommen zu lassen, die große Not leiden und vom Verhungern bedroht sind. Aber wir sollten immer ganz genau wissen, was wir tun. Es wäre sehr unklug, Menschen im Ausland mit Nächstenliebe zu bedenken und dabei zu glauben, man mache harte Geschäfte allein aus Gründen des eigenen Vorteils. Das kann nur zu Mißverständnissen und später dann zu schlechten Beziehungen führen.

Aber unter den Überlegungen, die zugunsten von Großdarlehen an das Ausland vorgebracht werden, findet sich an vorderster Stelle immer ein Denkfehler, dem folgendes zugrunde liegt: Selbst wenn die Hälfte der Darlehen (oder alle) sich als Fehlschlag erweist und nicht zurückgezahlt wird, hat das Geberland doch gut daran getan, sie zu gewähren, weil sie seine Ausfuhren kräftig steigen lassen werden.

Es müßte doch eigentlich jedem einsichtig sein: Wenn wir dem Ausland Kredite geben, damit es unsere Erzeugnisse kaufen kann, und wenn diese Kredite nicht zurückgezahlt werden, verschenken wir die Waren. Und kein Land wird dadurch reicher, daß es Waren verschenkt. Es kann nur ärmer werden.

Niemand würde das anzweifeln, wenn man es auf den privaten Bereich bezöge. Wenn eine Automobilfirma jemandem 10000 Mark leiht, damit er sich einen Wagen dieses Preises kaufen kann, und dieser Kredit nicht zurückgezahlt wird, stellt sich der Automobilhersteller nicht etwa besser, weil er den Wagen »verkauft« hat. Er hat vielmehr den Betrag eingebüßt, den ihn die Herstellung des Wagens gekostet hat. Falls die Produktionskosten bei 8000 Mark liegen und nur die Hälfte des Darlehens zurückgezahlt wird, hat die Firma 8000 minus 5000, also 3000 Mark, verloren. Sie hat durch das Geschäft nicht das hereingeholt, was sie durch den geplatzten Kredit verloren hat.

Wenn dieser Gedanke so einfach nachzuvollziehen ist, sofern man ihn auf ein privatwirtschaftliches Unternehmen anwendet, wieso haben dann offensichtlich intelligente Menschen solche Schwierigkeiten mit ihm, wenn man ihn auf ein Land bezieht? Der Grund ist der, daß der Vorgang dann im Geist über mehrere Stufen verfolgt werden muß. Eine Gruppe erzielt vielleicht durchaus Gewinne – aber alle anderen tragen die Verluste.

Es stimmt zum Beispiel, daß Personen, die ausschließlich oder überwiegend Exportgeschäfte betreiben, als Folge notleidender Kredite an das Ausland Gewinne machen können. Das Land würde bei diesen Transaktionen mit Sicherheit Verlust machen, der sich jedoch unter Umständen so verteilt, daß man es nur schwer verfolgen kann. Wer privat Geld verleiht, hätte die Verluste direkt zu tragen. Die Verluste aus Staatsdarlehen würden letztlich über höhere Steuern bezahlt, die alle treffen. Doch durch die Auswirkungen dieser direkten Verluste auf die Volkswirtschaft würden sich auch zahlreiche indirekte Verluste einstellen.

Langfristig gesehen schaden Kredite an das Ausland, die nicht zurückgezahlt werden, dem Handel und der Beschäftigung des geldgebenden Landes. Für jede zusätzliche Mark, welche die ausländischen Käufer hätten, und die sie zum Kauf deutscher Erzeugnisse ausgeben könnten, hätten die deutschen Käufer letztlich eine Mark weniger. Geschäfte, die vom Binnenhandel abhängen, würden daher langfristig in dem Umfang beeinträchtigt, in welchem dem Export geholfen würde. Selbst viele exportierende Unternehmen würden geschädigt. Die amerikanischen Automobilhersteller haben beispielsweise 1975 etwa 15 Prozent ihrer Produktion auf dem Auslandsmarkt abgesetzt. Es hätte ihnen keinen Vorteil gebracht, 20 Prozent ihrer Produktion als Ergebnis notleidender Darlehen an das Ausland zu exportieren, wenn sie dadurch vielleicht 10 Prozent ihrer Inlandsverkäufe eingebüßt hätten, weil den amerikanischen Käufern zusätzliche Steuern auferlegt wurden, um die nicht zurückgezahlten Auslandskredite auszugleichen.

All das heißt nicht, wie ich noch einmal betonen möchte, daß es für private Investoren unklug wäre, Ausländern Kredite zu geben; sondern nur, daß wir nicht reich werden können, wenn wir Darlehen geben, die nicht zurückgezahlt werden.

Aus dem gleichen Grund, aus dem es Dummheit ist, dem Export durch schlechte Kredite oder regelrechte Geschenke an das Ausland eine falsche Spritze zu geben, ist es auch

Dummheit, das durch Exportsubventionen zu versuchen. Bei einer Exportsubvention erhält der Ausländer ganz eindeutig etwas ohne Gegenleistung, denn wir verkaufen ihm Waren, für die wir weniger verlangen, als sie uns in der Herstellung kosten. Auch das ist wieder einer der Versuche, dadurch reich zu werden, daß man etwas verschenkt.

Trotz alledem hat beispielsweise die Regierung der Vereinigten Staaten jahrelang ein Programm der »Wirtschaftshilfe für das Ausland« verfolgt, das zum größten Teil aus milliardenschweren Geschenken von Staat zu Staat bestand. An dieser Stelle interessiert uns nur ein Aspekt dieses Programms – der naive Glaube vieler seiner Befürworter, daß dies eine kluge und sogar notwendige Methode sei, »die Exporte zu steigern« und dadurch Wohlstand und Arbeitsplätze zu erhalten. Auch hier wieder eine Form jenes Irrglaubens, daß ein Land reich werden könne, wenn es etwas verschenkt. Was den vielen Förderern dieses Programms den Blick für die Wahrheit trübt, ist, daß das, was direkt verschenkt wird, nicht die Exporte selbst sind, sondern das Geld, mit dem sie gekauft werden. Es ist daher durchaus möglich, daß einzelne Exporteure von dem Verlust des Landes profitieren – wenn nämlich ihr Gewinn aus den Exporten größer ist als der Anteil an Steuern, die sie für das Programm zahlen.

Dies ist wieder nur ein weiteres Beispiel für den Fehler, nur die unmittelbaren Auswirkungen einer Maßnahme auf eine bestimmte Gruppe zu sehen, und nicht die Geduld oder Einsicht zu haben, um die langfristigen Folgen der Maßnahme für alle zu beachten.

Wenn wir diesen langfristigen Folgen für alle nachgehen, kommen wir zu einer zusätzlichen Schlußfolgerung – dem genauen Gegenteil jener Lehre, die jahrhundertelang das Denken der meisten Staatsbeamten beherrscht hat. Daß nämlich, wie John Stuart Mill ganz klar herausgestellt hat, der eigentliche Gewinn des Außenhandels für jedes Land nicht in seinen Ausfuhren, sondern in seinen Einfuhren liegt. Die Verbraucher können aus dem Ausland entweder Güter zu einem niedrigeren Preis erwerben, als sie für entsprechende heimische Erzeugnisse zahlen müßten, oder solche Güter erwerben, die sie bei den inländischen Produzenten überhaupt nicht bekommen können. Klassische Beispiele für die USA sind Kaffee und Tee. Global betrachtet, liegt der eigentliche Grund, warum ein Land Exporte braucht, darin, daß es seine Importe bezahlen kann.

12.
Agrarmarktordnung auf amerikanisch

Die Vertreter von Sonderinteressen können, wie uns die Geschichte der Zölle gelehrt hat, auf die ausgefallensten Ideen kommen, wenn es um eine Begründung dafür geht, warum man sich ihrer mit ganz besonderer Sorge annehmen müsse. Die Befürworter von Sonderinteressen legen einen Plan zu ihren Gunsten vor, der jedoch zunächst einmal so absurd erscheint, daß uneigennützige Beobachter sich nicht einmal die Mühe machen, ihn bloßzustellen. Aber die Verfechter solcher Interessen bleiben hartnäckig bei ihrem Plan. Wenn er durchgesetzt wird, wäre das eine solche Veränderung ihres unmittelbaren Wohlstands, daß sie es sich leisten können, versierte Witschaftsfachleute und PR-Experten anzuheuern, die die Werbetrommel für den Plan rühren. Das Argument wird, zusammen mit den eindrucksvollsten Statistiken, Tabellen, Kurven und Ködern, der Öffentlichkeit so oft vorgekaut, daß sie schon bald alles schluckt. Wenn die uneigennützigen Beobachter schließlich merken, daß tatsächlich die Gefahr einer Verwirklichung des Planes besteht, ist es meistens schon zu spät. Sie können sich in wenigen Wochen nicht so intensiv mit dem Thema befassen, wie die gekauften Experten, die dazu Jahre Zeit hatten. Sie werden beschuldigt, nicht informiert zu sein, und als Leute hingestellt, die sich erdreisten, über allgemein anerkannte Grundsätze zu diskutieren.

So war es auch, als der Gedanke von »Paritäts«-Preisen für landwirtschaftliche Erzeugnisse geboren wurde. Ich übergehe den Tag, an dem er als Gesetzentwurf in Erscheinung trat. Doch schon mit dem Aufkommen des New Deal 1933 war er zu einem festverankerten Grundsatz geworden, der Eingang in die Gesetze gefunden hatte. Und als Jahr um

Jahr verging, und sich die aberwitzigen Folgen einstellten, erhielten auch sie Gesetzeskraft.

Die Begründung für die Paritätspreise war etwa folgendermaßen. Die Landwirtschaft ist die grundlegende und wichtigste Wirtschaftsform. Sie muß unter allen Umständen bewahrt werden. Darüber hinaus hängt das Wohlergehen aller anderen von dem des Bauern ab. Wenn er nicht die Kaufkraft besitzt, um die Industrieerzeugnisse abzunehmen, darbt die Industrie. Das war die Ursache des Zusammenbruchs von 1929, oder doch zumindest die unseres Versagens, uns davon zu erholen. Denn die Preise der landwirtschaftlichen Erzeugnisse fielen drastisch, während die der Industrieprodukte kaum sanken. Die Folge war, daß die Bauern keine Industrieprodukte mehr kaufen konnten; die Arbeiter in den Städten wurden arbeitslos und konnten keine landwirtschaftlichen Erzeugnisse mehr kaufen, und so breitete sich der Abschwung unaufhörlich aus. Es gab nur ein Mittel, und ein einfaches dazu. Man mußte die Preise der landwirtschaftlichen Produkte den Preisen der Waren angleichen, die der Bauer kaufte. Diese Parität hatte es in den Jahren zwischen 1909 und 1914 gegeben, als es den Bauern gut gegangen war. Diese Preisrelation mußte wiederhergestellt und für alle Zeiten beibehalten werden.

Es würde zuviel Zeit in Anspruch nehmen und uns zu weit von unserem eigentlichen Gegenstand entfernen, wollten wir alle Ungereimtheiten untersuchen, die sich hinter dieser scheinbar einleuchtenden Aussage verbergen. Es läßt sich kein vernünftiger Grund anführen, gerade die Preisrelation eines bestimmten Jahres oder Zeitabschnitts zu nehmen und als unantastbar zu betrachten, oder gar als »normaler« als die irgendeiner anderen Periode. Selbst wenn sie zu jener Zeit »normal« gewesen wäre, mit welchem Recht will man dann unterstellen, das gleiche Verhältnis auch noch mehr als 60 Jahre später gelten zu lassen, ungeachtet der enormen Veränderungen, die sich in der Zwischenzeit bei den Produktionsbedingungen und der Nachfrage ergeben haben? Der Zeitraum zwischen 1909 und 1914 als Grundlage der Parität war nicht zufällig gewählt worden. Von den Vergleichspreisen her war er für die Landwirtschaft eine der günstigsten Perioden überhaupt.

Wäre der Gedanke in irgendeiner Weise ernsthaft oder logisch gewesen, hätte man ihn generell angewandt. Wenn die Preisrelationen, die vom August 1909 bis zum Juli 1914 zwischen landwirtschaftlichen und Industrieprodukten bestanden hatten, für alle Zeiten hätten beibehalten werden sollen, warum dann nicht auch die damaligen Preisrelationen aller anderen Erzeugnisse untereinander verewigen?

Als 1946 die erste Auflage dieses Buches erschien, habe ich anhand der folgenden Darstellung gezeigt, zu welch blühendem Unsinn das geführt hätte:

Ein offener 6-Zylinder Chevrolet kostete 1912 2150 $. Eine 6-zylindrige Chevrolet-Limousine von 1942 mit im Grunde gar nicht mehr vergleichbaren Verbesserungen kostete damals 907 $. Der »Paritätspreis« des 1942er Chevrolet hätte nach den Regeln, die für die landwirtschaftlichen Erzeugnisse galten, 3270 $ betragen müssen. Ein Pfund Aluminium kostete zwischen 1909 und 1913 durchschnittlich 22,5 Cents; Anfang 1946 lag der Preis bei 14 Cents; der »Paritätspreis« aber wäre statt dessen 41 Cents gewesen.

Es wäre schwierig aber auch überlegenswert zu versuchen, diese beiden Vergleiche auf die heutige Zeit umzurechnen und dabei nicht nur die starke Inflation zwischen 1946 und 1978 zu berücksichtigen (die Verbraucherpreise haben sich mehr als verdreifacht), sondern auch die qualitativen Unterschiede bei Autos zu den beiden Zeitpunkten. Aber diese Schwierigkeit unterstreicht lediglich die Undurchführbarkeit dieses Vorschlags.

Nach dem oben angeführten Vergleich konnte ich in der 1946er Ausgabe weiter zeigen, daß eine vergleichbare Produktivitätssteigerung zum Teil auch zu den niedrigeren Preisen landwirtschaftlicher Erzeugnisse geführt hat. »In den fünf Jahren zwischen 1954 und 1960 wurden in den Vereinigten Staaten durchschnittlich 428 Pfund Baumwolle pro Morgen geerntet; in den fünf Jahren zwischen 1938 und 1944 waren es im Durchschnitt 260 Pfund, und in der ›Basisperiode‹ 1909 bis 1914 nur 188 Pfund.« Rechnet man diese Vergleichszahlen auf spätere Jahre hoch, zeigt sich, daß der Produktivitätsanstieg in der Landwirtschaft sich fortgesetzt hat, wenn auch in geringerem Umfang. Im Fünfjahreszeitraum 1968 bis 1972 wurden durchschnittlich 467 Pfund

Baumwolle pro Morgen geerntet. Ähnlich wurden im gleichen Zeitraum durchschnittlich 84 Bushel Getreide pro Morgen geerntet, 1935 bis 1939 dagegen nur durchschnittlich 26,1 Bushel; und bei Weizen betrugen die entsprechenden Durchschnittszahlen 31,3 bzw. 13,2 Bushel pro Morgen. Die Produktionskosten für landwirtschaftliche Produkte sind dank der verbesserten Anwendung von Kunstdünger, besseren Saatguts und steigender Mechanisierung erheblich gesunken. In der Ausgabe von 1946 habe ich zitiert: »Auf einigen Großfarmen, die vollkommen mechanisiert worden sind und nach Gesichtspunkten der Massenproduktion betrieben werden, ist nur noch ein Drittel bis ein Fünftel des Arbeitsaufwandes erforderlich, um das gleiche Ergebnis wie einige Jahre vorher zu erzielen.«[1] Doch die Jünger der »Paritätspreise« nehmen das alles nicht zur Kenntnis.

Die Weigerung, den Grundsatz generell anzuwenden, ist nicht der einzige Beweis, daß es sich dabei nicht um einen von der Öffentlichkeit angeregten Wirtschaftsplan handelt, sondern lediglich um ein Instrument, Sonderinteressen zu subventionieren. Und wenn die Preise für landwirtschaftliche Erzeugnisse *über* den Paritätspreis steigen oder durch wirtschaftspolitische Maßnahmen des Staates dorthin gezwungen werden, kommt nicht etwa von der Farmerlobby im Kongreß die Forderung, die Preise wieder bis zur Parität zu *senken* oder die Subventionen im entsprechenden Umfang zurückzufordern, was ebenfalls ein deutliches Indiz ist. Es ist ein Mechanismus, der nur in einer Richtung wirkt.

Aber lassen wir all diese Überlegungen beiseite und wenden uns dem grundlegenden Irrtum zu, der uns hier in erster Linie beschäftigt. Das ist die Behauptung, daß der Bauer, wenn er höhere Preise für seine Produkte erzielt, mehr von der Industrie kaufen kann, wodurch er ihr zum Aufschwung

---

1 *New York Times* vom 2. Januar 1946. Selbstverständlich trugen die Pläne zur Einschränkung der Anbaufläche selbst zu höheren Erträgen pro Morgen bei – erstens weil das Land, das die Farmer aus dem Anbau herausnahmen, natürlich ihr unergiebigstes war, und zweitens, weil es sich bei dem hohen Stützungspreis lohnte, mehr Kunstdünger pro Morgen einzusetzen. Die Regierungspläne zur Einschränkung der Anbaufläche waren somit größtenteils selbstzerstörerisch.

verhilft und für Vollbeschäftigung sorgt. Selbstverständlich spielt es bei der Behauptung keine Rolle, ob der Bauer auch tatsächlich spezielle Paritätspreise bekommt.

Alles hängt jedoch davon ab, wie diese höheren Preise zustande kommen. Falls sie das Ergebnis einer allgemeinen wirtschaftlichen Belebung sind oder sich aus dem gestiegenen Wohlstand des Handels, erhöhter industrieller Produktion oder vermehrter (nicht inflationsbedingter) Kaufkraft der Arbeiter in den Städten ergeben, könnten sie tatsächlich mehr Wohlstand und höhere Produktion nicht nur für die Bauern, sondern für alle bedeuten. Doch wir reden hier von einem Anstieg der Landwirtschaftspreise, der durch einen Eingriff des Staates hervorgerufen worden ist. Das kann auf verschiedene Arten geschehen. Der höhere Preis kann durch eine bloße Verordnung erzwungen werden, was jedoch die unbrauchbarste Methode ist. Er kann durch die Bereitschaft des Staates zustande kommen, alle landwirtschaftlichen Erzeugnisse, die ihm angeboten werden, zu Paritätspreisen aufzukaufen. Er kann dadurch erreicht werden, daß der Staat den Bauern für ihre Ernteerträge genügend Geld leiht, damit sie ihre Erzeugnisse so lange vom Markt fernhalten können, bis sich ein paritätischer oder höherer Preis gebildet hat. Er kann dadurch entstehen, daß der Staat Beschränkungen hinsichtlich des Umfangs der landwirtschaftlichen Produktion durchdrückt. Und er kann schließlich durch eine Kombination dieser Methoden zustande kommen, wie es in der Praxis sehr oft geschieht. Im Moment wollen wir einfach annehmen, daß die Preise für landwirtschaftliche Produkte gestiegen sind, egal wie.

Was ergibt sich daraus? Die Bauern erzielen für ihre Erzeugnisse höhere Preise. Trotz verringerter Produktion soll ihre »Kaufkraft« dadurch zugenommen haben. Sie selbst sind im Moment wohlhabender und kaufen mehr Industrieprodukte. So sehen es diejenigen, die nur die unmittelbaren Auswirkungen der Maßnahmen auf die direkt betroffenen Gruppen beachten.

Doch es gibt noch eine andere, ebenso zwingende Folge. Nehmen wir an, daß der Bushel Weizen, der normalerweise fünf Mark kosten würde, durch diese Politik auf sieben Mark getrieben wird. Der Bauer bekommt zwei Mark pro

Bushel mehr. Aber der Arbeiter in der Stadt *zahlt* aufgrund eben dieser veränderten Preissituation über den gestiegenen Brotpreis zwei Mark pro Bushel Weizen mehr. Das gleiche gilt für alle anderen landwirtschaftlichen Erzeugnisse. Wenn der Bauer eine Mark Kaufkaft mehr hat und damit Industrieprodukte kaufen kann, hat der Arbeiter in der Stadt genau diese eine Mark Kaufkraft weniger, um seinerseits Industrieprodukte kaufen zu können. Per Saldo hat die Industrie nichts hinzugewonnen. Sie verliert bei ihren Verkäufen an die Städter genausoviel, wie sie durch die Verkäufe an die Bauern gewinnt.

Natürlich hat das eine Veränderung der Absatzstruktur zur Folge. Ohne Frage machen die Hersteller landwirtschaftlicher Geräte und die Versandhäuser jetzt bessere Geschäfte. Die großen Kaufhäuser in den Städten büßen jedoch Absatz ein.

Aber damit sind wir noch nicht am Ende. Die getroffenen Maßnahmen ergeben nicht nur keinen Nettogewinn, sondern einen Nettoverlust. Denn wir haben es nicht nur mit einer Verlagerung der Kaufkraft von den Verbrauchern in den Städten, oder den normalen Steuerzahlern, oder beiden, zum Bauern zu tun. Die Folge ist häufig auch eine bewußte Drosselung der landwirtschaftlichen Produktion, um die Preise in die Höhe zu treiben. Und das bedeutet Zerstörung von Wohlstand. Es besagt, daß nicht mehr so viele Nahrungsmittel für den Verbrauch zur Verfügung stehen. Wie diese Zerstörung von Wohlstand vor sich geht, hängt davon ab, auf welche Weise die Preise angehoben werden. Sie kann sich in unmittelbarer Vernichtung dessen äußern, was bereits produziert worden ist – wenn beispielsweise in Brasilien Kaffee verbrannt wird. Sie kann die Form einer erzwungenen Anbaubeschränkung annehmen, wie die beiden Agricultural Adjustment Acts von 1933 und 1938, durch die die Produktion in den USA gedrosselt und die Preise erhöht wurden. Wir werden die Auswirkungen einiger dieser Verfahren eingehender untersuchen, wenn wir uns näher mit der Warenbewirtschaftung durch den Staat befassen.

Aber hier kann darauf hingewiesen werden, daß der Bauer, der seine Weizenproduktion einschränkt, um in den

Genuß der Parität zu kommen, durchaus einen höheren Preis pro Bushel erzielen kann, aber er erzeugt und verkauft weniger Bushel. Sein Einkommen wächst also nicht im selben Maß wie die Preise. Das haben sogar einige der Befürworter der Paritätspreise erkannt und benutzen es jetzt als Argument für ein paritätisches *Einkommen* der Bauern. Aber das läßt sich nur über Subventionen verwirklichen, die direkt zu Lasten der Steuerzahler gehen. Es hilft den Bauern mit anderen Worten nicht, sondern verringert nur noch mehr die Kaufkraft der Arbeiter in den Städten und anderer Bevölkerungsgruppen.

Es gibt ein Argument, das für die Paritätspreise spricht und das wir kurz streifen sollten, bevor wir das Thema wechseln. Es wird von einigen der aufgeschlosseneren Verfechter vorgebracht.»Ja«, räumen sie ohne weiteres ein, »die wirtschaftliche Begründung für den Paritätspreis steht auf schwachen Füßen. Solche Preise sind eine besondere Vergünstigung. Sie sind eine Belastung für den Verbraucher. Aber ist der Zoll keine Belastung für den Bauern? Muß er nicht wegen der Zölle höhere Preise für Industrieprodukte zahlen? Es wäre nicht gut, die landwirtschaftlichen Erzeugnisse mit einem Ausgleichszoll zu belegen, weil Amerika mehr Landwirtschaftsprodukte aus- als einführt. Das Paritätspreissystem der Landwirtschaft ist also lediglich das Gegenstück zu den Zöllen. Es sorgt nur für einen fairen Ausgleich.«
Die Bauern, die die Paritätspreise forderten, hatten ein berechtigtes Anliegen. Die Schutzzölle trafen sie stärker als ihnen bewußt war. Sie sorgten zwar für einen Rückgang der Importe von Industriegütern, beschnitten aber auch die amerikanischen Landwirtschaftsexporte, weil sie verhinderten, daß die Ausländer die Dollardevisen bekamen, die sie zum Kauf amerikanischer Landwirtschaftserzeugnisse brauchten. Und außerdem provozierten sie Vergeltungszölle in anderen Ländern. Trotzdem hält der Gedankengang, den wir eben aufgezeigt haben, einer Prüfung nicht stand; auch nicht hinsichtlich der behaupteten Tatsachen. Es gibt keinen *allgemeinen* Zoll auf alle »industriellen« oder nicht-

landwirtschaftlichen Produkte. Es gibt im Binnen- wie im Außenhandel zahllose Wirtschaftszweige, die keinerlei Schutz durch Zölle kennen. Wenn der Arbeiter in der Stadt wegen eines Zolls höhere Preise für Baumwolldecken oder Mäntel zahlen muß, hat er dann einen »Ausgleich« dadurch, daß er auch für Baumwollkleidung und Nahrungsmittel einen höheren Preis zahlen muß? Oder ist er lediglich zweimal geschröpft worden?

Gleichen wir doch alles an, sagen einige, und geben wir jedem gleichen »Schutz«. Aber das ist eine unlösbare und unmögliche Aufgabe. Selbst wenn wir unterstellen, daß sich das Problem technisch lösen ließe – ein Zoll für A, einen Hersteller, der ausländischem Wettbewerb ausgesetzt ist; eine Subvention für B, einen Hersteller, der seine Erzeugnisse exportiert –, es wäre unmöglich, alle »gerecht« oder gleich zu schützen oder zu subventionieren. Wir müßten allen den gleichen Prozentsatz (oder den gleichen Geldbetrag?) bei den Schutzzöllen oder den Subventionen gewähren und wüßten nie, ob wir einige Gruppen nicht doppelt bedenken und andere auslassen.

Aber nehmen wir an, wir könnten dieses enorme Problem lösen. Was wäre dann erreicht? Wer hat einen Vorteil, wenn jeder jeden in gleichem Umfang subventioniert? Wo liegt der Gewinn, wenn jeder durch zusätzliche Steuern genau das verliert, was er durch Zuwendungen oder Schutz gewinnt? Wir hätten nur noch einen Schwarm nutzloser Bürokraten mehr, die alle ungemein geschäftig wären.

Wir könnten die Angelegenheit andererseits ganz einfach dadurch beenden, daß wir sowohl das Paritätspreissystem wie auch die Schutzzölle abschaffen. Selbst beide zusammen bringen keinerlei Ausgleich. Die Koppelung der beiden Systeme bedeutet nur, daß der Bauer A und der Fabrikant B auf Kosten des vergessenen Herrn C profitieren.

Somit lösen sich auch die vermeintlichen Segnungen dieses Programms in Wohlgefallen auf, sobald man nicht nur seine unmittelbaren Auswirkungen auf eine bestimmte Gruppe, sondern auch die langfristigen Folgen für alle betrachtet.

13.
Kranke Branchen retten?

In den Lobbys der Parlamente überall auf der Welt wimmelt es von Vertretern der XYZ-Industrie. Die XYZ-Industrie kränkelt. Sie siecht dahin. Sie muß gerettet werden. Sie kann nur durch Zölle, höhere Preise oder Subventionen gerettet werden. Wenn man zuläßt, daß sie untergeht, liegen die Arbeiter auf der Straße. Die Hausvermieter, Lebensmittelhändler, Metzger, Bekleidungsgeschäfte und Kinos, die von ihnen leben, machen kein Geschäft mehr, die Rezession macht sich breit. Doch wenn das Parlament sofort handelt und der XYZ-Industrie unter die Arme greift – ja, dann! Dann kauft sie Geräte und Maschinen bei anderen Herstellern, stellt neue Beschäftigte ein, die ihrerseits das Geschäft der Metzger, Bäcker und Hersteller von Neonreklamen beleben, und es breitet sich überall Wohlstand aus.

Offensichtlich ist das die allgemeine Darstellung des Falles, den wir vorhin betrachtet haben. Da war die XYZ-Industrie die Landwirtschaft. Doch XYZ-Industrien gibt es unbegrenzt. In den Vereinigten Staaten zum Beispiel waren zwei der bemerkenswertesten Fälle die Kohlen- und Silberindustrie. Um das »Silber zu retten«, richtete der amerikanische Kongreß unermeßlichen Schaden an. Eines der Argumente für den Rettungsplan lautete, das werde »dem Osten« helfen. Eines der tatsächlichen Ergebnisse bestand darin, daß eine Deflation in China ausgelöst wurde, das auf der Grundlage des Silbers wirtschaftete und zur Umstellung gezwungen wurde. Das Schatzamt der Vereinigten Staaten mußte zu grotesken Preisen, die weit über denen des Marktes lagen, Unmengen Silber aufkaufen, mit dem man gar nichts anfangen konnte, und es in Tresoren lagern. Die eigentlichen politischen Ziele der »Silber-Senatoren« hätten sich mit einem Bruchteil der Kosten und des Schadens durch eine offene Subventionierung der Minenbesitzer oder deren Arbeiter genausogut erreichen lassen. Doch der Kongreß und das Land hätten niemals einem simplen Kuhhandel dieser Art ohne die ideologische Verbrämung zugestimmt, welch »wichtige Rolle das Silber für die Währung des Landes spielt«.

Zur Rettung der Kohlenindustrie verabschiedete der Kongreß den Guffey Act, der den Besitzern der Kohlebergwerke nicht nur erlaubte, sondern sie regelrecht zwang, sich zusammenzutun und nicht unter bestimmten Mindestpreisen zu verkaufen, die von der Regierung festgesetzt wurden. Obwohl der Kongreß damit begonnen hatte, »den« Kohlepreis festzusetzen, war die Regierung bald dabei, 350 000 einzelne Kohlepreise festzusetzen (denn es gab unterschiedliche Größen, Tausende von Bergwerken und den Versand an Tausende von Bestimmungsorten per Bahn, Lkw und Schiff)![1] Eine der Folgen dieses Versuchs, die Kohlepreise über denen des freien Marktes zu halten, bestand darin, daß die Verbraucher zunehmend dazu übergingen, die Kohle durch andere Energie- oder Heizquellen zu ersetzen, wie Öl, Erdgas und Strom aus Wasserkraftwerken. Heute versuchen die Regierungen wieder, eine Abkehr vom Öl zugunsten der Kohle zu erzwingen.

Wir wollen hier nicht alle Ergebnisse verfolgen, die sich im Verlauf der Geschichte aus den Bemühungen ergeben haben, bestimmte Wirtschaftszweige zu retten. Unser Ziel ist, nur einige der wichtigsten Ergebnisse zu untersuchen, die sich zwangsläufig ergeben, wenn man einen Wirtschaftszweig zu retten versucht.

Vielleicht erklärt irgend jemand, daß eine bestimmte Industrie aus militärischen Gründen aufgebaut oder erhalten werden müsse. Vielleicht behauptet auch jemand, daß eine bestimmte Industrie durch Steuern oder Lohnsätze ruiniert werde, die in krassem Mißverhältnis zu denen anderer Branchen stehen; oder daß der Betrieb, wenn es etwa ein öffentliches Versorgungsunternehmen ist, gezwungen wird, seine Leistungen zu einem Tarif anzubieten, der keinen ausreichenden Gewinn abwirft. Diese Behauptungen mögen ihre Berechtigung haben oder auch nicht. Uns interes-

---

1 Aussage von Dan H. Wheeler, dem Abteilungsleiter für Steinkohle. Anhörung anläßlich der Erweiterung des Bituminous Coal Act von 1937.

sieren sie hier nicht. Wir befassen uns nur mit einem einzigen Argument, das zur Rettung der XYZ-Industrie vorgebracht wird: wenn man zuläßt, daß der Industriezweig schrumpft oder durch die Kräfte des freien Wettbewerbs zugrunde geht, reißt er auch die übrige Wirtschaft mit in die Tiefe; über den freien Wettbewerb fallen in solchen Fällen Bemerkungen wie Laissez-faire, anarchistisch, halsabschneiderisch, erbarmungslos, Gesetz des Dschungels etc. Wird der betreffende Industriezweig aber künstlich am Leben erhalten, haben auch alle anderen ihren Nutzen davon.

Wir sprechen hier über nichts anderes als den allgemeinen Fall des Arguments, das zugunsten von Paritätspreisen für landwirtschaftliche Erzeugnisse oder von Schutzzöllen für irgendeine Branche vorgebracht wird. Was sich gegen künstlich erhöhte Preise sagen läßt, gilt selbstverständlich nicht nur für landwirtschaftliche, sondern auch für alle anderen Produkte. Wie ja auch die Gründe, die gegen Schutzzölle sprechen, alle Industriezweige betreffen.

Doch zur Rettung irgendeiner Branche gibt es immer genügend Pläne. Außer den Vorschlägen, die wir schon erwähnt haben, trifft man sehr oft noch auf zwei weitere Arten, die wir uns ganz kurz ansehen wollen. Da ist zum einen die Behauptung, die betreffende Branche sei bereits »überlaufen«, woraufhin Versuche unternommen werden, anderen Firmen oder Arbeitern den Zugang zu verwehren. Zum anderen wird erklärt, der Industriezweig XYZ müsse mittels direkter staatlicher Subventionen unterstützt werden.

Wenn nun die Branche XYZ tatsächlich im Vergleich zu anderen überlaufen ist, sind keine Zwangsmaßnahmen des Staates erforderlich, neues Kapital oder neue Arbeiter fernzuhalten. Neues Kapital fließt nicht in die Branchen, mit denen es offensichtlich abwärts geht. Die Investoren reißen sich nicht um die Anlage in Branchen, die sich durch hohe Verlustrisiken und geringe Erträge auszeichnen. Und auch die Arbeiter gehen, wenn sie die Wahl haben, nicht in Industriebetriebe, wo die Löhne extrem niedrig und die Zukunftsaussichten besonders schlecht sind.

Wenn neues Kapital und neue Arbeitskräfte jedoch durch Monopole, Kartelle, Gewerkschaftspolitik oder den Gesetzgeber mit Nachdruck von einem bestimmten Industriezweig ferngehalten werden, nimmt das dem Kapital und der Arbeit die Möglichkeit der freien Wahl. Es zwingt die Investoren, ihr Geld dort anzulegen, wo ihnen die Verzinsung nicht so vielversprechend erscheint, wie in der Branche XYZ. Es zwingt die Arbeiter, in Betrieben zu arbeiten, die noch schlechtere Löhne und Zukunftsaussichten bieten, als sie in der vermeintlich kranken Branche XYZ vorfinden würden. Das bedeutet in kurzen Worten, daß Kapital und Arbeit nicht so gut eingesetzt werden, wie wenn sie ihren Einsatz frei wählen könnten. Das heißt also, die Produktion nimmt ab, was sich in einem niedrigeren durchschnittlichen Lebensstandard niederschlagen muß.

Dieser niedrigere Lebensstandard ist entweder die Folge geringerer Durchschnittslöhne als sonst, höherer durchschnittlicher Lebenshaltungskosten oder einer Kombination aus beidem. (Das genaue Ergebnis würde von der begleitenden Geldpolitik abhängen.) Durch diese restriktiven Maßnahmen könnten die Löhne und Kapitalerträge tatsächlich höher sein als sie andernfalls in der Branche XYZ selbst wären. Aber die Löhne und Kapitalerträge in anderen Industriezweigen würden auf ein niedrigeres Niveau gezwungen als sonst. Die Branche XYZ würde nur auf Kosten der Branchen A, B und C einen Gewinn machen.

Ähnlich wären die Ergebnisse bei jedem Versuch, irgendeine Branche durch direkte Subventionen aus der öffentlichen Kasse zu sanieren. Das wäre nichts weiter als die Verlagerung von Wohlstand oder Einkommen zum betreffenden Industriezweig. Die Steuerzahler würden genau das verlieren, was die Menschen in den subventionierten Betrieben gewännen. Aus der Sicht der Öffentlichkeit haben die Subventionen allerdings den großen Vorteil, daß dieser Zusammenhang ganz klar zum Ausdruck kommt. Die kunstvollen Vernebelungsversuche, von denen die Argumente für Zölle, die Festsetzung von Mindestpreisen oder monopolistische Verdrängung im allgemeinen begleitet werden, haben viel geringere Chancen.

Es ist im Fall der Subvention ganz offenkundig, daß die

Steuerzahler genausoviel verlieren müssen, wie die subventionierte Branche gewinnt. Es sollte daher ebenso klar sein, daß andere Unternehmen das einbüßen, was der geförderte Betrieb bekommt. Sie müssen einen Teil der Steuern zahlen, die für die betreffende Subvention verwendet werden. Und die Verbraucher, die zur Unterstützung jener Branche besteuert werden, können um eben diesen Betrag weniger andere Waren kaufen. Folglich müssen andere Industriezweige im Durchschnitt kleiner als sonst sein, damit der subventionierte Industriezweig größer sein kann.

Aber diese Subvention hat nicht nur zur Folge, daß ein Transfer von Wohlstand und Einkommen stattgefunden hat, oder daß andere Industriebetriebe insgesamt um soviel geschrumpft sind, wie die subventionierte Branche sich erweitert hat. Die Folge ist auch (und hier trifft der Nettoverlust das Land als ganzes), daß Kapital und Arbeit aus Branchen verdrängt werden, in denen sie wirtschaftlicher eingesetzt werden können, um in Industrien umgeleitet zu werden, wo sie nicht so rentabel arbeiten können. Es wird weniger Wohlstand geschaffen. Der durchschnittliche Lebensstandard fällt unter das Niveau, das er sonst erreicht hätte.

Diese Folgen sind praktisch fester Bestandteil gerade jener Argumente, die zugunsten von Subventionen für bestimmte Branchen vorgebracht werden. Der Industriezweig XYZ schrumpft oder geht durch die Uneinigkeit seiner Freunde zugrunde. Warum, so wird vielleicht gefragt, sollte er künstlich am Leben erhalten werden? Die Vorstellung, daß in einer expandierenden Volkswirtschaft *alle* Branchen gleichzeitig expandieren müssen, ist rundweg falsch. Damit neue Betriebe schnell genug wachsen können, ist es im allgemeinen notwendig, daß man einige ältere Unternehmen schrumpfen oder sterben läßt. Dadurch tragen letztere mit dazu bei, das notwendige Kapital und die erforderlichen Arbeitskräfte für die neuen Firmen freizusetzen. Wenn wir versucht hätten, künstlich den Handel mit Pferd und Wagen am Leben zu erhalten, hätten wir die Entwicklung der Automobilindustrie und aller von ihr abhängenden Branchen verzögert. Wir hätten weniger Wohlstand geschaffen und den wirtschaftlichen und wissenschaftlichen Fortschritt behindert.

Aber genau das tun wir, wenn wir zu verhindern versuchen, daß irgendein Industriezweig verkümmert, um die Facharbeiter und das dort investierte Kapital zu schützen. Es mag zwar dem einen oder anderen paradox erscheinen, doch es ist gleichermaßen notwendig, in einer dynamischen Volkswirtschaft zuzulassen, daß kranke Branchen zugrundegehen, wie auch zuzulassen, daß expandierende Industrien sich weiterentwickeln. Der erste Vorgang ist die Voraussetzung für den zweiten. Es ist töricht, veraltete Industrien erhalten zu wollen, und ebenso töricht ist es, sich an veraltete Produktionsverfahren zu klammern. Das sind oft nur zwei unterschiedliche Arten, den gleichen Sachverhalt zu beschreiben. Veraltete Produktionsmethoden müssen ständig durch verbesserte Verfahren ersetzt werden, wenn sowohl die alten Bedürfnisse wie auch die neuen Wünsche durch bessere Erzeugnisse und bessere Mittel befriedigt werden sollen.

14.
So funktioniert das Preissystem

Der Grundgedanke dieses Buchs läßt sich in der Aussage zusammenfassen, daß wir bei der Untersuchung jeder wirtschaftlichen Maßnahme nicht nur die kurz-, sondern auch die langfristigen Ergebnisse berücksichtigen müssen, nicht nur die primären, sondern auch die sekundären Auswirkungen, und nicht nur die Folgen für bestimmte Gruppen, sondern für alle Betroffenen. Daraus ergibt sich, daß es unsinnig und irreführend ist, sein Augenmerk auf nur ein spezielles Anliegen zu richten – beispielsweise nur zu prüfen, was in einer einzigen Branche geschieht, nicht auch, was sich in allen anderen tut. Denn gerade diese sich hartnäckig haltende bequeme Art, nur bestimmte Industriezweige oder Vorgänge zu sehen, ist die Ursache der schwerwiegenden wirtschaftlichen Irrtümer. Diese Irrtümer nisten sich nicht nur in den Argumenten derjenigen ein, die dafür bezahlt werden, daß sie sich für irgendwelche Sonderinteressen einsetzen, sondern auch in den Argumenten einiger Wirtschaftsexperten, die im allgemeinen als scharfsinnig gelten.

Auf diesem Fehler der Einseitigkeit beruht im Grunde auch die Schule der »nutzen- und nicht profitorientierten Produktion« mit ihren Angriffen auf das vermeintlich verwerfliche »Preissystem«. Das Produktionsproblem, so erklären die Anhänger dieser Schule, ist gelöst. (Dieser fatale Irrtum ist, wie wir noch sehen werden, auch der Ansatzpunkt der meisten Währungsphantasten und Umverteilungs-Scharlatane.) Die Wissenschaftler, Rationalisierungsfachleute, Ingenieure und Techniker, so heißt es, haben das Problem gelöst. Sie können fast alles, was man sich nur vorstellen kann, in riesigen Mengen und praktisch unbegrenzt produzieren. Aber leider wird die Welt nicht von Ingenieuren beherrscht, die nur an die Produktion denken, sondern von Geschäftsleuten, die nur an den Gewinn denken. Und die Geschäftsleute geben den Ingenieuren die Aufträge, nicht umgekehrt. Diese Geschäftsleute lassen jeden Gegenstand solange herstellen, wie er Profit abwirft. Aber in dem Moment, wo kein Profit mehr abfällt, stellen die bösen Geschäftsleute die Produktion dieses Artikels ein, auch wenn die Wünsche vieler noch unbefriedigt sind und alle Welt nach mehr schreit.

Diese Beurteilung enthält so viele Denkfehler, daß sie gar nicht alle auf einmal zu entwirren sind. Der Kardinalfehler besteht jedoch, wie wir schon deutlich gemacht haben, darin, nur eine oder gar mehrere Branchen nacheinander zu berücksichtigen, so als existiere jede für sich. Doch sie hängen alle miteinander zusammen, und jede wichtige Entscheidung, die von einer Branche getroffen wird, berührt auch die Entscheidungen aller anderen Branchen und wird ihrerseits von den dort getroffenen Entscheidungen beeinflußt.

Wir verstehen die Zusammenhänge besser, wenn wir das grundlegende Problem begreifen, das die Wirtschaft insgesamt zu lösen hat. Um das so weit wie möglich zu vereinfachen, wollen wir das Problem betrachten, mit dem ein

Robinson Crusoe auf seiner verlassenen Insel zu tun hat. Auf den ersten Blick scheinen seine Wünsche endlos zu sein. Er ist vom Regen völlig durchnäßt; er zittert vor Kälte und leidet Hunger und Durst. Ihm fehlt es an allem: an Trinkwasser, Nahrungsmitteln, einem Dach über dem Kopf, Schutz vor wilden Tieren, einem Feuer und einem weichen Lager. Er kann diese Bedürfnisse unmöglich alle auf einmal befriedigen; dazu hat er nicht die Zeit, die Kraft oder die Mittel. Er muß sich schnellstens des dringendsten Bedürfnisses annehmen. Am meisten leidet er, sagen wir, unter dem Durst. Er macht eine Vertiefung in die Erde, um Regenwasser aufzufangen, oder bastelt sich ein primitives Gefäß. Wenn er aber nur ein kleines Wasserreservoir angelegt hat, muß er, bevor er es verbessert, auf Nahrungssuche gehen. Er kann versuchen, einen Fisch zu fangen, aber dazu braucht er entweder einen Haken und eine Leine oder ein Netz, die er alle erst anfertigen muß. Aber alles, was er unternimmt, verzögert oder verhindert, daß er etwas anderes tut, das nur geringfügig unwichtiger ist. Er steht ständig vor dem Problem, seine Zeit und seine Arbeitskraft *abwechselnd* einer Tätigkeit zu widmen.

Eine Familie, die sich in der Lage Robinsons befindet, hat es vielleicht etwas einfacher. Es sind zwar mehr Mäuler zu stopfen, doch es sind auch mehr Hände zum Arbeiten da. Die Familie kann zur Arbeitsteilung und Spezialisierung übergehen. Der Vater geht auf die Jagd, die Mutter bereitet das Essen zu und die Kinder sammeln Brennholz. Aber selbst die Familie kann es sich nicht leisten, daß ein Mitglied immer nur das gleiche tut, unabhängig von der Dringlichkeit des allgemeinen Bedürfnisses, das dadurch befriedigt wird, oder der anderen noch nicht erfüllter Bedürfnisse. Wenn die Kinder genügend Holz gesammelt haben, können sie nicht einfach damit beschäftigt werden, noch mehr zu sammeln. Sicher muß irgendwann eins von ihnen losgeschickt werden, um Wasser zu holen. Auch die Familie hat ständig das Problem, zwischen *alternativen* Anwendungsmöglichkeiten ihrer Arbeitskraft wählen zu müssen. Falls sie sich in der glücklichen Lage befindet und Waffen, Angelgerät, ein Boot, Äxte, Sägen usw. besitzt, muß sie zwischen dem alternativen Einsatz von Arbeit und Kapital wählen. Es wäre ausgesprochen dumm von dem Brennholz sammelnden Familienmitglied, sich zu beklagen, daß man mehr Holz sammeln könnte, wenn sein Bruder ihm den ganzen Tag helfen würde, anstatt Fische zu fangen, die die Familie für das Essen braucht. Am Beispiel des auf eine verlassene Insel verschlagenen einzelnen oder der Familie kann man sehr gut erkennen, daß sich eine Tätigkeit immer *nur auf Kosten aller anderen Tätigkeiten* ausweiten läßt.

Grundlegende Darstellungen wie diese werden manchmal etwas überheblich als »Robinson-Crusoe-Wirtschaft« abgetan. Dummerweise geschieht das meistens durch diejenigen, die solche vereinfachenden Darstellungen am nötigsten haben, die das Prinzip selbst in dieser simplen Form nicht begreifen oder es vollkommen aus den Augen verlieren, sobald es um die undurchsichtigen Verwicklungen einer ausgewachsenen, modernen Wirtschaftsgesellschaft geht.

Wenden wir uns einer solchen Gesellschaft zu. Wie wird in einer modernen Wirtschaftsgesellschaft das Problem gelöst, alternativ Arbeit und Kapital einzusetzen, um Tausende von Bedürfnissen und Wünschen unterschiedlicher Dringlichkeit zu befriedigen? Die Lösung erfolgt durch das Preissystem, durch die sich ständig ändernden, wechselseitigen Beziehungen zwischen Produktionskosten, Preisen und Gewinnen.

Die Preise werden bestimmt durch das Verhältnis von Angebot und Nachfrage und beeinflussen ihrerseits Angebot und Nachfrage. Wenn jemand mehr von einem Erzeugnis haben möchte, bietet er mehr Geld dafür. Der Preis steigt. Das erhöht wiederum die Gewinne der Produzenten, die diesen Artikel herstellen. Weil es jetzt mehr Gewinn bringt, diesen Artikel herzustellen statt anderer, steigern die bereits in dieser Branche tätigen Unternehmer dessen Produktion, und die Branche zieht mehr Menschen an. Das gestiegene Angebot läßt dann die Preise und die Gewinnspanne sinken, bis die Gewinnspanne für den betreffenden Artikel wieder das allgemeine Gewinnniveau (relative Risiken vorausgesetzt) in anderen Branchen erreicht. Oder die Nachfrage nach diesem Produkt fällt. Oder das Angebot steigt so hoch, daß der Produktpreis so weit sinkt, daß es vorteilhafter wird, andere Artikel zu produzieren; oder es bringt tatsächlich Verlust, das Produkt herzustellen. In diesem Fall werden die »Grenzproduzenten« vom Markt verdrängt, das heißt jene Produzenten, die am unrentabelsten wirtschaften oder deren Produktionskosten am höchsten sind. Der Artikel wird jetzt nur noch von den rentabler wirtschaftenden Produzenten hergestellt, die mit geringeren Kosten arbeiten. Das Angebot des Artikels wird ebenfalls zurückgehen oder zumindest nicht weiter zunehmen.

Dieser Vorgang ist der Ursprung des Glaubens, die Preise würden von den Produktionskosten bestimmt. Aber in dieser Form ist der Satz nicht richtig. Die Preise werden von Angebot und Nachfrage bestimmt, und die Nachfrage wird davon bestimmt, wie sehr die Menschen ein bestimmtes Produkt wünschen und was sie im Austausch dafür zu bieten haben. Daß das Angebot zum Teil von den Produktionskosten bestimmt wird, trifft zu. Was die Produktion einer Ware in der Vergangenheit gekostet *hat,* kann nicht ihren Wert bestimmen. Es kommt auf das *gegenwärtige* Verhältnis von Angebot und Nachfrage an. Aber die Erwartungen der Unternehmer hinsichtlich der *zukünftigen* Produktionskosten eines Gutes und dessen zukünftigem Preis bestimmen, wieviel davon produziert wird. Das beeinflußt das zukünftige Angebot. Es besteht daher immer die Tendenz, daß sich der Preis und die Grenzproduktionskosten eines Erzeugnisses *angleichen,* aber nicht weil die Grenzproduktionskosten direkt den Preis bestimmen.

Man könnte das private Unternehmertum daher mit Tausenden von Maschinen vergleichen, die alle praktisch ihren automatischen Regler haben. Alle Maschinen und Regler sind jedoch miteinander verbunden und beeinflussen sich gegenseitig, so daß sie letztlich wie eine einzige große Maschine arbeiten. Die meisten von uns werden den automatischen »Regler« an einer Dampfmaschine kennen. Er besteht im allgemeinen aus zwei Kugeln oder Gewichten, auf die die Fliehkraft einwirkt. Mit steigender Geschwindigkeit der Maschinen drehen sich die Kugeln um das Gestänge, an dem sie befestigt sind, und schließen oder öffnen dadurch automatisch eine Drosselklappe, die den Zustrom von

Dampf reguliert und so die Maschine langsamer laufen läßt. Wird die Maschine zu langsam, sinken die Kugeln wieder, erweitern dadurch die Drosselklappe und beschleunigen die Maschine. Jede Abweichung von der gewünschten Geschwindigkeit mobilisiert demnach die Kräfte, die diese Abweichung korrigieren.

Genauso wird das relative Angebot tausender verschiedener Produkte im System der privaten Wettbewerbswirtschaft gesteuert. Wenn die Menschen mehr von einem Gut nachfragen, erhöhen ihre miteinander konkurrierenden Gebote dessen Preis. Das läßt den Gewinn der Produzenten steigen, die das Gut herstellen, und ermuntert sie, ihre Produktion auszuweiten. Es bringt andere Unternehmer dazu, einige Erzeugnisse, die sie bisher produziert haben, nicht mehr herzustellen und statt dessen das Gut zu erzeugen, das ihnen einen besseren Ertrag bringt. Doch das erhöht das Angebot dieses Gutes, während es gleichzeitig das einiger anderer Produkte sinken läßt. Der Preis dieses Gutes fällt daher im Verhältnis zu dem anderer Erzeugnisse, und der Anreiz, seine Produktion im Vergleich zu anderen Produkten zu erhöhen, fällt weg.

Genauso ist es bei der Nachfrage. Wenn die Nachfrage nach irgendeinem Produkt aussetzt, sinken der Preis und der Herstellungsgewinn und die Produktion dieses Gutes gehen zurück.

Dieser letzte Schritt empört diejenigen, die das »Preissystem«, das sie anprangern, nicht begreifen. Sie werfen ihm vor, Knappheit hervorzurufen. Warum, so fragen sie entrüstet, sollten Unternehmer die Herstellung von Schuhen an dem Punkt stoppen, wo es unrentabel wird weiterzuproduzieren? Warum sollten sie sich ausschließlich durch ihre Profite leiten lassen? Warum sollten sie sich durch den Markt leiten lassen? Warum produzieren sie keine Schuhe »mit allen ihnen zur Verfügung stehenden modernen technischen Verfahren«? Das Preissystem und die Privatwirtschaft, so folgern die Verfechter der »nutzenorientierten Produktion«, sind nichts weiter als eine Form der »Knappheitswirtschaft«.

Diese Fragen und Schlußfolgerungen gehen auf den Fehler zurück, nur einen Industriezweig isoliert zu betrachten, nur den Baum und nicht den Wald zu sehen. Bis zu einem gewissen Punkt ist es notwendig, Schuhe herzustellen. Aber es müssen auch Mäntel, Hemden, Hosen, Häuser, Pflüge, Schaufeln, Fabriken, Brücken, Milch und Brot produziert werden. Es wäre schwachsinnig, Berge von überflüssigen Schuhen zu produzieren, nur weil wir dazu in der Lage wären, während dringendere Bedürfnisse zu Hunderten unberücksichtigt blieben.

In einer Volkswirtschaft, die sich im Gleichgewicht befindet, kann eine Branche *nur auf Kosten anderer Branchen* expandieren. Denn die Produktionsfaktoren sind in jedem Augenblick begrenzt. Ein Industriezweig kann nur erweitert werden, wenn Arbeit, Boden und Kapital zu ihm umgeleitet werden, die andernfalls in anderen Branchen eingesetzt worden wären. Und wenn bestimmte Industriebetriebe schrumpfen oder ihren Ausstoß nicht weiter steigern, bedeutet das nicht unbedingt einen Rückgang der Gesamtproduktion. Der Schrumpfungsprozeß in diesem Bereich der Wirtschaft hat vielleicht lediglich Arbeit und Kapital *freigesetzt,* damit *andere Branchen expandieren können.* Es ist folglich falsch anzunehmen, daß der Rückgang der Produktion in einem Wirtschaftssektor zwangsläufig eine Verminderung der *Gesamt*produktion bedeutet.

Alles wird mit anderen Worten um den Preis des Verzichts auf irgend etwas anderes produziert. Die Produktionskosten selbst könnten tatsächlich als die Gegenstände definiert werden, die man aufgibt (die Freizeit und Vergnügungen, Rohstoffe mit möglichem alternativem Nutzen), um den Gegenstand zu schaffen, der hergestellt wird.

Daraus folgt, daß es für die Gesundheit einer dynamischen Wirtschaft genauso wichtig ist, sterbende Branchen sterben zu lassen, wie expandierende Branchen expandieren zu lassen. Denn die zugrunde gehenden Industriebetriebe binden Arbeitskräfte und Kapital, die für die aufblühenden Unternehmen freigesetzt werden sollten. Und nur das vielgeschmähte Preissystem regelt das ungeheuer komplizierte Problem, genau festzulegen, wieviel bei Zehntausenden von Produkten von jedem einzelnen Erzeugnis im Verhältnis zu allen anderen Erzeugnissen hergestellt werden sollte. Diese normalerweise sehr schwierigen Gleichungen löst quasi automatisch das System der Preise, Gewinne und Kosten. Das System leistet dabei ungleich bessere Arbeit als von irgendwelchen Bürokraten zu erwarten wäre. Denn die Lösung erfolgt durch ein System, in welchem jeder Verbraucher tagtäglich selbst über seine Nachfrage entscheidet und einmal oder viele Male eine neue Wahl trifft. Die Bürokraten dagegen würden nach einer Lösung streben, die nicht das beinhaltet, was die Verbraucher selbst wünschen, sondern das, was die Bürokraten als gut für sie befunden hätten.

Aber obwohl die Bürokraten dieses sich praktisch selbst regulierende Marktsystem nicht begreifen, lassen sie sich immer wieder von ihm durcheinanderbringen. Ununterbrochen versuchen sie, es zu verbessern oder zu berichtigen, meistens zugunsten irgendeines jammernden Interessenverbandes. Was ihre Eingriffe in manchen Fällen bewirken, wollen wir in den folgenden Kapiteln untersuchen.

15.
Preis-Stützen sind teure Krücken

Versuche, die Preise bestimmter Produkte auf Dauer über das Niveau des Marktpreises anzuheben, sind so oft so kläglich und so offenkundig gescheitert, daß geschickte Interessengruppen und die Beamten, auf die sie ihren Druck ausüben, selten ein Ziel offen beim Namen nennen. Ihr erklärtes Ziel ist meistens zunächst eine gemäßigte, vernünftig klingende Version, vor allem dann, wenn sie erst einmal vorschlagen, daß der Staat eingreifen solle.

Selbstverständlich haben sie nicht die Absicht, wie sie erklären, den Preis des Gutes X für immer über das normale Niveau hinaus anzuheben. Das, so räumen sie ein, wäre dem Verbraucher gegenüber ungerecht. Aber *im Moment* liegt das betreffende Produkt preislich weit *unter* seinem normalen Niveau. Die Produzenten verdienen nichts daran. Falls wir nicht sofort handeln, werden sie vom Markt verdrängt. Dann bestünde echte Knappheit, und die Verbraucher müßten Wucherpreise für das Gut zahlen. Die vermeintlichen Vorteile, welche die Verbraucher augenblicklich genießen, werden sie letztlich teuer zu stehen kommen. Denn der »gegenwärtige« niedrige Preis kann nicht von Dauer sein. Aber wir können es uns nicht leisten, auf die sogenannten Selbstheilungskräfte des Marktes oder das »blinde« Gesetz von Angebot und Nachfrage zu warten, die eine Korrektur der Lage bringen. Denn bis dahin wären die Produzenten ruiniert, und wir würden von einem großen Mangel heimgesucht. Der Staat muß *handeln*. Wir wollen nichts weiter, als diese hektischen und sinnlosen Preis*schwankungen* berichtigen. Wir haben keineswegs vor, die Preise *hochzutreiben,* wir wollen sie lediglich *stabilisieren*.

Es werden im allgemeinen verschiedene Methoden angeregt, wie man das erreichen kann. Zu den häufigsten gehören die staatlichen Darlehen an die Landwirtschaft, welche die Bauern in die Lage versetzen sollen, ihre Ernteerträge vom Markt fernzuhalten.

Auf diese Darlehen wird bei den Politikern aus Gründen gedrängt, die den meisten Bürgern durchaus einsichtig erscheinen. Man erzählt ihnen, daß die Ernte der Bauern auf einmal auf den Markt geworfen wird, zur Erntezeit. Und das sei genau die Zeit, zu der die Preise am niedrigsten wären, und das nutzten die Spekulanten aus, um alles aufzukaufen und solange zu warten, bis die Nahrungsmittel allmählich wieder knapper würden und die Preise steigen. So wird hartnäckig daran festgehalten, daß es den Bauern schlecht geht, und doch lieber sie als die Spekulanten in den Genuß der höheren Durchschnittspreise kommen sollten.

Diese Behauptung wird weder durch eine Theorie noch durch die Erfahrung gedeckt. Die vielgeschmähten Spekulanten sind nicht die Feinde der Bauern, sondern überwiegend deren Wohltäter. Die Risiken schwankender Landwirtschaftspreise müssen von irgend jemandem getragen werden, und in neuerer Zeit haben das in erster Linie die professionellen Spekulanten getan. Grundsätzlich kann man sagen: je gekonnter sie ihre Interessen als Spekulanten vertreten, desto mehr helfen sie den Bauern. Denn je besser die Spekulanten die zukünftigen Preise voraussehen können, desto vorteilhafter macht sich das für sie bemerkbar. Aber je genauer sie diese zukünftigen Preise voraussehen, desto gemäßigter sind die Preisschwankungen.

Selbst wenn die Bauern ihre gesamte Weizenernte in nur einem einzigen Monat auf den Markt werfen müßten, würde das den Preis in dem betreffenden Monat nicht notwendigerweise unter den Preis irgendeines anderen Monats fallen lassen (von den Lagerkosten einmal abgesehen). Denn die Spekulanten würden den Großteil ihrer Käufe in der Hoffnung auf einen möglichst hohen Gewinn in eben dieser Zeit tätigen. Sie würden solange kaufen, bis der Preis einen Punkt erreicht hätte, an dem sie für einen zukünftigen Profit keine Chance mehr sähen. Und sie würden den Weizen verkaufen, wann immer sie meinten, mit einem Verlust rechnen zu müssen. Die Folge wäre, daß sich der Preis für landwirtschaftliche Erzeugnisse im Jahresdurchschnitt stabilisierte.

Gerade weil es professionelle Spekulanten gibt, die diese Risiken auf sich nehmen, müssen die Bauern und Müller sie nicht tragen. Die Erzeuger landwirtschaftlicher Produkte können sich durch die Märkte schützen. Unter normalen Umständen also, und wenn die Spekulanten gute Arbeit leisten, hängen die Gewinne der Bauern und Müller im wesentlichen von ihrer eigenen Tüchtigkeit und ihrem Fleiß beim Anbauen bzw. Betreiben der Mühlen ab, nicht von Schwankungen am Markt.

Die Erfahrung hat gezeigt, daß der Preis für Weizen und andere nicht verderbliche Landwirtschaftsgüter im Durchschnitt das ganze Jahr über unverändert bleibt, wenn man von Lagerkosten, Zinsen und Versicherungsgebühren einmal absieht. Einige eingehendere Untersuchungen haben tatsächlich den Nachweis erbracht, daß der durchschnittliche monatliche Preisanstieg nach der Ernte nicht ganz ausgereicht hat, diese Lagerkosten zu decken, so daß die Spekulanten die Bauern letztlich subventioniert haben. Das war natürlich nicht ihre Absicht, sondern nur die Folge einer meistens zu optimistischen Haltung auf seiten der Spekulanten. (Diese Haltung scheint die Unternehmer bei den meisten Wettbewerbsvorhaben zu beeinflussen: Als Klasse subventionieren sie, gegen ihren Willen, ständig die Verbraucher. Das trifft vor allem dort zu, wo Aussichten auf hohe Spekulationsgewinne bestehen. So wie die Käufer von Lotterielosen, als Einheit betrachtet, Geld verlieren, weil jeder sich wider besseres Wissen Hoffnungen auf einen der wenigen spektakulären Gewinne macht, so übersteigt auch, wie berechnet worden ist, der Gesamtwert an Arbeit und Kapital, die in die Suche nach Gold und Öl gesteckt wurden, den Gesamtwert des tatsächlich geförderten Goldes und Öls.)

Der Fall liegt jedoch anders, sobald der Staat einschreitet und entweder den Bauern die Ernste selbst abkauft oder ihnen das Geld leiht, ihre Erzeugnisse vom Markt fernzuhalten. Das geschieht manchmal mit der scheinbar einleuchtenden Begründung, einen »für normale Fälle ausreichenden Getreidevorrat« zu halten. Doch aus der Geschichte der Preise und jährlichen Ernteüberschüsse wissen wir, daß diese Funktion bereits bestens von den privat organisierten freien Märkten wahrgenommen wird. Sobald sich der Staat einschaltet, wird der für normale Fälle ausreichende Getreidevorrat zu einem Politikum. Die Bauern werden mit dem Geld der Steuerzahler ermuntert, ihre Erzeugnisse weitestgehend zurückzuhalten. Weil sich die für diese Maßnahmen verantwortlichen Politiker oder die sie ausführenden Bürokraten die Stimmen der Bauern sichern wollen, setzen sie den sogenannten fairen Preis für die Landwirtschaftsprodukte immer höher als den Preis an, der aufgrund von Angebot und Nachfrage zu der Zeit gerechtfertigt wäre. Das führt zu einem Rückgang der Käufer. Die für »normale Fälle« ausreichenden Getreidevorräte haben daher die Tendenz, zu Vorräten für »abnormale Fälle« zu werden. Enorme Bestände werden vom Markt zurückgehalten. Das hat den Zweck, einen vorübergehend höheren Preis als sonst zu sichern, doch macht man das nur, um später einen weit niedrigeren Preis zu fordern als normalerweise existiert hätte. Denn die künstliche Verknappung, die in diesem Jahr durch das Zurückhalten eines Teils der Ernte vom Markt hervorgerufen wurde, bedeutet einen künstlichen Überschuß im nächsten Jahr.

Es würde uns zu weit vom Thema abbringen, wolllten wir im einzelnen darstellen, was sich in der Praxis ereignet hat, als dieses Programm zum Beispiel auf die amerikanische Baumwolle angewandt wurde.[1] Die Vereinigten Staaten horteten die Ernte eines ganzen Jahres. Sie zerstörten ihren Auslandsmarkt für Baumwolle und heizten den Anbau von

Baumwolle in anderen Ländern ganz gewaltig an. Die Gegner dieser Restriktions- und Darlehenspolitik hatten diese Ergebnisse zwar vorausgesagt. Als sie dann aber auch tatsächlich eintraten, erwiderten die dafür verantwortlichen Beamten lediglich, es wäre in jedem Fall zu diesem Ergebnis gekommen.

Die Darlehenspolitik wird im allgemeinen von einem Produktionsrückgang begleitet oder bewirkt ihn zwangsläufig, führt also zu einer Politik der Verknappung. Fast immer sind bei den Bemühungen, den Preis eines Produkts zu »stabilisieren«, die Interessen der Produzenten vorrangig behandelt worden. Das eigentliche Ziel ist es, die Preise sofort in die Höhe zu treiben. Um das zu ermöglichen, wird normalerweise jedem Produzenten, der der Kontrolle unterliegt, eine proportionale Produktionsbeschränkung auferlegt. Das hat unmittelbar einige nachteilige Auswirkungen. Wenn man davon ausgeht, daß die Überwachung international durchgeführt werden kann, bedeutet das eine weltweite Einschränkung der Produktion. Die Verbraucher der Erde können von dem Produkt nicht mehr soviel erwerben, wie ohne die Beschränkung möglich gewesen wäre. Die Welt ist um eben soviel ärmer. Weil die Verbraucher gezwungen sind, für das Produkt höhere Preise als sonst zu zahlen, können sie weniger für andere Erzeugnisse ausgeben.

---

1 Das für die Baumwolle bestimmte Programm war allerdings besonders lehrreich. Am 1. August 1956 stieg der Baumwollüberschuß auf die Rekordzahl von 14 529 000 Ballen, mehr als die normale Produktion oder der Verbrauch eines ganzen Jahres. Um die Sache in den Griff zu bekommen, änderte die Regierung ihr Programm. Sie beschloß, den Anbauern von Baumwolle den Großteil der Ernte abzukaufen und sofort mit einem Abschlag weiterzuverkaufen. Um wieder amerikanische Baumwolle auf dem Weltmarkt verkaufen zu können, subventionierte der Staat die Baumwollexporte mit zunächst 6 Cents pro Pfund und 1961 dann mit 8,5 Cents pro Pfund. Diese Politik baute zwar erfolgreich den Überschuß an Rohbaumwolle ab. Aber außer den Verlusten, die sie den Steuerzahlern auferlegte, brachte sie dem amerikanischen Textilgewerbe einen schweren Wettbewerbsnachteil gegenüber dem Ausland sowohl auf dem Inlands- wie Auslandsmarkt. Die amerikanische Regierung subventionierte die ausländische Industrie auf Kosten der amerikanischen. Es ist ein charakteristisches Merkmal staatlicher Fixpreissysteme, daß sie zwar eine unerwünschte Konsequenz vermeiden, sich dafür aber eine andere einhandeln, die meistens noch unangenehmer ist.

Die Befürworter einer Beschränkung erklären für gewöhnlich, daß es auch unter marktwirtschaftlichen Bedingungen zu einem Produktionsrückgang käme. Doch hier besteht ein grundlegender Unterschied, wie wir im vorigen Kapitel gesehen haben. In einer Marktwirtschaft mit Wettbewerb scheiden die Produzenten, die hohe Kosten haben, die *unrentabel* wirtschaften, aus, wenn die Preise sinken. Im Fall der Agrarerzeugnisse werden die Bauern mit dem geringsten fachlichen Können oder die mit den schlechtesten Geräten oder diejenigen, die das minderwertigste Land bearbeiten, aus dem Markt gedrängt. Die besonders tüchtigen Bauern mit gutem Ackerland müssen ihren Anbau nicht einschränken. Ganz im Gegenteil. Wenn der Preisrückgang symptomatisch für niedrigere durchschnittliche Produktionskosten ist, die in einem erhöhten Angebot zum Ausdruck kommen, ermöglicht das Ausscheiden der am Rand der Wirtschaftlichkeit und auf unrentablem Boden produzierenden Bauern den überlegenen Bauern, ihren Anbau zu *erweitern.* Langfristig kommt es so unter Umständen überhaupt nicht zu einer verringerten Produktion dieses Gutes. Und es wird dann zu einem *ständig* niedrigeren Preis hergestellt und verkauft.

Falls dies das Ergebnis ist, werden die Verbraucher ebensogut wie vorher mit diesem Erzeugnis versorgt. Aber als Folge des gesunkenen Preises haben sie mehr Geld übrig als vorher, das sie für andere Dinge ausgeben können. Die Verbraucher stehen sich demnach offensichtlich besser. Aber wenn sie für andere Dinge mehr Geld ausgeben, nimmt auch die Beschäftigung in anderen Branchen zu, die dann die vorher ausgeschiedenen unwirtschaftlich produzierenden Bauern aufnehmen und ihnen eine Tätigkeit bieten, in der ihr Einsatz erfolgreicher und rentabler ist.

Eine einheitliche proportionale Beschränkung (um auf unseren staatlichen Interventionsplan zurückzukommen) bedeutet auf der einen Seite, daß den wirtschaftlich und mit niedrigen Kosten arbeitenden Produzenten nicht erlaubt wird, soviel zu einem niedrigen Preis herzustellen, wie technisch möglich ist. Das bedeutet andererseits, daß die unrentabel und mit hohen Kosten wirtschaftenden Produzenten künstlich in der Branche gehalten werden. Das erhöht die durchschnittlichen Produktionskosten des Erzeugnisses. Es wird nicht so wirtschaftlich hergestellt wie im anderen Fall. Der unrentabel wirtschaftende Produzent, der so künstlich in der Branche gehalten wird, bindet weiterhin Boden, Arbeitskräfte und Kapital, die weit produktiver und erfolgreicher anders eingesetzt werden könnten.

Das Argument sticht nicht, daß als Ergebnis der restriktiven Politik wenigstens der Preis für landwirtschaftliche Erzeugnisse gestiegen ist und »die Bauern mehr Kaufkraft besitzen«. Die haben sie nur dadurch bekommen, daß den Käufern in den Städten Kaufkraft in eben diesem Umfang entzogen worden ist. (Wir haben das ausführlich bei der Analyse der Paritätspreise behandelt.) Wenn man den Bauern Geld gibt, um die Produktion zu drosseln, oder ihnen den gleichen Geldbetrag für eine künstlich gedrosselte Produktion gibt, ist das das gleiche, als würde man die Verbraucher oder Steuerzahler zwingen, andere für ihr Nichtstun zu bezahlen. In allen Fällen erhalten die Nutznießer einer solchen Politik »Kaufkraft«. Aber jedesmal büßt auch jemand anders einen genau gleich großen Betrag ein. Der Nettoverlust für die Gemeinschaft besteht im Verlust der Produktion, weil Menschen dafür gefördert werden, daß sie nicht produzieren. Weil für alle weniger da ist, und weil es weniger zu tun gibt, müssen die Reallöhne und -einkommen entweder infolge sinkender Geldbeträge oder steigender Lebenshaltungskosten abnehmen.

Aber wenn der Versuch gemacht wird, den Preis eines landwirtschaftlichen Produktes hoch zu halten, und keine künstlichen Produktionsbeschränkungen bestehen, sammeln sich solange unverkaufte Überschüsse des zu teuren Artikels an, bis der Markt für dieses Produkt schließlich in einem weit größeren Umfang zusammenbricht, als wenn das Programm zur Bewirtschaftung nie in Kraft getreten wäre. Oder Produzenten, die nicht unter das Restriktionsprogramm fallen und von dem künstlichen Preisanstieg angelockt werden, erweitern die eigene Produktion ganz erheblich. Das passierte den Programmen zur Produktionsbeschränkung von Gummi in England und von Baumwolle in den Vereinigten Staaten. Auf jeden Fall erstreckt sich der Preiszusammenbruch am Ende über eine katastrophal lange

Zeit, die es ohne die Beschränkung nie gegeben hätte. Der Plan, mit dem man so forsch die Preise und Bedingungen hatte »stabilisieren« wollen, bringt weit mehr Instabilität mit sich, als die freien Kräfte des Marktes je hätten hervorrufen können.

Aber ständig kommen neue Pläne für eine internationale Warenbewirtschaftung auf. *Dieses* Mal, so wird uns versichert, wird man die alten Fehler nicht noch einmal machen. Diesmal wird man Preise festsetzen, die Produzenten und Verbrauchern gegenüber gleichermaßen »fair« sind. Die produzierenden und die verbrauchenden Nationen werden sich darüber einigen, wie diese fairen Preise auszusehen haben, denn es will ja niemand unvernünftig sein. Die Festpreise werden selbstverständlich eine »gerechte« Auf- und Zuteilung für die einzelnen Länder beinhalten, und nur Zyniker werden in dieser Beziehung mit kleinlichen internationalen Querelen rechnen. Und am Ende wird, als größtes Wunder von allen, diese Welt der länderübergreifenden Bewirtschaftungsmaßnahmen und Zwänge als eine Welt »freien« internationalen Handels dastehen!

Was genau die staatlichen Planer mit freiem Handel meinen, ist mir in diesem Zusammenhang nicht ganz klar, aber einige Dinge meinen sie ganz sicher nicht. Sie meinen ganz sicher nicht die Freiheit des Durchschnittsbürgers, zu Preisen und Sätzen zu kaufen und zu verkaufen, zu leihen und zu verleihen, wo es ihm am günstigsten erscheint. Sie meinen nicht die Freiheit des einfachen Bürgers, soviel von einem bestimmten Gut zu erzeugen, wie er möchte, zu tun und zu lassen, was ihm beliebt, sich dort anzusiedeln, wo es ihm gefällt, und sein Kapital und sonstigen Besitz mitzunehmen. Sie meinen, wie ich vermute, die Freiheit von Bürokraten, all diese Angelegenheiten für ihn zu regeln. Und sie erzählen ihm, daß er, wenn er ihnen schön brav gehorcht, mit einem Anstieg seines Lebensstandards belohnt wird. Aber wenn es den Planern gelingt, den Gedanken internationaler Zusammenarbeit mit dem vermehrter staatlicher Macht und Kontrolle über das Wirtschaftsleben zu verbinden, ist nur zu wahrscheinlich, daß die internationalen Bewirtschaftungsmaßnahmen der Zukunft so aussehen werden wie die der Vergangenheit. Und dann leidet nicht nur der Lebensstandard des kleinen Mannes, sondern auch seine Freiheit.

16.
Wenn der Staat die Preise macht

Wir haben gesehen, welche Folgen es haben kann, wenn der Staat die Preise von Gütern *über* dem Niveau festzusetzen versucht, das sie im Fall einer freien Marktwirtschaft erreicht hätten. Werfen wir jetzt einen Blick auf einige der Auswirkungen staatlicher Bemühungen, die Warenpreise *unter* dem Niveau zu halten, das sich bei Freizügigkeit des Handels auf den Märkten eingespielt hätte.

Letzteres wird heutzutage von fast allen Staaten praktiziert, wenn sich das Land im Krieg befindet. Wir werden uns hier nicht damit beschäftigen, wie klug es ist, in Kriegszeiten die Preise festzusetzen. Bei einem großen Krieg wird die gesamte Wirtschaft zwangsläufig vom Staat beherrscht, und die Verwicklungen, die berücksichtigt werden müßten, würden uns zu weit von der Hauptfrage wegführen, mit der sich dieses Buch befaßt.[1] Aber die in Kriegszeiten übliche Preisfestsetzung wird, ob klug oder nicht, in fast allen Ländern lange über das Kriegsende hinaus beibehalten, wenn die ursprüngliche Begründung für ihre Einführung schon längst nicht mehr gilt.

Vor allem die Inflation übt in Kriegszeiten einen Druck aus, die Preise festzusetzen. Als diese Zeilen entstanden und inflationäre Bedingungen in praktisch allen Ländern herrschten, auch wenn sich die meisten im Frieden befanden, gab es immer wieder Anspielungen auf Preiskontrollen, ohne sie allerdings einzuführen. Obwohl sie wirtschaftlich immer von Nachteil, wenn nicht sogar ausgesprochen schädlich sind, haben sie aus der Sicht der Beamten zumin-

---

1 Ich meine allerdings, während einige staatliche Dringlichkeitsmaßnahmen, Zuteilungen oder Kontingentierungen vielleicht unvermeidlich sind, ist die Preisfestsetzung durch den Staat bei einem totalen Krieg wahrscheinlich ganz besonders schädlich. Während das Festsetzen von Höchstpreisen eine Kontingentierung erfordert, um auch nur vorübergehend wirksam zu sein, ist das im umgekehrten Fall nicht so.

dest politisch einen Vorteil. Stillschweigend lasten sie die Schuld an höheren Preisen dem Neid und der Habgier der Unternehmer an, nicht der inflationsfördernden Geldpolitik der Beamten selbst.

Untersuchen wir als erstes, was geschieht, wenn der Staat versucht, den Preis eines Gutes oder einer kleinen Gruppe von Produkten unter dem Preis zu halten, der sich auf dem freien Markt bilden würde.

Wenn der Staat Höchstpreise für nur einige Güter festsetzen will, wählt er dafür im allgemeinen bestimmte Grundnahrungsmittel aus. Denn es ist äußerst wichtig, daß die Armen diese Produkte zu einem »vernünftigen« Preis kaufen können. Nehmen wir an, die Wahl des Staates sei auf die Grundnahrungsmittel Brot, Milch und Fleisch gefallen.

Die Begründung, die Preise dieser Produkte niedrig zu halten, wird etwa so lauten: wenn wir zum Beispiel Rindfleisch den Kräften des freien Marktes überlassen, wird die Nachfrage den Preis in die Höhe treiben, so daß sich nur die Reichen Rindfleisch leisten können. Die Menschen bekommen Rindfleisch nicht entsprechend ihrem Bedarf, sondern entsprechend ihrer Kaufkraft. Halten wir aber den Preis niedrig, erhält jeder seinen gerechten Anteil.

Zu diesem Argument ist zunächst einmal folgendes zu sagen: Falls es gilt, ist die eingeschlagene Politik inkonsequent und unentschlossen. Denn wenn vorrangig die Kaufkraft und weniger der Bedarf über die Verteilung von Rindfleisch bei einem Marktpreis von, sagen wir, 6 Mark pro Pfund entscheidet, würde sie, wenn auch in etwas geringerem Umfang, auch über die Verteilung entscheiden, wenn der gesetzlich verordnete Höchstpreis bei 4 Mark pro Pfund läge. Das Argument »vorrangig die Kaufkraft und weniger der Bedarf« hat solange Bestand, wie für Rindfleisch überhaupt ein Preis festgesetzt wird. Es würde erst dann nicht mehr gelten, wenn das Rindfleisch verschenkt würde.

Aber die Pläne für die Festsetzung von Höchstpreisen nehmen ihren Anfang meistens als Bemühungen, die »Lebenshaltungskosten nicht steigen zu lassen«. Und daher nehmen ihre Förderer unbewußt an, daß es etwas besonders »Normales« oder Unantastbares mit dem Marktpreis auf sich hat, sobald ihre Preisüberwachung beginnt. Dieser Anfangspreis wird als »vernünftig« betrachtet, alle darüber liegenden Preise als »unvernünftig«, gleichgültig ob sich die Produktions- oder Nachfragebedingungen geändert haben, seit dieser Anfangspreis zum erstenmal eingeführt wurde.

Man kommt bei der Erörterung dieser Frage nicht weiter, wenn man eine Preiskontrolle unterstellt, welche die Preise genau auf dem Stand einfrieren würde, wo sie sich auch unter Bedingungen eines freien Marktes eingependelt hätten. Das wäre genauso, als gäbe es überhaupt keine Preisüberwachung. Wir müssen annehmen, daß die Kaufkraft in den Händen der Öffentlichkeit größer ist als das Angebot an verfügbaren Waren, und daß der Staat die Preise *unter* dem Stand hält, bei dem sie auf dem freien Markt lägen.

Wir können jedoch den Preis eines Produktes nicht unter seinem Marktpreis halten, ohne mit der Zeit zweierlei heraufzubeschwören. Erstens nimmt die Nachfrage nach diesem Gut zu. Da es billiger ist, werden die Menschen zum Kauf verlockt, zum anderen können sie es sich leisten, mehr davon zu kaufen. Zweitens sinkt das Angebot an diesem Gut. Da die Menschen mehr kaufen, verschwindet das Gesamtangebot schneller aus den Regalen der Händler. Aber außerdem wird der Anreiz zur Erzeugung dieses Produkts genommen. Die Gewinnspanne nimmt ab oder fällt ganz aus. Die Grenzproduzenten werden aus dem Markt gedrängt. Selbst die am wirtschaftlichsten arbeitenden Produzenten sind unter Umständen gezwungen, das Produkt mit Verlust abzugeben. Das geschah im Zweiten Weltkrieg in den Vereinigten Staaten, als die Schlachthöfe von der Preisüberwachungsbehörde aufgefordert wurden, zu Preisen zu schlachten und zu verarbeiten, die unter den Selbstkosten für das lebende Vieh und den Arbeitslöhnen lagen.

Wenn wir daher nichts sonst unternähmen, hätte das Festsetzen eines Höchstpreises für ein bestimmtes Produkt zur Folge, daß es knapp würde. Aber das ist genau das Gegenteil von dem, was die staatlichen Preiswächter ursprünglich beabsichtigt haben. Denn es sind gerade die Güter, für die ein Höchstpreis festgesetzt wurde, die nach dem Willen dieser Beamten reichlich angeboten werden sollen. Aber wenn die Preiswächter die Löhne und Gewinne der Produzenten dieser Güter begrenzen, ohne die Löhne und Gewinne der Produzenten von Luxus- oder luxusartigen Gütern zu begrenzen, nehmen sie den Anreiz, die preisüberwachten lebenswichtigen Güter weiter zu produzieren, und regen statt dessen die Produktion der weniger wichtigen Erzeugnisse an.

Einige dieser Folgen fallen den Preiswächtern rechtzeitig auf, die dann versuchen, sie abzuwenden und verschiedene andere Verfahren und Kontrollmaßnahmen einsetzen. Zu diesen Verfahren gehören Rationierungen, Kostenkontrolle, Subventionen und allgemeine Preisfestsetzung. Betrachten wir sie kurz der Reihe nach.

Wenn offenkundig wird, daß irgendein Gut als Folge eines Preises knapp wird, der unterhalb des Marktpreises festgesetzt worden ist, werden die reichen Verbraucher beschuldigt, »mehr als ihnen zusteht« zu nehmen; oder wenn es sich um einen Rohstoff handelt, der in der Produktion Verwendung findet, bezichtigt man einzelne Firmen, ihn zu »horten«. Der Staat greift dann zu Maßnahmen, die festlegen, wer beim Kauf dieses Gutes bevorzugt werden soll, oder an wen es in welchen Mengen abgegeben, oder wie es rationiert wird. Entschließt man sich zur Rationierung, bekommt jeder Verbraucher nur eine bestimmte Höchstmenge, auch wenn er bereit wäre, mehr für das Produkt zu zahlen.

Rationierung bedeutet, daß der Staat ein doppeltes Preisoder Währungssystem anwendet, bei dem jeder Verbraucher neben einem bestimmten Geldbetrag auch einige Gutscheine oder »Punkte« besitzt. Der Staat versucht mit anderen Worten bei einer Rationierung, teilweise das zu machen, was auf einem freien Markt die Preise übernehmen. Ich habe »teilweise« gesagt, weil eine Rationierung lediglich die Nachfrage einschränkt, ohne das Angebot anzuregen, wie ein höherer Preis das getan hätte.

Der Staat kann versuchen, das Angebot zu sichern, indem er die Produktionskosten eines Erzeugnisses in seine Überwachungsmaßnahmen mit einbezieht. Um beispielsweise den Einzelhandelspreis für Rindfleisch niedrig zu halten, könnte er den Großhandelspreis für Rindfleisch, den Rindfleischpreis am Schlachthof, den Preis für Lebendvieh, den Preis der Futtermittel oder die Löhne der Landarbeiter fixieren. Um den Verkaufspreis der Milch niedrig zu halten, könnte der Staat versuchen, die Löhne der Milchwagenfahrer, den Preis der Behälter, den Milchabgabepreis der Bauern oder den Preis für Futtermittel festzusetzen. Um den Brotpreis einzufrieren, kann er die Bäckerlöhne, den Mehlpreis, die Gewinne der Müller, den Weizenpreis und anderes mehr blockieren.

Aber sobald der Staat die Preisfestsetzungen rückwärts ausdehnt, vergrößert er gleichzeitig die Auswirkungen, die ihn ursprünglich zu diesen Maßnahmen veranlaßt haben. Unterstellen wir, er habe den Mut, all diese Kosten zu fixieren und wäre auch in der Lage, seine Entscheidungen durchzusetzen, dann führt das seinerseits nur zur Verknappung der verschiedenen Faktoren – Arbeit, Futtermittel, Weizen usw. –, die zur Herstellung des Endprodukts gebraucht werden. Der Staat wird auf diese Weise gezwungen, seine Kontrollmaßnahmen immer weiter auszudehnen, so daß am Ende das gleiche herauskommt, wie bei einer Festsetzung sämtlicher Preise.

Der Staat kann versuchen, diesen Schwierigkeiten mit Subventionen zu begegnen. Er bemerkt beispielsweise, daß vielleicht Knappheit eintritt, wenn er den Milch- oder Butterpreis unter dem Marktpreis oder unter dem relativen Niveau anderer Festpreise hält, weil die Löhne oder Gewinnspannen bei der Milch- oder Buttererzeugung im Vergleich zu anderen Produkten niedriger sind. Daher versucht der Staat, das durch Subventionszahlungen an die Milch- und Butterproduzenten auszugleichen. Übergehen wir die verwaltungstechnischen Schwierigkeiten, die dabei auftreten, und nehmen wir an, die Subvention reiche gerade aus, um das gewünschte Angebot an Milch und Butter sicherzustellen. Obwohl die Subvention an die Produzenten geht, liegt doch auf der Hand, daß in Wirklichkeit die Verbraucher subventioniert worden sind. Denn die Erzeuger bekommen netto nicht mehr für ihre Milch und ihre Butter, als wenn man ihnen von vornherein erlaubt hätte, den freien Marktpreis zu verlangen; die Verbraucher aber erhalten

Milch und Butter erheblich unter dem freien Marktpreis. Sie werden in Höhe dieser Preisdifferenz subventioniert – das heißt in Höhe der Subventionen, die scheinbar an die Produzenten gezahlt worden sind.

Wenn nicht auch das subventionierte Gut rationiert ist, können diejenigen mit der meisten Kaufkraft am meisten davon kaufen. Das bedeutet, sie werden höher subventioniert als jene, die nicht soviel Kaufkraft besitzen. Wer die Verbraucher subventioniert, hängt von der Besteuerung ab. Aber die Menschen als Steuerzahler werden sich als Verbraucher selbst Subventionen geben. Es wird etwas schwierig, in diesem Labyrinth noch festzustellen, wer eigentlich wen subventioniert. Übersehen wurde bei alldem, daß irgend jemand für die Subventionen aufkommen muß, und daß man noch keine Methode entdeckt hat, wie die Gemeinschaft etwas umsonst bekommt.

Das Festsetzen von Preisen kann oft für kurze Zeit den Anschein erwecken, erfolgreich zu sein. Das gilt ganz besonders in Kriegszeiten, wenn Patriotismus und das Gefühl der Krise einen geeigneten Hintergrund bilden. Aber je länger man sich seiner bedient, desto größer werden die Probleme. Wenn die Preise durch staatlichen Zwang willkürlich niedrig gehalten werden, entsteht ein *chronischer* Überschuß der Nachfrage über das Angebot. Wenn der Staat versucht, die Verknappung eines Gutes dadurch zu verhindern, daß er auch die Preise für die Arbeit, die Rohstoffe und andere Faktoren zurücknimmt, die in dessen Produktionskosten eingehen, verursacht er, wie wir gesehen haben, auch deren Verknappung. Aber wenn der Staat diesen Kurs verfolgt, wird er es nicht nur für notwendig erachten, die Preiskontrollen immer weiter nach unten oder »vertikal« auszudehnen, sondern auch »horizontal«. Wenn wir ein Produkt rationieren, so daß die Verbraucher nicht soviel davon kaufen können, wie sie möchten, obwohl sie noch überschüssige Kaufkraft haben, werden sie sich nach einem Ersatz umsehen. Die Rationierung eines Gutes übt also mit dessen zunehmender Verknappung einen immer stärker werdenden Druck auf die nicht rationierten Produkte aus, die übrig bleiben. Wenn wir annehmen, daß es dem Staat gelingt, das Entstehen schwarzer Märkte zu verhindern (oder zumindest soweit zu verhindern, daß die gesetzlich festgesetzten Preise nicht beeinträchtigt werden), muß die fortgesetzte Preiskontrolle zur Rationierung von immer mehr Produkten führen. Diese Rationierung kann nicht beim Verbraucher haltmachen. Im Zweiten Weltkrieg tat sie das auch nicht. In erster Linie wurde sie allerdings eingesetzt, um den Produzenten die Rohstoffe zuzuteilen.

Die natürliche Folge einer kompromißlosen Kontrolle sämtlicher Preise, die ein bestimmtes historisches Preisniveau verewigen will, muß letztlich eine völlig reglementierte Wirtschaft sein. Die Löhne müßten ebenso unnachsichtig niedrig gehalten werden wie die Preise. Die Arbeit müßte ebenso rücksichtslos rationiert werden wie die Rohstoffe. Das Endergebnis wäre, daß der Staat nicht nur jedem Verbraucher genau vorschreiben würde, wieviel er von jedem Gut haben könnte, er würde auch jedem Hersteller genau sagen, wieviel er von den einzelnen Rohstoffen und wieviel Arbeit er bekommen könnte. Man dürfte weder dulden, daß sich die Nachfrager nach Arbeitskräften überbieten, noch daß sich die Nachfrager nach Rohstoffen überbieten. Das Ergebnis wäre eine erstarrte, totalitäre Wirtschaft, in der jedes Unternehmen und jeder Arbeiter dem Staat auf Gedeih und Verderb ausgeliefert wären. Unsere alten traditionellen Freiheiten wären endgültig besiegelt. Schon vor fast 200 Jahren hat Alexander Hamilton in den *Federalist Papers* geschrieben: »Die Macht über den Unterhalt eines Menschen steigert sich zur Macht über seinen Willen.«

Das sind die Folgen einer Preisüberwachung, die man vielleicht als »perfekt«, beharrlich verfolgt und »nicht politisch« bezeichnen mag. Wie uns ein Land nach dem anderen zur Genüge vorführte, wurden einige der besonders gravierenden Irrtümer der Bürokraten durch den schwarzen Markt abgeschwächt – vor allem während und nach dem Zweiten Weltkrieg in Europa. In einigen Ländern weitete sich der schwarze Markt auf Kosten des Marktes der gesetzlich anerkannten Festpreise aus, bis er schließlich zum beherrschenden, zu *dem* Markt wurde. Aber die Politiker, die an der Macht waren, behielten nominell den verordneten Höchstpreis bei und versuchten dadurch zu beweisen, daß, wenn schon nicht ihre Preisüberwachungstrupps, dann wenigstens ihre Herzen an der richtigen Stelle waren.

Weil der schwarze Markt schließlich den Markt der gesetzlich festgesetzten Höchstpreise verdrängte, darf man dennoch nicht annehmen, daß kein Schaden entstanden wäre. Der Schaden war sowohl wirtschaftlicher wie moralischer Art. In der Übergangszeit sind die großen, alteingesessenen Unternehmen, die viel Kapital investiert haben und stark vom Goodwill in der Öffentlichkeit abhängen, gezwungen, ihre Produktion einzuschränken oder aufzugeben. An ihre Stelle treten finanziell nicht gesicherte Firmen, die kaum über Kapital und wenig Produktionserfahrung verfügen. Verglichen mit den Unternehmen, die sie ersetzen, sind die neuen Firmen unproduktiv. Sie produzieren minderwertige Ware zu weit höheren Herstellungskosten, als die alten Unternehmen benötigt hätten, um weiterproduzieren zu können. Unseriosität wird belohnt. Die neuen Firmen verdanken ihr Bestehen oder ihr Wachstum der Tatsache, daß sie bereit sind, gegen die Gesetze zu verstoßen. Ihre Kunden machen gemeinsame Sache mit ihnen, und die selbstverständliche Folge ist, daß sich im gesamten Wirtschaftsleben eine Verwahrlosung der Sitten ausbreitet.

Darüber hinaus unternehmen die die Preise festsetzenden Behörden selten den ernsthaften Versuch, nur das Preisniveau zu halten, das bestand, als sie mit ihren Maßnahmen begannen. Ihre Absicht ist, wie sie erklären, »die Front zu halten«. Aber schon bald beginnen sie, unter dem Vorwand, »Unausgewogenheiten« oder »soziale Ungerechtigkeiten ausgleichen« zu wollen, mit einer diskriminierenden Preisfestsetzung, die den Gruppen am meisten zukommen läßt, die politischen Einfluß haben, während die anderen fast leer ausgehen.

Da politische Macht heute meistens an der Zahl der Stimmen gemessen wird, gehören die Arbeiter und Bauern zu den Gruppen, die die Behörden am häufigsten zu begünstigen versuchen. Zuerst wird erklärt, daß Löhne und Lebenshaltungskosten nichts miteinander zu tun haben und daß man die Löhne ohne weiteres anheben kann, ohne die Preise erhöhen zu müssen. Wenn offenkundig wird, daß sich die Löhne nur auf Kosten der Gewinne heraufsetzen lassen, kommen die Bürokraten mit dem Argument, die Gewinne seien ohnehin schon zu hoch, und ein Anheben der Löhne und Halten der Preise lasse noch immer einen »angemessenen Profit« zu. Da es so etwas wie eine einheitliche Gewinnspanne nicht gibt, weil die Gewinne von Firma zu Firma differieren, bewirkt diese Politik, daß die unrentabelsten Betriebe vom Markt verschwinden und die Herstellung bestimmter Produkte unattraktiv oder unmöglich gemacht wird. Das bedeutet Arbeitslosigkeit, Produktionseinschränkungen und einen Rückgang des Lebensstandards.

Was liegt eigentlich all diesen Bemühungen zugrunde, Höchstpreise festzusetzen? Da ist zunächst einmal ein Mißverständnis hinsichtlich dessen, was die Preise in die Höhe getrieben hat. Die wirkliche Ursache ist entweder eine Verknappung von Gütern oder ein Überschuß an Geld. Auch eine durch Gesetz festgelegte Preisobergrenze kann nichts ausrichten. Sie verstärkt nur, wie wir eben gesehen haben, die Knappheit der Waren. Was mit dem Überschuß an Geld zu tun ist, erörtern wir noch. Aber einer der Trugschlüsse, die dem Hang zur Preisfestsetzung zugrunde liegen, ist der Hauptgegenstand dieses Buches. So wie die zahllosen Pläne zum Anheben der Preise bevorzugter Güter die Folge davon sind, nur an die Interessen der unmittelbar betroffenen Produzenten zu denken und die der Verbraucher zu vergessen, so sind Pläne, die Preise durch gesetzliche Verordnungen niedrig zu halten, das Ergebnis dessen, nur die kurzfristigen Interessen der Menschen als Verbraucher, und nicht auch ihre Interessen als Produzenten zu sehen. Und die politische Unterstützung solcher Maßnahmen entspringt einer ähnlichen Verwirrung der Öffentlichkeit. Die Leute wollen nicht mehr für Milch, Butter, Schuhe, Möbel, Miete, Theaterkarten oder Diamanten zahlen. Sobald einer dieser Preise steigt, wird der Verbraucher ungehalten und bekommt das Gefühl, begaunert zu werden.

Die einzige Ausnahme ist das, was er selbst macht; da versteht er den Grund der Erhöhung und schätzt ihn richtig ein. Aber er neigt immer dazu, sein eigenes Geschäft in irgendeiner Weise als Ausnahme zu betrachten. »Mein Geschäft«, wird er sagen, »ist etwas anderes, das versteht die breite Masse nicht. Die Arbeitslöhne sind gestiegen, die Rohstoffe sind teurer geworden, dieser oder jener Rohstoff wird nicht mehr importiert und muß zu höheren Kosten im Lande gewonnen werden. Außerdem ist die Nachfrage nach dem Produkt gestiegen, und man sollte zulassen, daß das Unternehmen die notwendigen höheren Preise weitergibt, um Anreiz zur Expansion zu geben und die gestiegene Nachfrage befriedigen zu können.« Und so weiter. Als Verbraucher kaufen wir Hunderte verschiedener Produkte; ein Produzent dagegen stellt im allgemeinen nur einen Artikel her. Wenn *dessen* Preis niedrig gehalten wird, ist ihm die Ungerechtigkeit unmittelbar einsichtig. Und wie jeder Hersteller einen höheren Preis für sein Produkt erzielen möchte, erhofft sich jeder Arbeiter einen höheren Lohn. Jeder Produzent kann sofort erkennen, daß eine Preiskontrolle den Ausstoß in seiner Branche verringert. Aber fast jeder weigert sich, diese Beobachtung allgemein gelten zu lassen, denn das würde bedeuten, daß er mehr für die Produkte *anderer* bezahlen muß.

Jeder von uns ist, kurz gesagt, als Wirtschaftssubjekt eine vielschichtige Persönlichkeit. Jeder ist Produzent, Steuerzahler, Verbraucher. Die Maßnahmen, für die er eintritt, bestimmen sich danach, wie er sich im Moment sieht. Denn manchmal ist er Dr. Jekyll und manchmal Mr. Hyde. Als Produzent wünscht er sich Inflation, denn er denkt in erster Linie an die eigenen Dienstleistungen oder Produkte; als Verbraucher ist er für eine Preisobergrenze, denn er denkt in erster Linie an das, was er für die Produkte anderer zu bezahlen hat. Als Verbraucher spricht er sich vielleicht für Subventionen aus oder nimmt sie stillschweigend hin; als Steuerzahler wird er sich gegen sie wehren. Jeder glaubt wahrscheinlich, die Dinge so arrangieren zu können, daß er für das eigene Produkt einen Vorteil aus einem Preisanstieg zieht (während seine Beschaffungskosten für Rohstoffe gesetzlich niedrig gehalten werden), und als Verbraucher gleichzeitig von einer Preisüberwachung profitiert. Aber die allermeisten täuschen sich. Denn diese Manipulation der Preise durch die Politiker bringt mit Sicherheit mindestens ebensoviel Verlust wie Gewinn. Die Verluste müssen die Gewinne weit übersteigen, weil festgesetzte Preise die Beschäftigung und die Produktion hemmen und verunsichern.

17.
Mietpreisbindung und die Folgen

Die Überwachung der Mieten für Häuser und Wohnungen durch die Regierung ist eine Sonderform der Preiskontrolle. Die Auswirkungen sind im großen ganzen wie bei der Preiskontrolle generell, doch gibt es auch einige Besonderheiten.

Mietpreisbindungen werden manchmal als Teil einer allgemeinen Preiskontrolle eingeführt, meistens jedoch durch ein Sondergesetz verfügt. Häufig ist der Anlaß dafür der Beginn eines Krieges. In einer Kleinstadt bezieht ein Heeresposten Quartier. Die Unterbringung der Soldaten läßt die Mieten für Zimmer, Wohnungen und Häuser steigen. In der Öffentlichkeit führt das zu Empörung. Oder es werden Häuser durch Bomben zerstört, und der Bedarf an Rüstungs- und anderen Gütern zieht Arbeitskräfte und Material aus dem Baugewerbe ab.

Die Mietpreisbindung stützt sich im wesentlichen auf das Argument, daß das Angebot an Wohnraum nicht »elastisch« ist. Das heißt, eine Verknappung von Wohnraum kann nicht sofort ausgeglichen werden, egal wie hoch man die Mieten steigen läßt. Daher, so wird erklärt, verbietet der Staat eine Erhöhung der Mieten und schützt dadurch die Mieter vor Wucher und Ausbeutung, ohne den Vermietern Schaden zuzufügen und den Bau neuer Wohnungen zu behindern.

Dieses Argument ist falsch, selbst wenn man unterstellt, daß die Mietpreisbindung nicht lange in Kraft bleibt. Es wird eine unmittelbare Folge übersehen. Wenn man den Wohnungseigentümern erlaubt, die Mieten zu erhöhen, um eine Geldinflation auszugleichen oder den echten Bedingungen von Angebot und Nachfrage zu entsprechen, so werden sich die einzelnen Mieter einschränken und sich mit weniger Wohnraum zufriedengeben. Das ermöglicht anderen, ebenfalls den knappen Wohnraum zu nutzen. Die gleiche Anzahl Wohnungen bietet jetzt mehr Menschen Platz, bis der Engpaß beseitigt ist.

Die Mietpreisbindung fördert jedoch die Verschwendung von Wohnraum. Sie begünstigt diejenigen, die bereits Häuser oder Wohnungen in der Innenstadt oder bestimmten Gebieten besitzen, und diskriminiert die Menschen, die in den Randbezirken leben. Wenn man zuläßt, daß die Mieten auf das Niveau des freien Wohnungsmarktes steigen, erhalten alle echten und vermeintlichen Mieter die gleiche Gelegenheit, ein Gebot abzugeben. Bei einer Geldinflation oder echter Wohnraumknappheit würden die Mieten auch dann steigen, wenn man den Wohnungsbesitzern nicht gestattete, einen Angebotspreis zu nennen, sondern nur, das höchste Gegengebot seitens der Mieter anzunehmen.

Die Auswirkungen der Mietpreisbindung verschlimmern sich je länger sie andauert. Neue Wohnungen werden nicht gebaut, weil der Anreiz dazu fehlt. Bei steigenden Baupreisen (meist eine Folge der Inflation) werfen die auf dem alten Stand gehaltenen Mieten keinen Gewinn mehr ab. Wenn der Staat das schließlich erkennt und die Neubauten von der Mietpreisbindung ausnimmt, ist der Anreiz zum Bau neuer Wohnungen dennoch nicht so groß, wie wenn auch die älteren Wohnungen von der Mietüberwachung befreit worden wären. Je nach dem Ausmaß der Geldentwertung seit dem Einfrieren der alten Mieten könnten Mieten für Neubauten zehn- oder zwanzigmal so hoch wie für den entsprechenden alten Wohnraum sein. (Das geschah zum Beispiel nach dem Zweiten Weltkrieg in Frankreich.) Unter solchen Bedingungen sind Mieter von Altbauten nicht zu einem Auszug zu bewegen, egal wie groß ihre Familie inzwischen geworden ist oder wie sehr sich ihre Wohnung verschlechtert hat.

Wegen der niedrigen eingefrorenen Mieten für Altbauten und dem gesetzlichen Schutz vor Mieterhöhungen werden die Mieter dieser Wohnungen zur Verschwendung von

Wohnraum geradezu herausgefordert, ob ihre Familien nun kleiner geworden sind oder nicht. Dadurch konzentriert sich der unmittelbare Druck der neuen Nachfrage auf die relativ wenigen neuen Wohnungen. Das treibt die Mieten dort am Anfang tendenziell auf ein höheres Niveau, als es auf einem völlig freien Wohnungsmarkt erreicht worden wäre.

Trotzdem fördert das nicht in entsprechendem Umfang den Bau neuer Wohnungen. Die Erbauer oder Besitzer bereits bestehender Wohnhäuser, die sich verminderten Gewinnen oder gar Verlusten aus ihren alten Wohnungen gegenübersehen, werden nur noch wenig oder gar kein Kapital mehr haben, das sie in den Bau neuer Häuser stecken können. Darüber hinaus könnten sie, oder Anleger mit Kapital aus anderen Quellen, befürchten, daß der Staat vielleicht irgendwann einen Vorwand findet, um die Mietpreisbindung auch auf die Neubauten auszudehnen. Denn das tut er oft.

Die Wohnungssituation wird sich auch auf andere Art verschlechtern. Wenn keine angemessenen Mietsteigerungen erlaubt werden, werden sich die Wohnungsbesitzer vor allem nicht die Mühe machen, die Wohnungen umzubauen oder auf andere Weise zu verbessern. Wo die Mietpreisbindung besonders unrealistisch oder unerträglich ist, werden die Wohnungsbesitzer ihre vermieteten Häuser oder Wohnungen nicht einmal richtig instand halten. Ihnen fehlt dazu nicht nur der wirtschaftliche Anreiz, sondern unter Umständen auch das nötige Geld. Neben anderen Auswirkungen schaffen die Gesetze zur Mietpreisbindung Feindseligkeit zwischen Wohnungsbesitzern, die minimale Erträge oder gar Verluste hinnehmen müssen, und Mietern, die sich über das Versäumnis der Wohnungseigentümer ärgern, angemessene Reparaturen durchführen zu lassen.

Oft folgt als nächster Schritt der Legislative, die ausschließlich unter politischen Zwängen oder nach wirren wirtschaftlichen Vorstellungen handelt, die »Luxuswohnungen« aus der Mietpreisbindung herauszunehmen. Als Argument wird angeführt, daß die reichen Mieter es sich leisten können, höhere Mieten zu zahlen.

Die langfristige Folge dieser diskriminierenden Maßnahme ist jedoch das genaue Gegenteil dessen, was deren

Befürworter beabsichtigen. Die Bauherren und Besitzer von Luxuswohnungen werden ermuntert und belohnt, die Bauherren und Besitzer der dringender gebrauchten billigen Mietwohnungen werden abgeschreckt und bestraft, denn diese Wohnungen unterliegen ja nach wie vor der Mietpreisbindung. Ersteren räumt man die Freiheit ein, so hohe Gewinne zu machen, wie der Markt zuläßt, während man letzteren den Anreiz (oder auch das Kapital) nimmt, mehr billige Mietwohnungen zu bauen.

Das Ergebnis ist eine ziemlich starke Motivierung, Luxuswohnungen instandzusetzen und umzubauen, sowie eine Tendenz, neuerbaute private Häuser in Luxuswohnungen umzuwandeln. Aber eine Veranlassung, neue Wohnungen für Einkommenschwache zu bauen, oder gar billige Mietwohnungen instand zu halten, besteht nicht. Die Unterkünfte für die Bezieher niedriger Einkommen werden folglich immer schlechter, und an eine mengenmäßige Aufstockung ist auch nicht zu denken. Wo die Bevölkerung zunimmt, werden Sozialwohnungen immer schlechter und knapper werden. Das kann einen Punkt erreichen, wo viele Wohnungsbesitzer nicht nur aufhören, Gewinn zu machen, sondern sich zwangsläufig steigenden Verlusten gegenüberstehen. Vielleicht machen sie die Feststellung, daß sie ihren Besitz nicht einmal mehr verschenken können. Möglicherweise geben sie ihn auf und tauchen einfach unter, damit sie nicht noch wegen der Steuern belangt werden können. Wenn die Wohnungseigentümer nicht mehr für Heizung und andere Dienstleistungen sorgen, sind die Mieter gezwungen auszuziehen. Immer größere Wohngebiete verkommen zu Slums. In New York ist es in den letzten Jahren schon ein alltägliches Bild geworden, daß man ganze Wohnblocks sieht, die aufgegeben wurden, deren Fenster zugenagelt sind, um weiterer Zerstörung durch randalierende Banden vorzubeugen. Immer öfter kommt es zu Brandstiftungen, bei denen die Hausbesitzer verdächtigt werden.

Eine weitere Auswirkung ist, daß die Einnahmen der Städte versiegen, da der Vermögenswert und damit die Besteuerungsgrundlage immer weiter sinken. Städte gehen bankrott oder können die notwendigsten Dienstleistungen nicht mehr erbringen.

Wenn diese Konsequenzen so klar zu Tage treten, daß sie den Betrachter förmlich anspringen, wartet man selbstverständlich vergebens auf das Eingeständnis der für die Mietpreisbindung Verantwortlichen, daß sie einen Bock geschossen haben. Statt dessen prangern sie das kapitalistische System an. Sie erklären, das private Unternehmertum habe wieder einmal »versagt«, »werde mit der Sache nicht fertig«. Daher, so ihr Schluß, muß der Staat einschreiten und selbst preiswerte Mietwohnungen bauen.

So war es in fast allen Ländern, die am Zweiten Weltkrieg beteiligt waren oder die Mietpreisbindung mit dem Ziel eingeführt hatten, der Inflation entgegenzuwirken.

Der Staat kurbelt also ein gigantisches Wohnungsbauprogramm an – auf Kosten der Steuerzahler. Die Wohnungen werden zu einem Preis vermietet, der weder die Bau- noch die Betriebskosten deckt. Ein typisches Vorgehen des Staates besteht darin, jährliche Subventionen zu zahlen – entweder in Form niedrigerer Mieten direkt an die Mieter oder an die Bauherren des staatlichen Wohnungsbaus. Gleichgültig für welchen Weg man sich entscheidet, die Mieter dieser Wohnungen werden von der übrigen Bevölkerung subventioniert. Ein Teil ihrer Miete wird für sie bezahlt. Sie sind für eine bevorzugte Behandlung ausgewählt worden. Die politischen Möglichkeiten dieser Bevorzugung liegen so klar auf der Hand, daß man sie eigentlich gar nicht besonders hervorheben muß. Es wird ein Interessenverband gebildet, der der Meinung ist, daß die Steuerzahler ihm diese Subventionen völlig zu Recht schulden. Ein weiterer, nicht mehr rückgängig zu machender Schritt zum totalen Wohlfahrtsstaat ist getan.

Ironischer Höhepunkt der Mietpreisbindung ist, daß die Politiker um so leidenschaftlicher für ihre Fortführung eintreten, je unrealistischer, rigoroser und ungerechter sie ist. Wenn die gesetzlich festgelegten Mieten im Durchschnitt 95 Prozent der am freien Markt erzielbaren Höhe erreichen würden, so daß die Wohnungsbesitzer nur geringfügig benachteiligt wären, gäbe es kaum ernste Bedenken gegen eine Abschaffung der Mietpreisbindung, weil die Mieter dann nur durchschnittlich 5 Prozent mehr zu zahlen hätten. Aber angenommen, die Inflation hätte ein solches Tempo erreicht, oder die Gesetze zur Mietpreisbindung wären so unrealistisch und rücksichtslos, daß die gesetzlich festgelegten Mietsätze nur 10 Prozent der vergleichbaren Mieten auf dem freien Markt betrügen und den Wohnungs- und Hausbesitzern großes Unrecht angetan würde. Dann würde ein Aufschrei durch das Land gehen, wenn man die Mietpreisbindung aufheben wollte, so daß die Mieter gezwungen wären, eine kostendeckende Miete zu zahlen. Es wird vorgebracht, daß es unsagbar hart und unsinnig wäre, von den Mietern eine so abrupte und drastische Erhöhung zu fordern. Selbst die Gegner der Mietpreisbindung müssen dann einräumen, daß die Aufhebung der Preiskontrolle sehr behutsam und schrittweise zu erfolgen hat. Aber nur wenige dieser Gegner haben den politischen Mut und die wirtschaftliche Einsicht, unter solchen Umständen diesen allmählichen Abbau der Preisüberwachung auch zu verlangen. Je unrealistischer und ungerechter also die Mietpreisbindung ist, desto schwieriger ist es politisch, sie abzuschaffen. Reihenweise haben die Länder eine ruinöse Mietpreisbindung beibehalten, nachdem andere Formen der Preiskontrolle schon jahrelang aufgegeben worden waren.

Die Vorwände, welche die Politiker finden, um die Mietpreisbindung fortzuführen, sind unglaubwürdig. Die Gesetze sehen gelegentlich vor, daß die Kontrollen aufgehoben werden können, wenn die Rate leerstehender Wohnungen einen bestimmten Wert übersteigt. Triumphierend weisen die für die Mietüberwachung zuständigen Beamten immer wieder darauf hin, daß die Vakanzrate diesen Wert noch nicht erreicht hat. Natürlich nicht. Denn gerade die Tatsache, daß die gesetzlich begrenzten Mieten soweit unter den Mieten des freien Marktes gehalten werden, erhöht künstlich die Nachfrage nach Mietwohnungen, während sie gleichzeitig jeder Erweiterung des Angebots entgegenwirkt. Je niedriger also die Obergrenze der Mieten gehalten wird, desto sicherer ist es, daß Mietwohnungen oder -häuser weiter »knapp« bleiben.

Es ist eine schreiende Ungerechtigkeit, die den Wohnungseigentümern zugefügt wird. Sie werden, um es noch einmal zu sagen, gezwungen, die von ihren Mietern gezahlten Mieten zu subventionieren, oft unter Inkaufnahme eigener großer Nettoverluste. Die subventionierten Mieter sind oft vielleicht reicher als der Wohnungseigentümer, der mit einem Teil dessen zufrieden sein muß, was er unter anderen Umständen am freien Markt erzielt hätte. Die Politiker übergehen das. Leute aus anderen Branchen, die für die Einführung oder Beibehaltung der Mietpreisbindung sind, weil sie auf seiten der Mieter stehen, gehen allerdings nicht soweit anzuregen, daß man sie selbst bittet, über die Steuern einen Teil der Mieter zu subventionieren. Die ganze Last liegt einzig und allein auf der kleinen Gruppe jener Personen, die so verwerflich waren, Mietwohnungen zu bauen oder zu besitzen.

Wieviel Verachtung schwingt doch in dem Ausdruck Slumlord mit. Und was ist ein Slumlord? Nicht etwa ein Mann, der in einer vornehmen Gegend teure Häuser besitzt, sondern heruntergekommene Mietskasernen in den Elendsvierteln, wo die Mieten am niedrigsten sind und die Zahlungen sehr unregelmäßig eingehen – wenn überhaupt. Es ist schwer zu verstehen, warum jemand, der sich ein gediegenes Mietshaus leisten könnte, beschließt, statt dessen Slumlord zu werden – es sei denn, er ist von Natur aus verwerflich.

Wenn Artikel des täglichen Bedarfs, wie beispielsweise Brot, einer unsinnigen Preiskontrolle unterworfen werden, können sich die Bäcker einfach weigern, weiter Brot zu backen. Die Verknappung macht sich sofort bemerkbar, und die Politiker sind gezwungen, den erlaubten Höchstpreis anzuheben oder völlig abzuschaffen. Aber Häuser sind dauerhaft. Es kann Jahre dauern, bis die Mieter die Folgen einer wohnungsbaufeindlichen Politik bemerken, die auch den Anreiz zur Instandhaltung der Häuser nimmt. Noch länger kann es dauern, bis sie merken, daß die Verknappung und Verschlechterung der Wohnungen direkt auf die Mietpreisbindung zurückzuführen sind. Solange den Wohnungsbesitzern nach Abzug der Steuern und Hypothekenzinsen netto noch etwas bleibt, haben sie derweil anscheinend keine andere Wahl, als ihren Besitz zu halten und zu vermieten. Die Politiker, die wissen, daß die Mieter mehr Wähler stellen als die Wohnungsbesitzer, setzen die Mietpreisbindung eiskalt fort, auch wenn sie inzwischen längst gezwungen worden sind, die allgemeinen Preiskontrollen abzuschaffen.

So kommen wir auf unsere Eingangslektion zurück. Der Druck, Mietpreisbindungen einzuführen, geht von denen aus, die nur die kurzfristigen angeblichen Vorteile für eine Bevölkerungsgruppe sehen. Wenn wir aber auch die langfristigen Auswirkungen auf alle anderen Bürger einschließlich der Mieter berücksichtigen, erkennen wir, daß die Mietpreisbindung nicht nur nutzlos ist, sondern auch mit zunehmender Härte und Dauer immer größeren Schaden anrichtet.

18.
Verordnete Mindestlöhne

Wir haben bereits einige der abträglichen Folgen der willkürlichen staatlichen Bemühungen kennengelernt, den Preis bevorzugter Güter anzuheben. Die gleichen negativen Auswirkungen hat das Bestreben, die Löhne durch Gesetze über Mindestlöhne zu erhöhen. Das sollte eigentlich nicht überraschen, denn ein Lohn ist ein Preis. Es war dem Verständnis wirtschaftlicher Zusammenhänge nicht dienlich, dem Preis für die Arbeitsleistung einen ganz anderen Namen als allen übrigen Preisen zu geben. Das hat den meisten Menschen den Blick dafür verstellt, daß das gleiche Prinzip für beide gilt.

Die Frage der Löhne ist emotional und politisch derart mit Vorurteilen befrachtet, daß bei fast allen Diskussionen über dieses Thema die einfachsten Grundsätze vergessen werden. Leute, die sofort verneinen würden, daß man durch das künstliche Aufblähen der Preise Wohlstand schaffen kann, die sofort darauf hinweisen würden, daß Gesetze über Mindestpreise wahrscheinlich gerade den Industrien schaden würden, denen sie helfen sollten, werden sich dennoch für Gesetze über Mindestlöhne aussprechen und deren Gegner ohne Bedenken öffentlich bloßstellen.

Doch es sollte klar sein, daß ein Gesetz über Mindestlöhne bestenfalls eine beschränkt einsatzfähige Waffe im

Kampf gegen das Übel niedriger Löhne ist, und daß der mögliche Nutzen eines solchen Gesetzes einen eventuellen Schaden nur in Maßen übersteigen kann, wenn nämlich die Ziele nicht zu hochgesteckt sind. Je ehrgeiziger ein solches Gesetz ist, je mehr Arbeiter es erfassen will und je intensiver es versucht, ihre Löhne anzuheben, desto sicherer übertreffen seine nachteiligen Auswirkungen die möglichen guten Folgen.

Das erste, was beispielsweise geschieht, wenn ein Gesetz verabschiedet wird, daß niemand für 40 Stunden Arbeit pro Woche weniger als 240 Mark bekommen soll, ist, daß überhaupt niemand mehr eingestellt wird, der einem Arbeitgeber nicht 240 Mark pro Woche wert ist. Man kann niemandem einen bestimmten Wert verleihen, indem man es für gesetzwidrig erklärt, ihm weniger anzubieten. Man nimmt ihm lediglich das Recht, das zu verdienen, was er aufgrund seiner Fähigkeiten und der allgemeinen Lage verdienen könnte. Und die Gemeinschaft beraubt man selbst der bescheidenen Dienste, die er erbringen könnte. Man tauscht also anstelle eines niedrigen Lohnes Arbeitslosigkeit ein und richtet überall Unheil an, ohne einen Gegenwert zu bekommen.

Es gibt nur eine einzige Ausnahme, wenn nämlich eine Gruppe Arbeiter einen Lohn erhält, der tatsächlich unter ihrem Marktwert liegt. Aber das kommt nur sehr selten und unter besonderen Umständen oder dort vor, wo die Wettbewerbskräfte nicht frei oder angemessen wirken. Doch fast all diese Sonderfälle könnten ebenso erfolgreich, flexibler und mit weit weniger potentiellen Schäden durch einen gewerkschaftlichen Zusammenschluß bereinigt werden.

Folgendes muß man sich vorstellen: wenn per Gesetz in einer bestimmten Branche höhere Löhne erzwungen werden, dann können die Unternehmen einen höheren Preis für ihr Produkt verlangen, so daß die Last in Form der höheren Löhne lediglich auf die Verbraucher überwälzt wird. Überwälzungen sind jedoch nicht ohne weiteres durchführbar, und auch den Folgen künstlicher Lohnaufbesserungen kann man sich nicht so einfach entziehen. Vielleicht ist ein höherer Preis für das Produkt nicht durchsetzbar, weil die Verbraucher auf entsprechende Importartikel oder einen Ersatz ausweichen. Oder falls die Verbraucher das durch die Lohnsteigerungen verteuerte Produkt trotzdem weiterhin kaufen, nehmen sie jetzt vielleicht weniger. Während also einige Beschäftigte der Branche unter Umständen von den höheren Löhnen profitieren, werden andere arbeitslos. Wenn der Produktpreis dagegen nicht erhöht wird, werden die Grenzproduzenten der betreffenden Branche aus dem Markt gedrängt, so daß verringerte Produktion und sich daraus ergebende Arbeitslosigkeit lediglich auf andere Art entstehen.

Wenn solche Konsequenzen aufgezeigt werden, ist immer zu hören: »Nun gut. Wenn es zutrifft, daß die Branche X nur bestehen kann, wenn sie Hungerlöhne zahlt, dann macht es auch nichts, wenn die Mindestlöhne ihr das Genick brechen.« Aber diese markigen Worte gehen an der Wirklichkeit vorbei. Es wird zum einen übersehen, daß die Verbraucher einen Verlust erleiden, weil es das Produkt nicht mehr gibt. Weiter wird nicht berücksichtigt, daß die Menschen, die in dieser Branche gearbeitet haben, lediglich zu Arbeitslosigkeit verdammt werden. Und schließlich wird nicht beachtet, daß die in der Branche X gezahlten Löhne, so schlecht sie auch waren, doch offenbar die beste Alternative darstellten, die den dort Beschäftigten geboten wurde, denn sonst hätten sie ja wohl woanders gearbeitet. Wenn die Branche X also durch ein Gesetz über Mindestlöhne aus dem Markt geworfen wird, dann sind die bisher dort Beschäftigten gezwungen, sich nach anderen Möglichkeiten umzusehen, die für sie bis dahin nicht so attraktiv waren. Ihre massierte Nachfrage nach Arbeitsplätzen drückt selbst die in den alternativen Betrieben gezahlten Löhne noch weiter. Es drängt sich unweigerlich der Schluß auf, daß Mindestlöhne die Arbeitslosigkeit erhöhen.

Beträchtliche Probleme schafft überdies das Unterstützungsprogramm, das den durch das Mindestlohngesetz arbeitslos gewordenen Menschen helfen soll. Durch einen Mindestlohn von beispielsweise 6 Mark verbieten wir praktisch jedem, für weniger als 240 Mark 40 Stunden pro Woche zu arbeiten. Nehmen wir an, es werden nur 150 Mark wöchentlich Arbeitslosenunterstützung gezahlt. Das bedeutet, wir verbieten die sinnvolle Beschäftigung eines Menschen für, sagen wir, 180 Mark pro Woche, damit wir ihm 150 Mark wöchentlich für seine Untätigkeit zahlen können. Wir haben die Gesellschaft des Wertes seiner Dienste beraubt. Dem Betreffenden selbst haben wir die Unabhängigkeit und die Selbstachtung genommen, die aus der Selbständigkeit und aus der selbstgewählten Arbeit erwächst, auch wenn das Niveau niedrig ist. Und gleichzeitig haben wir geschmälert, was er durch eigene Anstrengung hätte erzielen können.

Diese Folgen treten solange auf, wie die wöchentlichen Unterstützungszahlungen auch nur einen Pfennig unter 240 Mark liegen. Doch je höher wir die Unterstützungszahlung ansetzen, desto schlimmer machen wir die Situation in anderer Hinsicht. Wenn wir 240 Mark Arbeitslosenunterstützung zahlen, bieten wir vielen ebensoviel für ihr Nichtstun, wie anderen für deren Arbeit. Im übrigen: Wie hoch auch immer die Arbeitslosenunterstützung ist, wir schaffen eine Situation, in der jeder nur noch für den *Unterschied* zwischen seinem Lohn und dem Unterstützungsbetrag arbeitet. Bei einer Arbeitslosenunterstützung von zum Beispiel 240 Mark pro Woche arbeitet jemand, der 6,20 DM pro Stunde oder 248 Mark wöchentlich bekommt, nur noch für 8 Mark die Woche, denn den Rest könnte er bekommen, ohne etwas zu tun – so jedenfalls sieht es der Betroffene.

Man könnte meinen, diesen Folgen vielleicht dadurch aus dem Weg zu gehen, daß man eine »Arbeitsunterstützung« statt einer »Zuhausunterstützung« zahlt. Doch dadurch ändert sich nur die Art der Folgen. Arbeitsunterstützung heißt, daß man den Nutznießern mehr zahlt, als sie am freien Markt für ihre Dienste bekommen würden. Nur ein Teil ihrer Unterstützung ist daher für ihre Dienste, der Rest ist ein getarntes Almosen.

Es bleibt noch, darauf hinzuweisen, daß staatliche Arbeitsbeschaffung zwangsläufig unproduktiv und von zweifelhaftem Nutzen ist. Der Staat muß Projekte erfinden, für die er die Arbeiter mit der schlechtesten Ausbildung einstellen kann. Er kann nicht anfangen, die Leute als Steinmetze, Zimmerleute usw. ausbilden zu lassen, weil er befürchten muß, den gelernten Arbeitern Konkurrenz zu machen und den Widerstand der Gewerkschaften herauszufordern. Ich empfehle es zwar nicht, aber vielleicht wäre es weniger schädlich, wenn der Staat in erster Linie ganz offen die Löhne der knapp unter der Rentabilitätsschwelle liegenden Arbeiter im Rahmen der Arbeit subventionieren würde, der sie gerade nachgehen. Aber das brächte wieder politische Kopfschmerzen anderer Art mit sich.

Wir brauchen diese Frage nicht weiterzuverfolgen, denn wir würden auf Probleme stoßen, die nicht unmittelbar interessieren. Aber wir müssen immer an die Schwierigkeiten und Folgen der Unterstützungszahlungen denken, wenn wir uns mit der Absicht tragen, Mindestlohngesetze einzuführen oder bereits festgesetzte Mindestgrenzen anzuheben.[1]

Bevor wir dieses Thema verlassen, sollte ich vielleicht noch auf ein Argument zu sprechen kommen, das manchmal zur Unterstützung eines gesetzlich festgelegten Mindestlohns vorgebracht wird. Es heißt, daß ein Großunternehmen, das in einer Branche eine Monopolstellung hat und keine Konkurrenz zu fürchten braucht, Arbeitslöhne bieten kann, die unter denen des Marktes liegen. Das ist eine äußerst unwahrscheinliche Situation. Ein solcher »Monopolist« muß hohe Löhne bieten, wenn er sich in der Aufbauphase befindet, um Arbeitskräfte von anderen Firmen anzu-

---

1 1938, als der durchschnittliche Stundenlohn in der herstellenden Industrie der Vereinigten Staaten bei 63 Cents lag, setzte der Kongreß einen gesetzlichen Mindestlohn von nur 25 Cents fest. 1945, als der Stundenlohn in der Industrie auf durchschnittlich 1,02 $ gestiegen war, erhöhte der Kongreß den Mindestlohn auf 40 Cents. 1949, als der durchschnittliche Stundenlohn in der Industrie 1,40 $ erreicht hatte, erhöhte der Kongreß den Mindestsatz erneut auf 75 Cents. Für 1955 lagen die entsprechenden Zahlen bei 1,88 $ und 1 $; 1961 bei 2,30 $ und 1,15 $, wobei der Mindestsatz 1963 auf 1,25 $ angehoben wurde. Der gesetzlich festgelegte Mindestlohn stieg dann weiter: 1967 auf 1,40 $, 1968 auf 1,60 $, 1974 auf 2,00 $, 1975 auf 2,10 $ und 1976 auf 2,30 $ (als der Stundenlohn in der gewerblichen Wirtschaft bei durchschnittlich 4,87 $ lag). 1977 dann, als der durchschnittliche Stundenlohn in der gewerblichen Wirtschaft 5,26 $ betrug, wurde der Mindestlohn auf 2,65 $ pro Stunde erhöht, wobei man in Aussicht stellte, ihn in den nächsten drei Jahren jeweils weiter anzuheben. Die Stundenlöhne in der Industrie steigen weiter, und die Befürworter des Mindestlohns haben beschlossen, daß der gesetzlich festgelegte Mindestsatz zumindest im gleichen Verhältnis steigen muß. Obwohl die Legislative nur auf die Erhöhungen des am Markt geltenden Stundenlohns reagiert, wird weiter an der Legende festgehalten, die Gesetzgebung im Zusammenhang mit dem Mindestlohn habe den Stundenlohn am freien Markt in die Höhe getrieben.

locken. Danach könnte er es theoretisch unterlassen, seine Löhne im gleichen Umfang wie andere Unternehmen anzuheben und damit »unter Norm« für seine speziellen Anforderungen zahlen. Aber das würde wahrscheinlich nur geschehen, wenn diese Branche oder Firma krank wäre oder schrumpfen würde. Befände sie sich im Aufschwung, müßte sie weiter hohe Löhne zahlen, um ihren Bestand an Arbeitskräften weiter ausbauen zu können.

Wir wissen aus Erfahrung, daß gerade die Großunternehmen, die am häufigsten beschuldigt werden, Monopolisten zu sein, die höchsten Löhne zahlen und die besten Arbeitsbedingungen bieten. Meistens sind es die kleinen Firmen knapp unterhalb der Rentabilitätsschwelle, die vielleicht unter einem rücksichtslosen Wettbewerb leiden, die die niedrigsten Löhne bieten. Aber alle Arbeitgeber müssen soviel zahlen, daß ihre Arbeiter bleiben oder sie welche von anderen Firmen abziehen können.

All dies soll nicht heißen, es gäbe keine Möglichkeit, die Löhne zu erhöhen. Es soll nur gezeigt werden, daß der scheinbar einfache Weg, sie durch ein staatliches Machtwort anzuheben, der falsche und schlechteste ist.

Man kann auch an dieser Stelle darauf hinweisen, daß viele Reformer in dieser Frage nicht von ihrer größeren Menschenliebe, sondern von größerer Ungeduld geleitet werden. Die Frage ist nicht, ob wir wollen, daß jeder finanziell so gut dasteht, wie nur möglich. Unter Menschen guten Willens kann man das wohl voraussetzen. Die eigentliche Frage betrifft die Mittel, wie das zu erreichen ist. Und bei dem Versuch, sie zu beantworten, sollten wir nie einige Selbstverständlichkeiten aus dem Auge verlieren. Wir können nur das verteilen, was erzeugt worden ist. Wir können auf lange Sicht für die Arbeit insgesamt nicht mehr bezahlen, als dem entspricht, was sie an Gütern oder Diensten hervorbringt.

Der beste Weg zur Erhöhung der Löhne ist daher der, die Grenzproduktivität der Arbeit zu steigern. Das kann man mit verschiedenen Methoden erreichen: durch eine vermehrte Kapitalbildung, das heißt durch mehr Maschinen, die den Beschäftigten die Arbeit erleichtern; durch neue Erfindungen und Verbesserungen; durch ein leistungsfähigeres Management auf seiten der Arbeitgeber und durch bessere Vor- und Ausbildung. Je mehr der einzelne Arbeiter produziert, desto mehr steigert er den Wohlstand der gesamten Gemeinschaft. Je mehr er produziert, desto wertvoller sind seine Dienste für die Verbraucher und damit für den Arbeitgeber. Und je wertvoller er für den Arbeitgeber ist, desto besser wird er bezahlt. Der Reallohn ergibt sich aus der Produktion, nicht aus staatlichen Verordnungen.

Die Politik des Staates sollte daher nicht darauf abzielen, die Unternehmer mit noch mehr Forderungen zu belasten, sondern Maßnahmen zu ergreifen, die den Gewinn fördern, die die Unternehmer anregen zu expandieren, in neue und bessere Maschinen zu investieren, die Produktivität der Arbeiter zu steigern – also die Kapitalbildung zu ermutigen und nicht zu entmutigen – und so die Zahl der Beschäftigten und die Löhne zu erhöhen.

19.
Können Gewerkschaften wirklich Löhne erhöhen?

Der Glaube, daß die Gewerkschaften die Reallöhne auf lange Sicht für die gesamte Arbeiterschaft erhöhen können, ist eine der großen Illusionen unserer Zeit. Diese Illusion geht im wesentlichen auf die mangelnde Erkenntnis zurück, daß die Löhne im Grunde durch die Produktivität bestimmt werden. Das ist beispielsweise auch der Grund, warum die Löhne in den Vereinigten Staaten weit über denen in England und Deutschland lagen, und das zu einer Zeit, als die »Arbeiterbewegung« in den beiden europäischen Ländern sehr viel weiter fortgeschritten war.

Trotz erdrückender Beweise, daß die Arbeitsproduktivität der im wesentlichen bestimmende Faktor für die Löhne ist, wird dieser Schluß von den Gewerkschaftsführern im allgemeinen vergessen oder nicht ernst genommen; das gilt auch für jene große Gruppe von Wirtschaftsautoren, die sich einen Ruf als »Liberale« zulegen wollen, indem sie ihnen alles nachplappern. Aber im Gegensatz zu dem, was diese Leute vermuten, beruht dieser Schluß nicht auf der Annahme, daß die Arbeitgeber durch die Bank nette und großherzige Menschen sind, die danach trachten, das zu tun, was recht ist. Er geht vielmehr von der ganz anderen Annahme aus, daß der einzelne Arbeitgeber darauf bedacht ist, seinen Gewinn so hoch wie möglich zu schrauben. Wenn Leute bereit sind, für weniger zu arbeiten als sie ihm wirklich wert sind, warum sollte er das nicht ausnutzen? Warum sollte er es zum Beispiel nicht vorziehen, eine Mark pro Woche aus einem Handwerker herauszuholen, anstatt zuzusehen, wie ein anderer Unternehmer zwei Mark pro Woche aus ihm herausholt? Und solange es solche Situationen gibt, wird auf seiten der Arbeitgeber die Tendenz bestehen, für die Arbeiter maximal soviel zu zahlen, wie sie ihnen wert sind.

Das heißt nun keineswegs, daß die Gewerkschaften keine sinnvolle oder berechtigte Funktion hätten. Die wesentlichste Aufgabe, der sie sich annehmen können, besteht darin, die örtlichen Arbeitsbedingungen zu verbessern und sicherzustellen, daß alle Mitglieder für ihre Arbeitsleistung den echten Marktwert erhalten.

Denn der Wettbewerb der Arbeiter um die Arbeitsplätze und der der Unternehmer um die Arbeiter funktionieren nicht hundertprozentig. Weder der einzelne Arbeiter noch der Arbeitgeber ist umfassend über die Bedingungen auf dem Arbeitsmarkt informiert. Der Arbeiter kennt vielleicht den wirklichen Marktwert seiner Arbeitsleistung für den Unternehmer nicht und befindet sich unter Umständen in einer schwachen Verhandlungsposition. Falsche Beurteilungen sind für ihn kostspieliger als für den Arbeitgeber. Wenn sich ein Unternehmer irrtümlicherweise weigert, einen Arbeiter einzustellen, von dessen Arbeitsleistung er hätte profitieren können, büßt er nur den Nettogewinn ein, den er im Fall einer Beschäftigung dieses Mannes gehabt hätte; und er kann 100 oder 1000 andere einstellen. Aber wenn ein Arbeiter irrtümlich eine Stelle ablehnt, weil er glaubt, leicht eine andere zu finden, wo er mehr Lohn erhält, kommt dieser Irrtum ihn unter Umständen teuer zu stehen. Sein gesamtes Auskommen steht auf dem Spiel. Nicht nur, daß es ihm vielleicht nicht glückt, sofort eine Arbeit zu finden, die besser bezahlt wird; er findet vielleicht längere Zeit keine Stelle, wo er auch nur annähernd soviel bekommt. Und die Zeit kann für ihn zum entscheidenden Punkt werden, denn er und seine Familie müssen leben. Und so neigt er möglicherweise dazu, einen Lohn zu akzeptieren, der seiner Meinung nach unter seinem »wirklichen Wert« liegt, anstatt ein Risiko einzugehen. Wenn die Arbeiter jedoch geschlossen mit einem Unternehmer verhandeln und für eine bestimmte Arbeit einen bekannten »Standardlohn« ansetzen, tragen sie eventuell dazu bei, die Verhandlungsposition und die Risiken einer Fehleinschätzung auszugleichen.

Aber wie die Vergangenheit gezeigt hat, ist es für die Gewerkschaften ein leichtes, über ihre legitimen Aufgaben hinauszugehen, unverantwortlich zu handeln und kurzsichtige und gesellschaftsfeindliche Maßnahmen zu ergreifen – vor allem, wenn sie eine arbeitnehmerfreundliche Gesetzgebung auf ihrer Seite haben, die nur den Unternehmern Pflichten auferlegt. Das tun die Gewerkschaften beispielsweise, wenn sie versuchen, die Löhne für ihre Mitglieder über deren wirklichem Marktwert festzusetzen. Ein solcher Versuch hat immer Arbeitslosigkeit zur Folge. Die Vereinbarung läßt sich nur durch irgendeine Form der Einschüchterung und des Zwangs aufrechterhalten.

Ein Mittel besteht darin, die Mitgliedschaft in der Gewerkschaft auf eine andere Grundlage als die des erwiesenen Fachwissens oder Könnens zu beschränken. Diese Einschränkung kann viele Formen annehmen: man kann von neuen Arbeitern übertrieben hohe Aufnahmegebühren verlangen, willkürliche Qualifikationen für die Mitgliedschaft festsetzen, offen oder versteckt andere wegen ihrer Religionszugehörigkeit, der Rasse oder des Geschlechts diskriminieren, die absolute Zahl der Mitglieder begrenzen oder, notfalls mit Gewalt, nicht nur Nichtmitglieder, sondern sogar Mitglieder von Schwestergewerkschaften aus anderen Bundesländern oder Städten vom Erfolg ausschließen.

Das offenkundigste Beispiel, wie Einschüchterung und Macht gebraucht werden, um die Löhne einer bestimmten

Gewerkschaft über den wirklichen Marktwert der Arbeitsleistung ihrer Mitglieder zu heben oder dort zu halten, ist der Streik. Ein friedlicher Streik ist möglich. Soweit er friedlich bleibt, ist er eine legitime Waffe der Arbeiter, wenn er auch nur selten und als letztes Mittel angewandt werden sollte. Wenn Arbeiter geschlossen ihre Arbeit verweigern, bringen sie einen starrköpfigen Unternehmer, der zu niedrige Löhne zahlt, unter Umständen zur Vernunft. Er stellt vielleicht fest, daß er diese Arbeiter nicht durch andere gleich gute Arbeiter ersetzen kann, die bereit wären, den Lohn zu akzeptieren, den die anderen abgelehnt haben. Aber in dem Augenblick, wo Arbeiter Einschüchterung oder Gewalt gebrauchen müssen, um ihre Forderungen durchzusetzen, wo sie mit Hilfe von Streikposten andere Arbeiter daran hindern weiterzuarbeiten, oder es dem Unternehmer unmöglich machen, neue Arbeitskräfte einzustellen, die ihre Plätze einnehmen sollen, wird die Sache suspekt. Denn die Streikposten werden in Wirklichkeit gegen andere Arbeiter eingesetzt, nicht gegen die Arbeitgeber. Diese anderen Arbeiter sind bereit, die Stellen zu übernehmen, welche die bisher Beschäftigten aufgegeben haben, und das zu Löhnen, welche diese jetzt ablehnen. Es zeigt sich, daß die den neuen Arbeitern bisher gebotenen Alternativen nicht so gut sind, wie diejenige, welche die bisherigen Arbeiter zurückgewiesen haben. Wenn die bisherigen Arbeiter daher erfolgreich mit Gewalt verhindern, daß die neuen Arbeiter ihren Platz einnehmen, verwehren sie den neuen Arbeitern, sich für die beste ihnen offenstehende Alternative zu entscheiden und zwingen sie, etwas Schlechteres anzunehmen. Die Streikenden bestehen also auf einer bevorzugten Position und setzen ihre Macht ein, um diese Bevorzugung gegenüber anderen Arbeitern aufrechtzuerhalten.

Falls diese Analyse richtig ist, ist der blinde Haß der »Streikbrecher« nicht gerechtfertigt. Wenn die Streikbrecher nur professionelle Rabauken sind, die selbst mit Gewalt drohen, oder die Arbeit gar nicht verrichten können, ist der Haß vielleicht begründet. Das gilt auch, wenn den Streikbrechern nur vorübergehend ein höherer Lohn gezahlt wird, um den Anschein zu erwecken, als wollte man hart bleiben, bis die ehemaligen Arbeiter aus Angst wieder zu den alten Bedingungen zurückkommen. Aber falls es wirklich Männer und Frauen sind, die eine feste Anstellung suchen und bereit sind, sie zum alten Lohn anzunehmen, so wurden diese Arbeiter in schlechtere Stellungen abgedrängt, damit die streikenden Arbeiter in den Genuß besserer Arbeitsplätze kommen können. Und diese bevorzugte Position der bisher Beschäftigten ließe sich tatsächlich nur durch die ständige Drohung aufrechterhalten, ihre Macht zu gebrauchen.

Mit Emotionen befrachtete wirtschaftliche Fragen haben Theorien entstehen lassen, die einer Überprüfung mit kühlem Kopf nicht standhalten. Zu ihnen gehört auch die Vorstellung, die Arbeit sei *generell* »unterbezahlt«. Das käme der Behauptung gleich, daß die Preise am freien Markt grundsätzlich ständig zu niedrig seien. Ein weiterer, sich hartnäckig haltender Gedanke besagt, die Interessen der Arbeiter eines Landes seien miteinander identisch, und die Erhöhung der Löhne bei einer Gewerkschaft würde auf irgendeine geheimnisvolle Art auch allen anderen Arbeitern helfen. An dieser Vorstellung ist nun wirklich nichts, was stimmt. Die Wahrheit ist vielmehr die: wenn eine Einzelgewerkschaft für die eigenen Mitglieder einen Lohn erzwingen kann, der beträchtlich über dem Marktwert der Arbeitsleistung der Mitglieder liegt, schädigt sie sowohl alle anderen Arbeiter wie auch die anderen Mitglieder der Gemeinschaft.

Um uns ein genaueres Bild davon zu machen, wie das abläuft, wollen wir uns eine Gemeinschaft vorstellen, die sehr stark vereinfacht ist. Unterstellen wir, die Gemeinschaft bestehe nur aus einem halben Dutzend Arbeitergruppen, und diese Gruppen seien einander ursprünglich gleich, was die Lohnsumme und den Marktwert ihrer Erzeugnisse betrifft.

Nehmen wir an, diese sechs Gruppen setzen sich wie folgt zusammen: (1) Landarbeiter, (2) im Einzelhandel Beschäftigte, (3) Arbeiter aus dem Bekleidungsgewerbe, (4) Bergleute, (5) Bauarbeiter und (6) Eisenbahnangestellte. Die

Löhne, die ohne jeden Zwang zustande gekommen sind, müssen nicht unbedingt gleich sein, sie sollen jedoch am Anfang für jede Gruppe einen Indexwert von 100 haben. Nehmen wir weiter an, daß jede Gruppe eine Landesgewerkschaft gründet und ihre Forderungen sowohl entsprechend ihrer wirtschaftlichen Produktivität wie auch der politischen Macht und der strategischen Position durchsetzen kann. Das Ergebnis dieser Konstellation sei, daß die Landarbeiter ihre Löhne überhaupt nicht erhöhen können; die Einzelhandelsbeschäftigten können 10 Prozent mehr erkämpfen, die Arbeiter der Bekleidungsindustrie 20 Prozent, die Bergleute 30 Prozent, die Bauarbeiter 40 Prozent und die Eisenbahnangestellten 50 Prozent.

Aufgrund unserer Annahmen bedeutet dies, daß die Löhne *durchschnittlich* um 25 Prozent gestiegen sind. Nehmen wir jetzt, mathematisch wieder stark vereinfacht, an, daß der Preis des Produkts, das jede Arbeitergruppe herstellt, um den gleichen Prozentsatz steigt wie die einzelnen Gruppenlöhne. (Aus verschiedenen Gründen, zu denen auch gehört, daß die Arbeitskosten nicht sämtliche Kosten darstellen, tut der Preis das nicht, jedenfalls nicht in so kurzer Zeit. Aber die Zahlen machen das Grundprinzip dennoch deutlich.)

Wir haben dann eine Situation, in der die Lebenshaltungskosten um durchschnittlich 25 Prozent gestiegen sind. Hinsichtlich dessen, was sie kaufen können, stehen sich die Landarbeiter deutlich schlechter, obwohl ihr Lohn nicht gesunken ist. Die Einzelhandelsbeschäftigten haben zwar eine Lohnerhöhung von 10 Prozent bekommen, stehen sich aber auch schlechter als zu Beginn. Selbst die Arbeiter aus der Bekleidungsindustrie haben trotz einer 20prozentigen Lohnerhöhung noch einen schlechteren Stand als vorher. Die Bergleute, deren Löhne um 30 Prozent gestiegen sind, haben ihre Kaufkraft ein wenig verbessern können. Die Bauarbeiter und Eisenbahnangestellten haben selbstverständlich gut abgeschnitten, wenn auch auf dem Papier sehr viel besser als in Wirklichkeit.

Aber selbst solche Berechnungen gehen von der Annahme aus, daß die erzwungene Lohnerhöhung keine Arbeitslosigkeit bewirkt hat. Das ist nur dann wahrscheinlich, wenn parallel zur Lohnerhöhung Geld und Bankkredite in gleichem Maß zugenommen haben. Doch selbst dann ist es noch unwahrscheinlich, daß es bei den Löhnen zu solchen Verzerrungen kommen kann, ohne daß es in einigen Branchen Arbeitslose gibt, vor allem in den Geschäftszweigen, in denen es die größten Steigerungen gegeben hat. Falls diese Geldinflation nicht als Begleiterscheinung auftritt, rufen die erzwungenen Lohnerhöhungen Arbeitslosigkeit in vielen Bereichen hervor.

Die prozentuale Arbeitslosigkeit muß nicht notwendigerweise bei den Gewerkschaften am größten sein, deren Löhne am stärksten gestiegen sind. Denn die Arbeitslosigkeit verlagert und verteilt sich entsprechend der relativen Elastizität der Nachfrage nach verschiedenen Arten von Arbeit und entsprechend der »Gesamtstruktur« der Nachfrage nach Arbeitsleistungen unterschiedlichster Art. Doch auch nach all diesen Zugeständnissen wird man wahrscheinlich feststellen, daß selbst die Gruppen, deren Löhne am stärksten gestiegen sind, sich schlechter stehen als vorher, wenn Arbeitslose und Beschäftigte gegeneinander aufgerechnet werden. Und was das *Wohlbefinden* angeht, werden die erlittenen Verluste weit größer als die rein mathematischen Einbußen sein. Denn die psychologischen Rückschläge der Arbeitslosen übertreffen die psychologischen Gewinne derjenigen, die ein kaufkraftmäßig jetzt etwas höheres Einkommen haben, bei weitem.

Die Situation läßt sich auch nicht dadurch bereinigen, daß Arbeitslosenunterstützung gezahlt wird. Solche Unterstützungen werden größtenteils in erster Linie direkt oder indirekt von den Löhnen derjenigen bezahlt, die arbeiten. Sie schmälern folglich diese Löhne. »Angemessene« Unterstützungszahlungen *schaffen* darüber hinaus Arbeitslosigkeit, wie wir schon gesehen haben. Das geschieht auf verschiedene Art. Als es die starken Gewerkschaften in der Vergangenheit zu ihrer Aufgabe machten, selbst für ihre arbeitslosen Mitglieder zu sorgen, überlegten sie es sich zweimal, bevor sie einen Lohn forderten, der schwere Arbeitslosigkeit zur Folge hatte. Doch wo es ein Unterstützungssystem gibt, das den Steuerzahler zwingt, für die durch überzogene Löhne verursachte Arbeitslosigkeit aufzukommen, entfällt dieses Hemmnis für maßlose Gewerkschaftsforderungen. Außerdem veranlaßt, wie wir schon erwähnt haben, eine »angemessene« Unterstützung immer einige, sich überhaupt nicht um eine Stelle zu bemühen. Und andere überlegen sich, daß sie eigentlich nicht für den vereinbarten Lohn arbeiten, sondern nur für den *Unterschied* zwischen ihrem Lohn und der Unterstützungszahlung. Und massive Arbeitslosigkeit bedeutet, daß weniger hergestellt wird, daß das Land ärmer ist und daß es für alle weniger gibt.

Die Heilsbringer der Gewerkschaft versuchen manchmal, eine andere Antwort auf das Problem zu geben. Vielleicht trifft es zu, so räumen sie ein, daß die Mitglieder starker Gewerkschaften heute unter anderem die nicht gewerkschaftlich organisierten Arbeiter ausbeuten. Doch da gibt es ein ganz einfaches Mittel: stecken wir alle in die Gewerkschaft. Ganz so einfach ist die Sache allerdings doch nicht. Zunächst einmal ist es trotz der enormen rechtlichen und politischen Ermunterungen (in einigen Fällen kann man fast von Zwang sprechen), der Gewerkschaft beizutreten, kein Zufall, daß zum Beispiel in den Vereinigten Staaten nur etwa ein Viertel der Erwerbstätigen gewerkschaftlich organisiert ist. Die Vorbedingungen für den Beitritt in eine Gewerkschaft sind sehr viel spezieller, als allgemein bekannt ist. Aber selbst wenn man alle Arbeiter gewerkschaftlich organisieren könnte, könnten die Gewerkschaften wohl kaum gleich stark werden, was sie ja auch jetzt nicht sind. Einige Arbeitergruppen sind in stragegisch weit besserer Position als viele ihrer Kollegen, sei es, weil sie zahlenmäßig stärker sind, ein besonders wichtiges Produkt herstellen, andere Branchen sehr abhängig von ihnen sind, oder weil sie eher in der Lage sind, Zwangsmaßnahmen durchzusetzen. Aber nehmen wir an, das wäre nicht so. Unterstellen wir – trotz des inneren Widerspruchs dieser Annahme –, daß alle Arbeiter durch Zwangsmaßnahmen ihren Lohn um den gleichen Prozentsatz erhöhen könnten. Dann stünden die Arbeiter auf lange Sicht nicht besser da, als wenn die Löhne überhaupt nicht angehoben worden wären.

Das bringt uns zum Kern der Frage. Es wird allgemein angenommen, daß ein Anstieg der Löhne zu Lasten der Unternehmergewinne geht. Für kurze Zeit oder unter besonderen Umständen kann das durchaus der Fall sein. Falls höhere Löhne in einem Unternehmen erzwungen werden, das seine Preise aufgrund des scharfen Wettbewerbs nicht erhöhen kann, geht dieser Anstieg zu Lasten seiner Gewinne. Das ist weniger wahrscheinlich, wenn die Löhne in der gesamten Branche steigen. Wenn die Branche sich nicht gegen ausländische Wettbewerber behaupten muß, kann sie ihre Preise wahrscheinlich anheben und die Lohnerhöhung an die Verbraucher weitergeben. Da die meisten Verbraucher höchstwahrscheinlich Arbeiter sind, sinken deren Reallöhne, da sie jetzt für ein bestimmtes Erzeugnis mehr bezahlen müssen. Es ist richtig, daß der Branchenabsatz dieses Produktes als Folge des gestiegenen Preises zurückgehen kann, so daß auch der Umfang des Branchengewinns abnimmt. Aber auch die Beschäftigung und die Lohnzahlungen werden in der betreffenden Branche wahrscheinlich entsprechend zurückgehen.

Es ist ohne Frage auch ein Fall denkbar, bei dem die Gewinne einer ganzen Branche sinken, ohne daß die Beschäftigung entsprechend abnimmt – mit anderen Worten ein Fall, bei dem ein Anstieg der Löhne eine entsprechende Zunahme der Lohnsumme bedeutet, und bei dem die gesamten Kosten durch die Branchengewinne gedeckt werden, ohne daß irgendein Unternehmen aufgeben müßte. Ein solches Ergebnis ist zwar nicht wahrscheinlich, aber dennoch denkbar.

Nehmen wir beispielsweise einen Betrieb wie die Bahn, die nicht ständig gestiegene Löhne in Form höherer Fahrpreise auf die Fahrgäste überwälzen kann, weil die staatlichen Bestimmungen das nicht zulassen.

Zumindest kurzfristig können die Gewerkschaften auf Kosten der Unternehmer und Investoren Gewinne machen. Die Investoren haben einmal über liquide Mittel verfügt. Aber sie haben sie, wie wir annehmen wollen, bei der Bahn investiert. Aus dem Geld wurden Gleise und Gleiskörper, Güterwaggons und Lokomotiven. Ursprünglich konnte dieses Kapital tausende verschiedener Einsatzmöglichkeiten haben, aber jetzt ist es sozusagen in dieser speziellen Möglichkeit *gefangen*. Die Eisenbahnergewerkschaft zwingt die Investoren vielleicht, sich mit geringen Erträgen für das bereits investierte Kapital zufriedenzugeben. Es lohnt sich zwar für die Investoren, den Betrieb weiterlaufen zu lassen, solange sie überhaupt noch etwas über die Betriebskosten hinaus erwirtschaften, selbst wenn es nur noch Prozentbruchteile ihrer Investition sind.

Doch das hat natürlich Folgen. Wenn das Geld, das die Investoren in die Bahn gesteckt haben, jetzt weniger Ertrag bringt als Investitionen in anderen Branchen, werden die bisherigen Geldgeber keinen Pfennig mehr bei der Bahn anlegen. Vielleicht nehmen sie noch einige Ersatzinvestitionen vor, damit wenigstens die geringe Verzinsung ihres noch bei der Bahn arbeitenden Kapitals gesichert ist. Aber auf lange Sicht werden sie selbst für den Ersatz veralteter oder verfallener Anlagen nichts mehr tun. Wenn ihnen im Inland investiertes Kapital eine geringere Rendite bringt als im Ausland investiertes, werden sie ihr Geld im Ausland anlegen. Und wenn ihnen nirgendwo ein Ertrag geboten wird, der ihnen für ihr Risiko angemessen erscheint, werden sie ihre Investitionen einstellen.

Die Ausbeutung des Kapitals durch die Arbeit ist also bestenfalls eine Zeitlang möglich. Sie findet sehr bald ein Ende. Und zu diesem Ende kommt es seltener so, wie in unserem hypothetischen Beispiel, als vielmehr durch das erzwungene Ausscheiden der Grenzunternehmen, die zunehmende Arbeitslosigkeit und die erzwungene Wiederanpassung der Löhne und Gewinne an den Punkt, wo die Aussicht auf normale (oder ungewöhnliche) Gewinne zur Wiederaufnahme von Beschäftigten und der Produktion führt. Aber in der Zwischenzeit sind, als Folge der Ausbeutung, alle durch die Arbeitslosigkeit und die zurückgegangene Produktion ärmer geworden. Obwohl die Arbeit eine Zeitlang einen größeren *relativen* Anteil am Volkseinkommen haben wird, geht das Volkseinkommen doch absolut gesehen zurück. Der relative Gewinn der Arbeit in dieser kurzen Zeit ist also unter Umständen ein Pyrrhussieg, denn er kann bedeuten, daß auch der Arbeit, in realer Kaufkraft ausgedrückt, ein geringerer Gesamtanteil zukommt.

So kommen wir zu folgendem Schluß: Obwohl die Gewerkschaften vielleicht eine Zeitlang, zum Teil auf Kosten der Unternehmer und mehr noch der gewerkschaftlich nicht organisierten Arbeiter, steigende Löhne für ihre Mitglieder sichern können, *sind sie doch auf lange Sicht und für die Arbeiter insgesamt nicht in der Lage, die Löhne real überhaupt zu erhöhen.*

Der Glaube, daß sie das tun, geht auf eine Reihe von Selbsttäuschungen zurück. Eine davon ist das irrtümliche *post hoc, ergo propter hoc* (danach, also deshalb). Danach sind die gewaltigen Lohnsteigerungen in den letzten 50 Jahren hauptsächlich eine Folge der vermehrten Investitionen sowie des wissenschaftlichen und technischen Fortschritts und werden den Gewerkschaften zugeschrieben, weil auch sie in dieser Zeit gewachsen sind. Die Hauptverantwortung für diesen Trugschluß hat jedoch folgender Irrtum: man sah nur, was ein durch die Gewerkschaftsforderungen erzwungener Lohnanstieg kurzfristig für die Arbeiter bedeutete, die ihre Stelle behielten. Die Auswirkungen dieser Entwicklung auf die Beschäftigung, die Produktion und die Lebenshaltungskosten aller Arbeiter einschließlich derjenigen, die den Anstieg erzwungen hatten, wurden dagegen nicht bedacht.

Man kann noch weiter gehen und fragen, ob die Gewerkschaften langfristig betrachtet und für die Arbeiter insgesamt nicht sogar verhindert haben, daß die Reallöhne in dem Umfang gestiegen sind, den sie andernfalls erreicht hätten. Sie waren ganz sicher eine Kraft, welche die Löhne niedrig gehalten oder gesenkt hat, falls sie per Saldo die Arbeitsproduktivität verringert haben. Und wir können fragen, ob es nicht tatsächlich so gewesen ist.

Was die Produktivität angeht, läßt sich allerdings auch etwas zugunsten der Gewerkschaftspolitik sagen. In einigen Branchen haben sie auf bestimmten Anforderungen bestanden, um den Stand der Fähigkeiten und des Fachwissens anzuheben. Und in den Anfängen ihrer Geschichte haben sie viel zum Schutz der Gesundheit ihrer Mitglieder getan. Wo es genügend Arbeitskräfte gab, waren oft auch einzelne Unternehmer sofort zur Stelle, die das schnelle Geld witterten; sie wechselten ihre Arbeiter in einem fort und ließen sie trotz der gesundheitlichen Schäden zu lange arbeiten, weil Ersatz kein Problem war. Und manchmal schmälerten dumme und kurzsichtige Unternehmer sogar die eigenen Gewinne, weil sie ihre Beschäftigten bis zur Erschöpfung arbeiten ließen. In all diesen Fällen forderten die Gewerkschaften vernünftige Normen, was sehr oft der Gesundheit und dem allgemeinen Wohlergehen ihrer Mitglieder zugute kam und gleichzeitig die Reallöhne erhöhte.

Aber in den letzten Jahren, als die Macht der Gewerkschaften immer größer wurde und viel fehlgeleitete öffentliche Sympathie zur Duldung oder Billigung gesellschaftsfeindlicher Praktiken geführt hat, haben sie ihre legitimen Aufgaben überschritten. Es war ein Gewinn nicht nur für die Gesundheit und das Wohlbefinden, sondern langfristig sogar für die Produktion, aus der 70- eine 60-Stundenwoche zu machen. Es war ein Gewinn für die Gesundheit und die Freizeit, die 60-Stundenwoche auf 48 Stunden zu verkürzen. Und es war wiederum ein Gewinn für die Freizeit, wenn auch nicht unbedingt für die Produktion und das Einkommen, die 48- durch die 44-Stundenwoche zu ersetzen. Der Wert für die Gesundheit und die Freizeit, wenn die Wochenarbeitszeit auf 40 Stunden gesenkt wird, ist weit weniger ersichtlich als der Rückgang von Produktion und Einkommen. Doch die Gewerkschaften sprechen inzwischen von der 35- und 30-Stundenwoche, und haben sie in einigen Fällen schon durchgesetzt, leugnen aber, daß dies die Produktion oder das Einkommen verringern kann oder muß.

Aber die Gewerkschaftspolitik hat sich nicht nur dadurch gegen die Produktivität ausgewirkt, daß sie die vorgeschriebenen Arbeitsstunden abgebaut hat. Das war noch eine der harmloseren Maßnahmen, denn der dafür eingehandelte Vorteil war zumindest eindeutig. Aber viele Gewerkschaften haben auf der rigorosen Zergliederung der Arbeit bestanden, was die Produktionskosten in die Höhe getrieben und zu aufwendigen und albernen »gerichtlichen« Auseinandersetzungen geführt hat. Sie haben sich der Bezahlung nach Ausstoß oder Leistung widersetzt und auf den gleichen Stundensätzen für alle Mitglieder ungeachtet der Unterschiede in der Produktivität beharrt. Sie haben auf der Beförderung nach Alter, nicht nach Leistung bestanden. Sie haben bewußt Verzögerungen unter dem Vorwand durchgesetzt, die »rücksichtslose Antreiberei« zu bekämpfen. Sie haben Arbeiter, die mehr geschafft haben als ihre Kollegen, gebrandmarkt, manchmal brutal zusammengeschlagen, und sie haben deren Entlassung betrieben. Sie haben sich gegen die Einführung oder Verbesserung von Maschinen gewandt. Sie haben darauf bestanden, daß im Fall von Freistellungen ihrer Mitglieder infolge leistungsfähigerer oder arbeitsparender Maschinen die freigestellten Arbeiter für unbegrenzte Zeit einen »Garantielohn« bekommen. Sie haben auf Vorschriften beharrt, die ausschließlich der Arbeitsbeschaffung dienen, um für eine bestimmte Aufgabe entweder mehr Arbeitskräfte oder mehr Zeit aufzuwenden. Sie haben sogar Unternehmern mit deren Ruin gedroht, falls diese nicht Leute einstellen, die gar nicht gebraucht wurden.

Die meisten dieser Maßnahmen wurden unter der Annahme betrieben, daß es Arbeit nur in einer begrenzten Menge gibt, einen nicht erweiterbaren »Stellenfonds«, der auf so viele Menschen und Arbeitsstunden aufgeteilt werden muß, wie möglich, damit er nicht zu schnell erschöpft ist. Diese Annahme ist völlig falsch. Der Arbeit, die getan werden kann, sind von der Menge her praktisch keine Grenzen gesetzt. Arbeit schafft Arbeit. Was A herstellt, bildet die Nachfrage für das, was B produziert.

Aber weil diese falsche Annahme existiert und die Politik der Gewerkschaften sich auf sie stützt, ist im Endeffekt die Produktivität unter den Wert gesunken, den sie sonst erreicht hätte. Die langfristige Auswirkung dieser Politik für alle Arbeitergruppen bestand daher darin, daß die Reallöhne unter das Niveau fielen, das sie andernfalls gehabt hätten. (Reallöhne sind die Löhne, ausgedrückt in Waren, die man mit dem Geld kaufen kann.) Die wirkliche Ursache der beispiellosen Reallohnsteigerungen im letzten Jahrhundert waren, um es noch einmal festzuhalten, die Kapitalanhäufung und der gewaltige technologische Fortschritt, der durch sie möglich wurde.

Aber das ist kein automatischer Prozeß. Er ist in den vergangenen zehn Jahren als Folge sowohl schlechter gewerkschaftlicher wie staatlicher Politik zum Stillstand gekommen. Wenn wir nur den durchschnittlichen wöchentlichen Bruttoverdienst eines privaten, nicht in der Landwirtschaft beschäftigten Arbeiters aus den Vereinigten Staaten in Papiergeld betrachten, können wir zwar eine Zunahme von 107,73 $ 1968 auf 189,36 $ im August 1977 feststellen. Aber sobald man die Inflation berücksichtigt und diesen Verdienst in Dollars von 1967 umrechnet, um den Anstieg der Verbraucherpreise deutlich zu machen, ergibt sich, daß der wöchentliche *Real*lohn tatsächlich von 103,39 $ 1968 auf 103,36 $ im August 1977 gefallen ist.

Dieser Stillstand der Reallöhne war keine Folge, die sich unmittelbar aus dem Wesen der Gewerkschaften ergab. Er war vielmehr die Folge einer kurzsichtigen Politik seitens der Gewerkschaften und des Staates. Noch ist Zeit, beides zu ändern.

20.
Karl Marx und der gerechte Lohn

Gelegenheitsautoren, die über wirtschaftliche Fragen schreiben, verlangen immer nach »gerechten« Preisen und »gerechten« Löhnen. Diese nebulösen Vorstellungen von einer wirtschaftlichen Gerechtigkeit sind aus dem Mittelalter auf uns gekommen. Die klassischen Wirtschaftstheoretiker arbeiteten dagegen ein anderes Konzept aus — *funktionale* Preise und *funktionale* Löhne. Funktionale Preise sind die Preise, die das größte Produktions- und das größte Verkaufsvolumen anregen. Funktionale Löhne sind die Löhne, die im allgemeinen die höchste Beschäftigung und die größte reale Lohnsumme hervorrufen.

Der Begriff des funktionalen Lohns ist, in falscher Form, von den Marxisten und ihren unfreiwilligen Anhängern, der Kaufkraft-Schule, übernommen worden. Beide Gruppen überlassen es schlichteren Gemütern, die Frage zu klären, ob die bestehenden Löhne »gerecht« sind. Die eigentliche Frage ist ihrer Meinung nach, ob sie *funktionieren* oder nicht. Und die einzigen Löhne, die funktionieren, die einen drohenden Zusammenbruch der Wirtschaft verhindern, sind, wie wir erfahren, Löhne, die es der Arbeit ermöglichen, »das Produkt zurückzukaufen, das sie geschaffen hat«. Die Marxisten und die Kaufkraft-Schulen schreiben alle Rezessionen der Vergangenheit einem vorangegangenen Versäumnis zu, solche Löhne gezahlt zu haben. Und gleichgültig, wann sie sich zu Wort gemeldet haben, sie sind sich sicher, daß die Löhne noch immer nicht hoch genug sind, das Produkt zurückzukaufen.

Dieser Grundsatz hat sich besonders im Mund von Gewerkschaftsführern als sehr wirksam erwiesen. Sie zweifeln daran, daß es ihnen gelingen könnte, das selbstlose Interesse der Öffentlichkeit zu wecken oder die (per definitionem bösen) Unternehmer dazu zu bringen, jemals »anständig« zu sein. Deshalb haben sie nach einem Argument gegriffen, das die selbstsüchtigen Motive der Öffentlichkeit ansprechen und ihr Angst machen sollte. Dann wird – so hoffen sie – die Öffentlichkeit die Unternehmer zwingen, die Forderungen der Gewerkschaften zu erfüllen.

Wie aber sollen wir wissen, wann genau die Arbeit »genug hat, um das Produkt zurückzukaufen«? Oder wie, wann sie mehr als genug hat? Wie sollen wir bestimmen, welches die richtige Summe ist? Da die Verfechter dieses Grundsatzes sich offensichtlich nicht wirklich Mühe gegeben haben, solche Fragen zu beantworten, sind wir gezwungen, die Antworten selbst zu suchen.

Einige Befürworter der Theorie meinen offenbar, daß die Arbeiter in jeder Branche soviel bekommen sollten, daß sie das Produkt zurückkaufen können, das sie herstellen. Aber sie können eigentlich kaum meinen, daß die Zuschneider billiger Kleidungsstücke soviel verdienen sollten, daß sie billige Kleidungsstücke zurückkaufen können, oder die Kürschner soviel, daß sie ihre Pelzmäntel zurückkaufen können, oder die Arbeiter bei Ford soviel, daß sie einen Ford kaufen können, oder die Männer bei Mercedes soviel, daß sie einen Mercedes kaufen können.

Es ist lehrreich, sich gelegentlich der Verhaltensweisen der Gewerkschaften zu erinnern. In den 40er Jahren forderten beispielsweise die amerikanischen Automobilgewerkschaften eine 30prozentige Lohnerhöhung, um, wie einer ihrer Sprecher erklärte, »unsere rapide dahinschwindende Fähigkeit zu stärken, die Waren zu erwerben, die herzustellen wir in der Lage sind«. Und das zu einer Zeit, als die meisten Mitglieder der Automobilgewerkschaften ohnehin bereits zum oberen Drittel der Einkommensbezieher des Landes gehörten. Ihr Wochenlohn lag laut Angaben der Regierung schon 20 Prozent über dem durchschnittlichen Industriearbeiterlohn, und war fast doppelt so hoch wie der Durchschnittslohn, der im Einzelhandel gezahlt wurde.

Wie stand es dann mit dem Durchschnittsarbeiter in den Fabriken und im Einzelhandel? Wenn die Automobilarbeiter unter diesen Umständen eine 30prozentige Erhöhung brauchten, um die Wirtschaft vor dem Zusammenbruch zu bewahren, hätten dann bloße 30 Prozent für die anderen überhaupt gereicht? Oder hätten sie Steigerungen zwischen 55 und 160 Prozent benötigt, um pro Kopf über ebensoviel Kaufkraft wie die Automobilarbeiter zu verfügen? Denn vergessen wir nicht, daß damals wie heute beträchtliche Unterschiede zwischen den Durchschnittslöhnen der einzelnen Wirtschaftszweige bestanden. 1976 erhielten die Beschäftigten im amerikanischen Einzelhandel durchschnittlich nur 113,96 $ die Woche, während die Arbeiter in der herstellenden Industrie im Durchschnitt 207,60 $ verdienten und die im Baugewerbe 284,93 $.

(Wie die Geschichte der Lohnverhandlungen zeigt, auch was das Aushandeln der Löhne *innerhalb einzelner Gewerkschaften* betrifft, so können wir ziemlich sicher sein, daß die Automobilarbeiter zum Beispiel das oben angeführte letzte Angebot abgelehnt und auf den bestehenden Lohnunterschieden bestanden hätten. Denn das leidenschaftliche Streben nach wirtschaftlicher Gleichheit – und das gilt für Gewerkschaftsmitglieder wie für andere auch, mit Ausnahme einiger weniger Philanthropen und Heiliger – heißt doch nichts anderes, als daß man ebensoviel verdienen will, wie die in der wirtschaftlichen Rangskala über uns Stehenden bereits bekommen. Das Trachten, denen unter uns genausoviel zu geben, wie wir bereits bekommen, ist weniger stark ausgeprägt. Doch wir befassen uns hier mehr mit der Logik und Richtigkeit einer speziellen Wirtschaftstheorie als mit diesen ermüdenden menschlichen Schwächen.)

Der Gedanke, daß die Arbeit soviel bekommen sollte, um ihr Produkt zurückkaufen zu können, ist nur eine Sonderform des allgemeinen »Kaufkraft«-Arguments. Die Löhne der Arbeiter sind, wie durchaus richtig behauptet wird, die Kaufkraft der Arbeiter. Aber genauso stimmt es, daß das Einkommen jedes einzelnen – das des Lebensmittelhändlers, des Hausbesitzers, des Unternehmers – seine Kaufkraft darstellt, mit der er erwerben kann, was andere zu verkaufen haben. Und für andere wiederum ist eine der wichtigsten Sachen, für die sie einen Käufer finden müssen, ihre Arbeitskraft.

All das hat darüber hinaus eine Kehrseite. *In einer Tauschwirtschaft stellt das Geldeinkommen des einen die Kosten eines anderen dar.* Jede Erhöhung der Stundenlöhne bedeutet auch einen Anstieg der Produktionskosten, es sei denn, die Lohnerhöhung wird durch eine gleich große Produktivitätssteigerung ausgeglichen. Eine Erhöhung der Produktionskosten dort, wo der Staat die Preise überwacht und jede Preisanhebung verbietet, nimmt den Grenzproduzenten den Gewinn, zwingt sie aus dem Markt, stellt einen Produktionsrückgang und eine Zunahme der Arbeitslosigkeit dar. Selbst dort, wo ein Preisanstieg möglich ist, schreckt der höhere Preis Käufer ab, läßt den Markt schrumpfen und verursacht ebenfalls Arbeitslosigkeit. Wenn eine 30prozentige Erhöhung der Stundenlöhne in der gesamten Wirtschaft einen 30prozentigen Preisanstieg bewirkt, kann die Arbeit nicht mehr von dem Produkt kaufen als zu Beginn; und der ganze Tanz muß von vorne anfangen.

Zweifellos werden viele die Behauptung in Frage stellen, daß eine 30prozentige Lohnerhöhung einen ebenso großen Preisanstieg bewirken kann. Es ist richtig, daß ein solches Ergebnis nur langfristig, und auch nur dann möglich ist, wenn die Geld- und Kreditpolitik dies zulassen. Wenn Geld und Kredite so unelastisch sind, daß sie bei einer erzwungenen Lohnerhöhung nicht zunehmen (und wenn wir annehmen, daß die höheren Löhne nicht, in Mark ausgedrückt, durch die bestehende Arbeitsproduktivität gerechtfertigt sind), dann besteht die wesentliche Folge des Hochtreibens der Löhne darin, daß Arbeitslosigkeit hervorgerufen wird.

Und es ist in diesem Fall wahrscheinlich, daß die Lohnsumme sowohl in Mark wie in echter Kaufkraft kleiner ist als vorher. Denn ein Beschäftigungsrückgang, der auf die Gewerkschaftspolitik zurückgeht und nicht die vorübergehende Folge technologischen Fortschritts ist, bedeutet zwangsläufig, daß für alle weniger produziert wird. Und es ist unwahrscheinlich, daß die Arbeit den absoluten Produktionsrückgang ausgleicht, indem sie einen größeren relativen Anteil an der noch verbliebenen Produktion erhält. Paul H. Douglas, der in Amerika Unmengen statistisches Material ausgewertet hat, und A. C. Pigou, der in England fast rein deduktiv vorgegangen ist, kamen unabhängig voneinander zu dem Ergebnis, daß die Nachfrageelastizität der Arbeit irgendwo zwischen 3 und 4 liegen müsse. Das heißt, weniger technisch ausgedrückt, daß »ein einprozentiger Rückgang der Reallöhne die Gesamtnachfrage nach Arbeit wahrscheinlich um mindestens 3 Prozent erhöht«.[1] Oder um es noch anders auszudrücken: »Wenn die Löhne über den Punkt der Grenzproduktivität hinaus angehoben werden, wäre der Beschäftigungsrückgang normalerweise drei- bis viermal so hoch wie die Erhöhung der Stundenlöhne«,[2] so daß der Gesamtverdienst der Arbeiter entsprechend fallen würde.

Selbst wenn diese Zahlen nur herangezogen werden, um die Nachfrageelastizität der Arbeit darzustellen, die in einem bestimmten Zeitraum der Vergangenheit gegolten hat, und nicht unbedingt, um die der Zukunft vorherzubestimmen, verdienen sie doch größte Beachtung.

Aber nehmen wir einmal an, daß die Lohnerhöhungen von einer ausreichenden Zunahme an Geld und Krediten begleitet werden, so daß sie keine ernste Arbeitslosigkeit auslösen. Wenn wir unterstellen, daß die bisherige Beziehung zwischen Löhnen und Preisen »normal« und langfristig war, dann wird ein erzwungener Lohnanstieg um beispielsweise 30 Prozent letztlich zu einer Anhebung der Preise in etwa gleicher prozentualer Höhe führen.

---

1 A. C. Pigou, *The Theory of Unemployment*, (1933), S. 96.
2 Paul H. Douglas, *The Theory of Wages*, (1934), S. 501.

Der Glaube, daß der Preisanstieg erheblich niedriger sein würde, geht auf zwei schwere Denkfehler zurück. Erstens auf den, nur die direkten Arbeitskosten einer bestimmten Firma oder Branche zu betrachten und sie als repräsentativ für sämtliche anderen Arbeitskosten auch anzusehen. Aber das ist wieder der grundlegende Fehler, einen Teil für das Ganze zu halten. Jede Branche stellt nicht nur »horizontal« einen Abschnitt des Produktionsprozesses dar, sondern auch »vertikal«. So betragen die *direkten* Arbeitskosten bei der Automobilherstellung in den Fabriken selbst vielleicht weniger als ein Drittel der Gesamtkosten. Und das kann den Unvorsichtigen zu der Schlußfolgerung verleiten, daß eine 30prozentige Lohnerhöhung nur zu einem Anstieg der Automobilpreise von 10 Prozent oder weniger führt. Doch das hieße, die indirekten Lohnkosten zu übersehen, die in den Rohstoffen und Zulieferteilen, den Transportkosten, neuen Anlagen oder neuen Werkzeugmaschinen und in den Aufschlägen der Händler stecken.

Schätzungen der amerikanischen Regierung zeigen, daß in den 15 Jahren von 1929 bis einschließlich 1943 die Löhne und Gehälter in den Vereinigten Staaten im Durchschnitt 69 Prozent des Volkseinkommens ausmachten. In den fünf Jahren von 1956 bis einschließlich 1960 lagen sie ebenfalls bei durchschnittlich 69 Prozent des Volkseinkommens! Im Fünfjahreszeitraum 1972–1976 beliefen sich die Löhne und Gehälter auf durchschnittlich 66 Prozent des Volkseinkommens, und wenn man die Zuschläge mitrechnete, kam die Gesamtvergütung aller Beschäftigten im Durchschnitt auf 76 Prozent des Volkseinkommens. Diese Löhne und Gehälter mußten selbstverständlich aus dem Sozialprodukt aufgebracht werden. Man wird bei diesen Zahlen von Fall zu Fall etwas abziehen oder hinzufügen müssen, um eine brauchbare Schätzung des »Arbeits«-Einkommens zu erhalten. Aber wir können von dieser Grundlage ausgehend annehmen, daß die Arbeitskosten kaum weniger als etwa zwei Drittel der gesamten Produktionskosten betragen können und unter Umständen 75 Prozent überschreiten, je nachdem wie wir den Begriff *Arbeit* definieren. Wenn wir von der niedrigeren dieser beiden Schätzungen ausgehen und außerdem annehmen, daß die Gewinnspannen unverändert bleiben, ist klar, daß eine 30prozentige Erhöhung sämtlicher Löhne eine Preissteigerung von knapp 20 Prozent nach sich zöge. Aber eine solche Veränderung würde bedeuten, daß die Gewinnspanne, die das Einkommen der Investoren, Manager und Selbständigen darstellt, dann nur noch, sagen wir, etwa 84 Prozent der Kaufkraft von vorher hätte. Langfristig würde das einen Rückgang der Investitionen und Neugeschäfte im Vergleich zum sonst möglichen Stand verursachen, außerdem ergäbe sich daraus eine entsprechende Umverteilung von den kleinen Selbständigen zu den besser gestellten Lohnempfängern, bis das frühere Verhältnis ungefähr wiederhergestellt wäre. Aber das ist nur eine andere Art auszudrücken, daß 30prozentige Lohnerhöhungen unter den angenommenen Bedingungen schließlich auch eine 30prozentige Steigerung der Preise nach sich zögen.

Daraus folgt nicht unbedingt, daß die Lohnbezieher keine relativen Gewinne machen würden. Sie würden *während der Übergangsperiode* einen relativen Gewinn machen und andere Teile der Bevölkerung einen relativen Verlust. Aber es ist unwahrscheinlich, daß dieser relative Gewinn auch ein absoluter wäre. Denn die Art der hier behandelten Veränderung im Verhältnis von Kosten und Preisen könnte kaum stattfinden, ohne Arbeitslosigkeit und eine unausgeglichene, gestörte oder verringerte Produktion mit sich zu bringen. So daß, während die Arbeit vielleicht ein größeres Stück vom kleineren Kuchen in dieser Periode des Übergangs und der Anpassung an ein neues Gleichgewicht abbekommt, doch bezweifelt werden darf, ob es absolut größer wäre (denn es könnte durchaus kleiner sein) als das früher kleinere Stück eines größeren Kuchens.

Damit kommen wir zur Frage der allgemeinen Bedeutung und Wirkung des wirtschaftlichen *Gleichgewichts*. Gleichgewichtslöhne und -preise sind die Löhne und Preise, bei denen Angebot und Nachfrage ausgeglichen sind. Wenn mit staatlichem oder privatem Zwang versucht wird, die Preise über ihr Gleichgewichtsniveau anzuheben, geht die Nachfrage und damit auch die Produktion zurück. Falls versucht wird, die Preise unter ihr Gleichgewichtsniveau zu drücken, bewirkt der sich daraus ergebende Rückgang oder Ausfall der Gewinne eine Abnahme des Angebots oder neuer Produktionstätigkeit. Daher wird jeder Versuch, die Preise über oder unter ihr Gleichgewichtsniveau zu zwingen (also das Niveau, auf das ein freier Markt die Preise ständig bringen will), den Umfang der Beschäftigung und Produktion unter den Stand sinken lassen, der ansonsten erreicht worden wäre.

Um noch einmal auf den Satz zurückzukommen, daß die Arbeit »genug (bekommen müsse), um ihr Produkt zurückkaufen zu können«: Das Sozialprodukt wird, soviel sollte klar sein, von den gewerblichen Arbeitskräften allein weder geschaffen noch gekauft. Es wird von allen gekauft, von Angestellten, Fachkräften, Bauern, Klein- und Großunternehmern, Investoren, Lebensmittelhändlern, Metzgern, Besitzern kleiner Gemischtwarenläden und Tankstellenpächtern – kurz gesagt, von jedem, der zu diesem Sozialprodukt beiträgt.

Was die Preise, Löhne und Gewinne angeht, welche die Verteilung dieses Produkts bestimmen sollten, so sind die besten Preise nicht die höchsten, sondern diejenigen, die das größte Produktions- und Verkaufsvolumen herbeiführen. Die besten Arbeitslöhne sind nicht die höchsten Löhne, sondern diejenigen, die volle Auslastung der Produktion, Vollbeschäftigung und die größte, dauerhafte Gesamtlohnsumme zulassen. Die besten Gewinne, und zwar sowohl aus der Sicht der Unternehmer wie der Arbeiter, sind nicht die niedrigsten Gewinne, sondern diejenigen, welche die meisten Menschen ermuntern, Unternehmer zu werden oder welche erlauben, mehr Arbeitsplätze als bisher zu schaffen.

Wenn wir versuchen, die Wirtschaft nur zum Vorteil einer einzigen Gruppe oder Schicht zu betreiben, schädigen oder ruinieren wir alle Gruppen, auch die, der all diese Bemühungen galten. Die Wirtschaft muß für alle dasein.

21.
Die Aufgabe der Profite

Der Abscheu, den viele heute zeigen, wenn das Wort *Gewinn* auch nur erwähnt wird, beweist, wie gering das Verständnis für die lebenswichtige Rolle ist, welche die Gewinne in unserer Wirtschaft spielen. Um unser Verständnis zu erhöhen, werden wir uns noch einmal mit einigen Details des schon in Kapitel 14 behandelten Preissystems befassen, das Thema jedoch von einer anderen Seite her angehen.

Gesamtwirtschaftlich gesehen erreichen die Gewinne gar keinen so großen Umfang. Die Nettoeinnahmen der amerikanischen Kapitalgesellschaften beliefen sich beispielsweise in den 15 Jahren von 1929 bis einschließlich 1943 durchschnittlich auf weniger als fünf Prozent des gesamten Volkseinkommens. Die Gesellschaftsgewinne nach Steuern lagen in den fünf Jahren von 1956 bis einschließlich 1960 im Durchschnitt bei weniger als sechs Prozent des Volkseinkommens. Für die Jahre von 1971 bis 1976 waren es ebenfalls knapp sechs Prozent (obwohl die Gewinne als Folge unzureichender Wertberichtigungen im Hinblick auf die Inflation wahrscheinlich überbewertet waren). Und doch sind Gewinne die Einkommensform, die den meisten Anfeindungen ausgesetzt ist. Es ist bezeichnend, daß ein Wort wie *Profitmacher* existiert, um diejenigen zu brandmarken, die angeblich übermäßige Gewinne erzielen, während es die Begriffe »Lohnmacher« oder »Verlustmacher« nicht gibt. Dabei kann der Durchschnittsgewinn des Besitzers eines Frisiersalons nicht nur weit unter dem Gehalt eines Filmstars oder eines angestellten Firmenchefs liegen, sondern sogar weniger als der Durchschnittslohn eines gelernten Arbeiters betragen.

Der Gegenstand ist befrachtet mit Mißverständnissen vielfältigster Art. Der Gesamtgewinn von Exxon, des größten Industrieunternehmens der Welt, wird eher als typisch denn als Ausnahme hingestellt. Nur wenige Menschen sind mit den Ausfallquoten in der Wirtschaft vertraut. Sie wissen nicht, um die TNEC-Studie zu zitieren, daß, »sollten die geschäftlichen Bedingungen der letzten 50 Jahre weiterbestehen, nur 70 Prozent der Lebensmittelgeschäfte das zweite Jahr erleben, und voraussichtlich nur 40 Prozent ihr viertes«. Sie wissen nicht, daß der Einkommensteuerstatistik zufolge zwischen 1930 und 1938 in jedem Jahr die Zahl der Firmen, die einen Verlust auswiesen, größer war als die der Unternehmen, die einen Gewinn vorweisen konnten.

Wie hoch sind die Gewinne im Durchschnitt?

Bei der Antwort auf diese Frage werden im allgemeinen die Zahlen genannt, die ich zu Beginn dieses Kapitels angeführt habe — Gesellschaftsgewinne von durchschnittlich weniger als sechs Prozent des Volkseinkommens. Oder es wird darauf hingewiesen, daß die Durchschnittsgewinne aller herstellenden Unternehmen nach Einkommensteuern weniger als fünf Cents pro Dollar Umsatz betragen. (In den fünf Jahren von 1971 bis einschließlich 1975 waren es zum Beispiel nur 4,6 Cents.) Doch diese offiziellen Zahlen beziehen sich nur auf die Unternehmensergebnisse, die nach herkömmlichen Bilanzierungsmethoden errechnet wurden, und sind dennoch weit kleiner, als sich die Öffentlichkeit Gewinne im allgemeinen vorstellt. Es gibt bisher keine verläßliche Schätzung, bei der Personen- und Kapitalgesellschaften über einen längeren Zeitraum mit guten und schlechten Jahren berücksichtigt worden wären. Aber einige bedeutende Wirtschaftsfachleute glauben, daß über eine längere Periode von Jahren gerechnet unter Umständen überhaupt kein Nettogewinn bleibt, sich vielleicht sogar ein Nettoverlust ergibt – wenn nämlich sämtliche Verluste, eine minimale »risikolose« Verzinsung des investierten Kapitals und ein »vernünftiger« Unternehmerlohn berücksichtigt werden. Das ist aber keineswegs so, weil Unternehmer besondere Menschenfreunde wären, sondern weil ihr Optimismus und ihr Selbstvertrauen sie zu oft in Geschäfte hineinziehen, die nicht erfolgreich sind oder sein können.[1]

Auf jeden Fall steht fest, daß jeder, der Kapital in ein riskantes Geschäft steckt, nicht nur das Risiko eingeht, keine Verzinsung zu bekommen, sondern auch das, sein

---

1 Vgl. Frank H. Knight, *Risk, Uncertainty and Profit,* (1921). Für die Perioden mit Nettokapitalanhäufung kann jedoch angenommen werden, daß es netto auch Gesamtgewinne aus früheren Investitionen gegeben haben muß.

ganzes Kapital einzubüßen. Bisher haben die hohen Gewinne in spezialisierten Unternehmen oder Branchen gelockt und den Ausschlag gegeben, das hohe Risiko auf sich zu nehmen. Aber wenn die Gewinne auf, sagen wir, maximal zehn Prozent oder einen ähnlichen Satz begrenzt werden, das Risiko, sein ganzes Kapital zu verlieren, aber bleibt, wie wirkt sich das aller Voraussicht nach auf das Gewinnstreben und damit auf die Beschäftigung und die Produktion aus? Die in den Vereinigten Staaten im Zweiten Weltkrieg eingeführte Mehrgewinnsteuer hat gezeigt, wie sehr eine solche Begrenzung die Leistungsbereitschaft untergräbt, selbst wenn sie nur kurz wirksam ist.

Aber fast überall nehmen die Regierungen heute offenbar an, daß die Produktion automatisch weiterläuft, wie sehr man sie auch gängelt. Eine der größten Gefahren für die Produktion weltweit liegt heute noch immer in der Festsetzung von Preisen durch die Regierungen. Diese Maßnahmen ziehen nicht nur einen Artikel nach dem anderen aus der Produktion, weil sie den Anreiz zu seiner Herstellung nehmen. Sie verhindern auf lange Sicht auch ein Produktionsgleichgewicht, das im Einklang mit der tatsächlichen Nachfrage der Verbraucher steht. In einer freien Wirtschaft verhält sich die Nachfrage so, daß einige Hersteller solche Gewinne machen, die in den Augen einiger Regierungen »übermäßig«, »unverschämt« oder gar »obszön« sind. Aber eben diese Tatsache veranlaßt nicht nur alle Firmen dieser Branche, ihre Produktion so weit wie möglich zu steigern und die Gewinne in bessere Maschinen und neue Arbeitsplätze zu investieren, sie zieht auch neue Investoren und Hersteller an, bis die Produktion in dieser Branche groß genug ist, die Nachfrage zu befriedigen, und die Gewinne wieder auf (oder unter) das Durchschnittsniveau fallen.

In einer freien Wirtschaft, in der die Löhne, Kosten und Preise dem freien Spiel des Wettbewerbs auf dem Markt überlassen werden, entscheidet die Aussicht auf Gewinne darüber, welche Produkte in welcher Menge hergestellt werden – und was überhaupt nicht produziert wird. Wenn die Herstellung eines Artikels keinen Gewinn abwirft, ist das ein Zeichen, daß die dafür eingesetzte Arbeit und das Kapital fehlgeleitet worden sind. Der Wert der bei der

Produktion verbrauchten Mittel ist höher als der Wert der Ware selbst.

Eine Aufgabe des Gewinns besteht also kurz gesagt darin, die Produktionsfaktoren so zu lenken, daß der Ausstoß an vielen tausend verschiedenen Gütern mit der Nachfrage übereinstimmt. Selbst ein hervorragender Bürokrat kann dieses Problem nicht willkürlich lösen. Preise und Gewinne, die sich frei bilden können, maximieren die Produktion und beseitigen Engpässe schneller als jedes andere System. Willkürlich festgesetzte Preise und willkürlich begrenzte Gewinne können die Engpässe nur verlängern und verringern Produktion und Beschäftigung.

Die Gewinne haben schließlich auch die Aufgabe, jeden im Wettbewerb stehenden Unternehmer unablässig unter Druck zu setzen, damit er weitere Kosteneinsparungen und Leistungssteigerungen vornimmt, gleichgültig wie weit er sie schon verwirklicht hat. In guten Zeiten macht er das, um seinen Gewinn noch weiter zu erhöhen, in normalen Zeiten, um seinen Wettbewerbsvorsprung zu halten, und in schlechten Zeiten muß er es vielleicht tun, um überleben zu können. Denn die Gewinne können nicht nur auf Null zugehen, sie können sich auch sehr schnell in Verluste verwandeln; und der Mensch unternimmt größere Anstrengungen, wenn er sich vor dem Untergang retten muß, als wenn es nur darum geht, seine Position zu verbessern.

Im Gegensatz zu der weitverbreiteten Meinung werden Gewinne nicht durch Preiserhöhungen erzielt, sondern dadurch, daß man Kosteneinsparungen und produktivitätssteigernde Maßnahmen vornimmt, welche die Produktionskosten senken. Es kommt nur selten vor, daß *jedes* Unternehmen einer Branche Gewinn macht; und falls nicht ein Monopol besteht, geschieht das in der Regel überhaupt nicht. Der Preis, den alle Firmen für das gleiche Gut oder die gleiche Dienstleistung verlangen, muß einheitlich sein; wer einen höheren Preis fordert, findet keinen Käufer. Die größten Gewinne machen folglich die Unternehmen, welche die niedrigsten Produktionskosten haben. Sie expandieren zu Lasten der unproduktiven Firmen mit den höheren Kosten. Das dient dem Verbraucher und der Öffentlichkeit.

Gewinne, die sich aus dem Verhältnis der Kosten zu den

Preisen ergeben, sagen uns also nicht nur, welche Güter herzustellen am wirtschaftlichsten ist, sondern auch, welches die wirtschaftlichsten Methoden sind, um sie zu produzieren. Diese Fragen muß ein sozialistisches System ebenso wie ein kapitalistisches beantworten; jedes Wirtschaftssystem muß sie beantworten. Und bei den allermeisten Gütern und Dienstleistungen, die produziert werden, sind die Antworten, die Gewinn und Verlust unter freien Wettbewerbsbedingungen liefern, denen weit überlegen, die durch andere Methoden erlangt werden.

Ich habe mein Augenmerk besonders auf die Tendenz gerichtet, die Produktionskosten zu senken, denn das ist die Aufgabe von Gewinn und Verlust, die meiner Meinung nach am wenigsten zur Kenntnis genommen wird. Der größere Gewinn geht selbstverständlich an den, der eine *bessere* Mausefalle als sein Nachbar baut, und auch an den, der sie rationeller baut. Doch die Aufgabe des Gewinns, überlegene Qualität und Neuerungen zu belohnen und anzuregen, ist immer gesehen worden.

22.
Das süße Gift Inflation

Ich habe es als notwendig erachtet, von Zeit zu Zeit darauf hinzuweisen, daß eine bestimmte Maßnahme ein bestimmtes Ergebnis nach sich ziehen würde, »vorausgesetzt es herrscht keine Inflation«. In den Kapiteln über öffentliche Arbeit und Kredit habe ich erklärt, daß wir auf Komplikationen, die sich durch inflationistische Tendenzen ergeben, erst später zu sprechen kommen könnten. Aber Geld und Geldpolitik hängen so eng und manchmal unentwirrbar mit allen wirtschaftlichen Vorgängen zusammen, daß diese Trennung selbst aus Gründen der besseren Darstellung sehr schwierig war. Und in den Kapiteln über die Auswirkungen verschiedener lohnpolitischer Maßnahmen von Staat und Gewerkschaften auf Beschäftigung, Gewinne und Produktion mußten einige Folgen der Geldpolitik sofort mitbehandelt werden.

Bevor wir die Folgen der Inflation in einzelnen Fällen untersuchen, sollten wir uns mit ihren generellen Auswirkungen vertraut machen. Aber vorher noch erscheint die Frage angebracht, warum man immer wieder zur Inflation Zuflucht genommen hat, warum sie die Menschen seit jeher anzieht, und warum ihre Sirenenklänge ein Land nach dem anderen in den wirtschaftlichen Abgrund gezogen haben.

Der offenkundigste und doch älteste und hartnäckigste Irrtum, auf dem die Anziehungskraft der Inflation beruht, ist der, Geld und Reichtum durcheinanderzubringen. »Daß Reichtum in Geld, oder in Gold und Silber besteht,« schrieb Adam Smith vor mehr als 200 Jahren, »ist eine verbreitete Ansicht, die sich aus der Doppelfunktion des Geldes ergibt, als dem Instrument des Handels und dem Maß für Reichtum... Reich zu werden bedeutet, Geld zu haben, und Reichtum und Geld werden in der Alltagssprache kurzerhand als in jeder Beziehung gleichbedeutend betrachtet.«

Der wirkliche Reichtum ist natürlich das, was wir herstellen und verbrauchen: die Nahrung, die wir zu uns nehmen, die Kleidungsstücke, die wir tragen, die Häuser, in denen wir wohnen. Es sind Eisenbahnen und Straßen und Autos, Schiffe, Flugzeuge und Fabriken, Schulen, Kirchen und Theater, Klaviere, Gemälde und Bücher. Doch die verbale Doppeldeutigkeit, die Geld und Reichtum nicht auseinanderhalten kann, ist so machtvoll, daß selbst die immer wieder in sie verfallen, denen die Verwechslung hin und wieder bewußt wird. Jeder weiß, daß er, wenn er persönlich mehr Geld besäße, mehr von anderen kaufen könnte. Hätte er doppel soviel Geld, könnte er doppel soviel kaufen. Hätte er dreimal soviel Geld, wäre er dreimal so »reich«. Und vielen erscheint es als selbstverständlich, daß wir alle, wenn der Staat nur mehr Geld drucken und an uns verteilen würde, um eben soviel reicher wären. Das sind die naivsten Inflationisten.

Dann gibt es eine zweite, nicht ganz so naive Gruppe. Ihnen ist klar, daß nicht alles so einfach ist und der Staat nicht sämtliche Probleme dadurch lösen kann, daß er Geld druckt. Sie merken, daß die Sache irgendeinen Haken hat, und möchten das zusätzliche Geld, das der Staat in Umlauf bringen soll, mengenmäßig irgendwie begrenzen. Sie würden nur soviel drucken lassen, daß man damit gerade irgendein vermeintliches »Defizit« oder eine »Lücke« ausgleichen könnte.

Es fehlt ständig an Kaufkraft, meinen sie, weil die Industrie irgendwie nicht genug Geld an die Beschäftigten verteilt, um sie, die Konsumenten, in die Lage zu versetzen, das Produkt »zurückzukaufen«, das hergestellt worden ist. Irgendwo ist ein unerklärliches »Leck«. Die einen »beweisen« das mit Hilfe von Gleichungen. Auf der einen Seite ihrer Gleichungen zählen sie eine Position nur einmal, auf der anderen Seite zählen sie die gleiche Position unbewußt gleich mehrere Male. Das ergibt eine verwirrende Lücke zwischen dem, was sie die »Zahlung A« und die »Zahlungen A + B« nennen. So gründen sie eine Bewegung und bestehen darauf, daß der Staat Geld oder »Kredite« gibt, um die fehlende Zahlung B auszugleichen.

Diese einfältigeren Verfechter eines »Sozialkredits« kommen uns vielleicht lächerlich vor. Doch es gibt unzählige andere Schulen kaum anspruchsvollerer Inflationisten, die »wissenschaftliche« Pläne haben, gerade soviel zusätzliches Geld oder Kredit zu geben, um ein vermeintliches chronisches oder vorübergehendes Defizit oder Loch zu stopfen, das sie auf irgendeine andere Art berechnen.

Die Inflationisten mit etwas mehr Durchblick wissen zwar, daß jede ins Gewicht fallende Erhöhung der Geldmenge die Kaufkraft der einzelnen Geldeinheit verringert, daß sie mit anderen Worten zu steigenden Güterpreisen führt. Aber das stört sie nicht. Es ist im Gegenteil gerade der Grund, warum sie die Inflation wollen. Einige von ihnen behaupten, das verbessere die Position der armen Schuldner gegenüber den reichen Gläubigern. Andere glauben, es rege den Export an und hemme den Import. Wieder andere halten es für eine bedeutsame Maßnahme gegen eine Rezession, welche »die Wirtschaft wieder in Gang bringt« und »Vollbeschäftigung« schafft.[1]

---

1 Allen unnötigen Beiwerks entkleidet, ist das die Theorie der Keynesianer. In meinem Buch *The Failure of the »New Economics«* (New Rochelle, New York, Arlington House, 1959) habe ich mich eingehend mit dieser Theorie befaßt.

Es gibt unzählige Theorien darüber, wie eine gestiegene Geldmenge (einschließlich der Bankkredite) die Preise beeinflußt. Auf der einen Seite stehen, wie wir gesehen haben, diejenigen, die der Ansicht sind, daß sich die Geldmenge fast unbegrenzt erweitern lasse, ohne daß die Preise davon berührt werden. Sie betrachten die vermehrte Geldmenge lediglich als Mittel, die »Kaufkraft« aller zu erhöhen, und zwar in dem Sinn, daß jeder dann mehr als vorher kaufen kann. Entweder denken sie nie daran, daß die Menschen insgesamt nur dann doppelt so viele Produkte kaufen können wie vorher, wenn auch doppelt so viele hergestellt werden. Oder sie glauben, daß das einzige, was einen unbegrenzten Produktionsanstieg bremst, nicht fehlende Arbeitskräfte, Arbeitsstunden oder Produktivität sind, sondern lediglich mangelnde monetäre Nachfrage. Wenn, so meinen sie, die Leute etwas kaufen wollen und auch über das nötige Geld verfügen, werden fast automatisch mehr Waren hergestellt.

Auf der anderen Seite steht die Gruppe, die auch einige bekannte Wirtschaftstheoretiker umfaßt und eine streng mechanische Theorie über die Auswirkungen des Geldangebots auf die Warenpreise vertritt. Das gesamte Geld eines Landes steht nach Darstellung dieser Theoretiker der Gesamtheit der Güter gegenüber. Daher muß der Wert der mit der »Umlaufgeschwindigkeit« multiplizierten Gesamtmenge des Geldes immer dem Wert der Gesamtmenge der gekauften Güter gleich sein. Ferner muß sich (bei Annahme unveränderter Umlaufgeschwindigkeit) der Wert der Geldeinheit im Verhältnis zu dem in Umlauf gebrachten Betrag genau entgegengesetzt verändern. Man verdopple die Menge des Geldes und der Bankkredite, und schon verdoppelt man das »Preisniveau«. Verdreifacht man sie, erhöht man das Preisniveau genau um das Dreifache. Multipliziert man, kurz gesagt, die Geldmenge mit n, muß man auch die Preise der Waren mit n multiplizieren.

Der Platz reicht nicht, um allen Trugschlüssen nachzugehen, die sich hinter diesem scheinbar einleuchtenden Sachverhalt verbergen.[2] Wir wollen statt dessen versuchen fest-

---

[2] Der an ihrer Untersuchung interessierte Leser sei hingewiesen auf B. M. Anderson, *The Value of Money* (1917; Neuauflage 1936); Ludwig von Mises, *The Theory of*

zustellen, warum und wie ein Anstieg der Geldmenge die Preise erhöht.

Nehmen wir an, die Geldmenge steigt, weil der Staat mehr ausgibt, als er Steuern einnimmt (oder durch den Verkauf von Obligationen erlöst, die von der Bevölkerung mit realen Ersparnissen bezahlt werden). Unterstellen wir, der Staat druckt zusätzlich Geld, um Rüstungsunternehmen bezahlen zu können. Dann ist die erste Folge dieser Ausgaben, daß die Preise der Rüstungsgüter steigen und die Rüstungsunternehmer und ihre Beschäftigten zusätzlich Geld in die Hand bekommen. (Da wir im Kapitel über Preiskontrolle aus Gründen der Verständlichkeit einige inflationsbedingte Schwierigkeiten aufgeschoben haben, können wir jetzt, wo wir uns mit der Inflation beschäftigen, die Komplikationen übergehen, die durch Preiskontrollen des Staates verursacht werden. Sie verändern ohnehin das Ergebnis nicht wesentlich, sondern führen nur zu einer Art rückwärts gerichteter oder »unterdrückter« Inflation, die einige der Frühfolgen abschwächt oder verschleiert, dafür aber schwerere Spätfolgen aufweist.)

Die Rüstungsunternehmer und ihre Beschäftigten haben also höhere Geldeinkommen. Sie geben sie für die Güter und Dienstleistungen aus, die sie haben möchten. Die Anbieter dieser Produkte und Dienste können ihre Preise aufgrund der gestiegenen Nachfrage anheben. Die Empfänger der gestiegenen Geldeinkommen werden bereit sein, diese höheren Preise zu zahlen, und kaum auf den Kauf verzichten. Denn sie haben mehr Geld im Portemonnaie, und die Mark hat in ihren Augen einen geringeren subjektiven Wert.

Wir wollen die Rüstungsunternehmer und ihre Beschäftigten Gruppe A nennen, und diejenigen, von denen sie direkt die zusätzlichen Waren und Dienstleistungen kaufen, Gruppe B. Gruppe B kauft nun selbst infolge der höheren Umsätze und Preise mehr Waren und Dienstleistungen von einer weiteren Gruppe C. Gruppe C wiederum ist in der Lage, ihre Preise anzuheben und erzielt höhere Einkünfte,

---

Money and Credit (amerikanische Auflagen 1935 und 1953), oder auf mein Buch *Inflation Crisis, and How to Resolve It* (New Rochelle, New York, Arlington House, 1978).

die sie bei der Gruppe D ausgeben kann, und so weiter, bis die Preis- und Einkommenserhöhungen praktisch das ganze Land erfaßt haben. Ist der Prozeß abgeschlossen, hat fast jeder ein höheres Einkommen, in Geld ausgedrückt. Aber die *Preise* der Waren und Dienstleistungen sind entsprechend gestiegen, wobei wir unterstellen, daß die Produktion der Güter und die Dienstleistungen nicht zugenommen haben. Das Land ist nicht reicher als vorher.

Das heißt jedoch nicht, daß der relative oder absolute Reichtum und das Einkommen unverändert bleiben. Der Inflationsprozeß berührt vielmehr mit Sicherheit das Geschick der einzelnen Gruppen unterschiedlich stark. Die ersten Gruppen, die das zusätzliche Geld erhalten, profitieren am meisten. Die Geldeinkommen der Gruppe A beispielsweise nehmen zu, bevor die Preise steigen, so daß die Begünstigten fast im gleichen Verhältnis mehr kaufen können. Die Geldeinkommen der Gruppe B erhöhen sich später, wenn die Preise bereits etwas angezogen haben, aber Gruppe B steht sich, in Gütern ausgedrückt, immer noch besser. Inzwischen sind die Gruppen, deren Geldeinkommen noch nicht gestiegen sind, gezwungen, höhere Preise für die Produkte zu zahlen, die sie kaufen. Das heißt, sie sind genötigt, sich mit einem niedrigeren Lebensstandard als vorher abzufinden.

Wir können den Prozeß mit Hilfe einiger hypothetischer Zahlen noch weiter verdeutlichen. Unterteilen wir die Gemeinschaft willkürlich in vier große Gruppen von Unternehmen und ihren Beschäftigten, A, B, C und D, denen die aus den gestiegenen Geldeinkommen herrührenden Inflationsvorteile in dieser Reihenfolge zufließen. Dann sind die Geldeinkommen der Gruppe A bereits um 30 Prozent gestiegen, die Preise der Waren, die sie kauft, aber überhaupt noch nicht. Wenn die Geldeinkommen der Gruppe B um 20 Prozent zugenommen haben, haben die Preise erst um durchschnittlich zehn Prozent angezogen. Wenn die Geldeinkommen der Gruppe C jedoch erst um zehn Prozent gewachsen sind, haben sich die Preise schon um 15 Prozent erhöht. Und wenn die Geldeinkommen der Gruppe D noch gar nicht gestiegen sind, haben die Durchschnittspreise, die sie für die von ihr gekauften Waren zahlen muß, bereits um

20 Prozent zugenommen. Die Gewinne der ersten Gruppen, die von den höheren Preisen oder Löhnen der Inflation profitieren, sind also nur durch die Verluste möglich, welche die Gruppen (als Verbraucher) zu tragen haben, die als letzte in der Lage sind, ihre Preise oder Löhne zu erhöhen. Wenn die Inflation nach einigen Jahren vielleicht zum Stillstand gebracht worden ist, könnte das Ergebnis zum Beispiel in einer 25prozentigen Steigerung der Geldeinkommen und einer gleich hohen durchschnittlichen Zunahme der Preise bestehen, die beide etwa gleichmäßig über alle Gruppen verteilt sind. Aber das macht nicht die Gewinne und Verluste der Übergangszeit rückgängig. Die Gruppe D zum Beispiel kann trotz einer am Ende 25prozentigen Einkommens- und Preiserhöhung nur so viele Güter und Dienstleistungen kaufen, wie vor Beginn der Inflation. Sie kann ihre Verluste nie ausgleichen, die in der Periode entstanden sind, als ihr Einkommen und ihre Preise überhaupt nicht stiegen, sie aber bis zu 30 Prozent mehr für die Güter und Dienstleistungen zahlen mußte, die sie von den anderen Herstellergruppen A, B und C insgesamt kaufte.

So erweist sich auch die Inflation nur als ein weiteres Beispiel unserer Hauptlektion. Sie kann durchaus begünstigten Gruppen für kurze Zeit Vorteile verschaffen, aber nur auf Kosten anderer. Und langfristig betrachtet hat sie verheerende Folgen für die ganze Gemeinschaft. Selbst eine verhältnismäßig schwache Inflation verzerrt das Produktionsgefüge. Sie führt zur übermäßigen Expansion einiger Branchen zu Lasten anderer. Das bedeutet falschen Einsatz und Verschwendung von Kapital. Wenn die Inflation zusammenbricht oder zum Stillstand kommt, können die fehlgeleiteten Investitionen – seien es Maschinen, Fabriken oder Verwaltungsgebäude – keine angemessene Rendite abwerfen und büßen einen großen Teil ihres Wertes ein.

Es ist auch nicht möglich, die Inflation sanft abzubremsen und aufzuhalten und dadurch eine Rezession abzuwenden. Es ist nicht einmal möglich, eine Inflation, in die man hineingezogen worden ist, an einem vorher festgelegten Punkt zum Stillstand zu bringen, oder dann, wenn die Preise ein im voraus als kritisch angesehenes Niveau erreicht haben. Denn sowohl die politischen wie die wirtschaftlichen Kräfte sind außer Kontrolle geraten. Man wird sich nicht für eine 25prozentige Erhöhung der Preise durch die Inflation aussprechen können, ohne daß nicht irgendein anderer eine 50prozentige Steigerung für doppelt so gut, und wieder ein anderer eine 100prozentige Zunahme für viermal so gut hält. Die politischen Interessenverbände, die ihren Nutzen aus der Inflation gezogen haben, werden darauf bestehen, daß sie weitergaloppiert.

Darüber hinaus ist es nicht möglich, den Geldwert zu überwachen, wenn Inflation herrscht. Denn die Ursache ist, wie wir gesehen haben, nie rein mechanisch. Man kann zum Beispiel nicht im voraus sagen, daß eine Verdoppelung der Geldmenge sich in einer Halbierung des Wertes der betreffenden Geldeinheit niederschlägt. Der Geldwert hängt, wie wir wissen, von der subjektiven Bewertung der Personen ab, die das Geld in Händen haben. Und bei dieser Bewertung ist nicht nur die Geldmenge ausschlaggebend, über die jemand verfügt. Es zählt auch die *Qualität* des Geldes. Im Krieg steigt der Kurs der Geldeinheit eines Landes, das nicht dem Goldstandard folgt, bei einem Sieg und fällt bei einer Niederlage, und zwar unabhängig von Veränderungen in der Geldmenge. Die momentane Bewertung wird oft davon abhängen, wie groß die Geldmenge nach Meinung der Menschen *demnächst* sein wird. Und wie bei der Warenspekulation wird die Bewertung des Geldes durch den einzelnen nicht nur davon beeinflußt, welchen Wert *er* dem Geld beimißt, sondern auch davon, wie seiner Meinung nach *alle anderen* das Geld bewerten werden.

Das erklärt auch, warum der Wert der Geldeinheit bei der galoppierenden Inflation sehr viel schneller fällt, als die Geldmenge zunimmt oder zunehmen kann. Ist dieses Stadium erst einmal erreicht, ist die Katastrophe fast komplett und das System bankrott.

Doch die fanatische Begeisterung für die Inflation ist ungebrochen. Fast hat es den Anschein, als wäre kein Land imstande, aus den Erfahrungen anderer Länder zu lernen, als hätten die vielen Generationen vor uns umsonst gelitten. Jede Generation, jedes Land erliegt der gleichen Fata Morgana. Alle greifen sie nach ihr, nur um zu erleben, wie sie sich in Nichts auflöst. Denn es liegt im Wesen der Inflation, tausenderlei Illusionen zu wecken.

Das in unseren Tagen am häufigsten vorgebrachte Argument zugunsten der Inflation lautet, die Inflation »halte die Räder der Wirtschaft in Schwung«, bewahre uns vor den nicht wieder gutzumachenden Verlusten wirtschaftlichen Stillstands und schaffe »Vollbeschäftigung«. In seiner einfacheren Form geht dieser Gedanke auf die uralte Verwechslung von Geld und wirklichem Reichtum zurück. Er unterstellt, daß neue »Kaufkraft« geschaffen wird, und die Auswirkungen dieser neugeschaffenen Kaufkraft immer weitere Kreise ziehen und sich selbst multiplizieren, wie die Ringe, die ein Stein verursacht, den man ins Wasser wirft. Die echte Kaufkraft besteht jedoch, wie wir gesehen haben, in (anderen) Gütern. Sie kann nicht einfach auf wunderbare Weise dadurch vermehrt werden, daß ein paar Papierfetzen bedruckt und Mark genannt werden. Was grundsätzlich in einer Tauschwirtschaft geschieht, ist, daß die Produkte, die A herstellt, gegen die Produkte ausgetauscht werden, die B herstellt.[3]

In Wirklichkeit macht die Inflation folgendes: sie verändert das Verhältnis von Preisen und Kosten. Die wichtigste Veränderung, die sie bringen soll, besteht darin, die Güterpreise im Verhältnis zu den Löhnen zu erhöhen. Dadurch sollen die Unternehmergewinne gehalten und eine Wiederaufnahme der Produktion dort angeregt werden, wo es freie Ressourcen gibt, indem ein günstiges Verhältnis zwischen Preisen und Produktionskosten wiederhergestellt wird.

Es sollte eigentlich auf der Hand liegen, daß sich dies direkter und ehrlicher durch eine Verringerung der nicht haltbaren Lohnsätze erreichen ließe. Aber die fortgeschrit-

---

3 Vgl. John Stuart Mill, *Principles of Political Economy* (Buch 3, Kapitel 14, Absatz 2); Alfred Marshall, *Principles of Economics* (Buch VI, Kapitel XIII, Abschnitt 10); Benjamin M. Anderson, »A Refutation of Keynes' Attack on the Doctrine that Aggregate Supply Creates Aggregate Demand«, in: *Financing American Prosperity* von einem aus Wirtschaftswissenschaftlern bestehenden Symposion. Vgl. auch das vom Autor dieses Buches herausgegebene Symposion *The Critics of Keynesian Economics* (New Rochelle, New York, Arlington House, 1960).

teneren Befürworter der Inflation glauben, daß dies heutzutage politisch nicht möglich sei. Manchmal gehen sie noch weiter und machen geltend, daß alle Anregungen, unter Umständen bestimmte Löhne direkt zu kürzen, um die Arbeitslosigkeit abzubauen, »arbeiterfeindlich« seien. Dabei regen sie doch selber, grob gesehen, an, über einen Anstieg der Preise und damit geringere *Real*löhne (also Löhne, in Kaufkraft ausgedrückt) die Beschäftigten zu *täuschen*.

Sie vergessen dabei, daß auch die Beschäftigten klüger geworden sind, daß die großen Gewerkschaften Wirtschaftswissenschaftler beschäftigen, die wissen, was Indexzahlen sind und darauf achten, daß die Arbeiter nicht übervorteilt werden. Unter den gegenwärtigen Bedingungen wird die Politik daher kaum solche wirtschaftlichen oder politischen Ziele verwirklichen können. Denn gerade die Löhne der mächtigsten Gewerkschaften bedürften am ehesten einer Korrektur. Und mit Sicherheit werden diese Gewerkschaften darauf bestehen, daß ihre Löhne mindestens im gleichen Verhältnis steigen, wie der Index der Lebenshaltungskosten. Das nicht tragbare Verhältnis zwischen Preisen und wichtigen Löhnen wird bleiben, wenn die mächtigen Gewerkschaften nicht nachgeben. Das Lohngefüge kann sogar noch stärker verzerrt werden. Denn die breite Masse der nicht organisierten Arbeiter, deren Löhne selbst vor der Inflation nicht von den anderen abgewichen waren (und vielleicht sogar durch die Exklusivität der Gewerkschaften unangemessen gedrückt wurden), wird während der Übergangszeit durch den Preisanstieg noch mehr bestraft.

Die etwas weiter fortgeschrittenen Verfechter der Inflation sind mit einem Wort unaufrichtig. Sie legen ihre Karten nicht auf den Tisch und hintergehen sich letzten Endes sogar selbst. Sie beginnen wie die naiveren Inflationisten vom Papiergeld zu sprechen, als wäre es eine Form des Reichtums, der nach Belieben mit Hilfe der Druckerpresse vermehrt werden könnte. Sie sprechen sogar ernsthaft von einem »Multiplikator«, durch den jede Mark, die der Staat druckt und ausgibt, wie von Zauberhand den Gegenwert von mehreren Mark erhält, die den Reichtum des Landes steigern.

Sie lenken, kurz gesagt, sowohl die Aufmerksamkeit der Öffentlichkeit wie die eigene von den eigentlichen Ursachen jeder bestehenden Rezession ab. Denn die eigentlichen Ursachen sind meistens Fehlanpassungen innerhalb des Lohn-Kosten-Preis-Gefüges; Fehlanpassungen zwischen Löhnen und Preisen, zwischen Rohstoff- und Fertigwarenpreisen, zwischen zwei Preisen oder zwei Lohnsätzen. An irgendeinem Punkt haben diese Fehlanpassungen den Anreiz zur Produktion genommen oder es praktisch unmöglich gemacht, noch weiterzuproduzieren. Und durch die organische wechselseitige Abhängigkeit unserer Tauschwirtschaft breitet sich der Abschwung aus. Erst wenn diese Fehlanpassungen korrigiert sind, kann die Produktion in vollem Umfang wiederaufgenommen und Vollbeschäftigung wiederhergestellt werden.

Es trifft zwar zu, daß die Inflation sie vielleicht manchmal berichtigt, doch es ist eine unüberlegte und gefährliche Methode. Sie bringt ihre Korrekturen nicht offen und ehrlich an, sondern macht sich die Illusion zunutze. Die Inflation wirft über jeden wirtschaftlichen Vorgang einen Schleier aus Illusionen. Sie verwirrt und täuscht fast jeden, sogar diejenigen, die unter ihr zu leiden haben. Wir alle sind gewohnt, unser Einkommen und unseren Reichtum in Geld auszudrücken. Diese Angewohnheit ist so stark, daß selbst Fachleute, die von Berufs wegen mit wirtschaftlichen und statistischen Fragen befaßt sind, sie nicht immer abschütteln können. Es ist nicht leicht, Beziehungen immer in Kategorien realer Güter und realen Wohlstands zu sehen. Wer fühlt sich nicht reicher und stolzer, wenn er erfährt, das Volkseinkommen (selbstverständlich in Mark) habe sich im Vergleich zu irgendeiner vorinflationären Periode verdoppelt? Selbst die Büroangestellte, die bisher 400 Mark in der Woche verdient hat und jetzt 500 Mark bekommt, glaubt, sie stehe sich jetzt besser, obwohl die Lebenshaltungskosten doppelt so hoch sind wie ursprünglich. Natürlich ist sie nicht blind und hat gemerkt, daß das Leben teurer geworden ist. Aber sie ist sich nicht so sehr ihrer wirklichen Lage bewußt, wie sie es gewesen wäre, wenn sich die Lebenshaltungskosten nicht geändert hätten und ihr Gehalt gekürzt worden wäre, so daß sie die gleiche verminderte Kaufkraft hätte wie jetzt; so aber ist ihr Gehalt wegen der gestiegenen Preise erhöht worden. Die Inflation ist die Autosuggestion, die Hypnose, das Betäubungsmittel, das der Operation die Schmerzen nimmt. Die Inflation ist Opium für das Volk.

Und genau das ist ihre politische Funktion. Eben weil die Inflation alles durcheinanderbringt, nehmen unsere modernen »Planwirtschafts«-Staaten so beharrlich Zuflucht zu ihr. Wir haben, um nur ein Beispiel zu nennen, in Kapitel 3 gesehen, daß die Annahme, öffentliche Arbeiten schaffen zwangsläufig neue Arbeitsplätze, falsch ist. Wenn das Geld durch Steuern aufgebracht wurde, dann, so haben wir festgestellt, wurde für jede Mark, die der Staat für öffentliche Arbeiten ausgab, von den Steuerzahlern eine Mark weniger zur Befriedigung der eigenen Wünsche ausgegeben; und für jeden Arbeitsplatz, der durch das staatliche Arbeitsprogramm geschaffen wurde, wurde ein privater Arbeitsplatz vernichtet.

Aber nehmen wir an, die öffentlichen Arbeiten werden nicht aus Steuereinnahmen finanziert. Unterstellen wir, die Mittel werden über die Defizitfinanzierung aufgebracht, das heißt durch Einnahmen aus Staatsverschuldung oder Rückgriff auf die Druckerpresse. Dann tritt das eben beschriebene Ergebnis anscheinend nicht ein. Die öffentlichen Arbeiten scheinen aus »neuer« Kaufkraft geschaffen worden zu sein. Man kann nicht sagen, daß die Kaufkraft den Steuerzahlern entzogen worden ist. Im Augenblick sieht es so aus, als habe das Land irgend etwas für nichts bekommen.

Aber wir wollen uns auf unsere Lektion besinnen und einen Blick auf die längerfristigen Folgen werfen. Das vom Staat geborgte Geld muß irgendwann wieder zurückgezahlt werden. Der Staat kann nicht unbegrenzt Schulden aufhäufen, denn wenn er das macht, ist er eines Tages bankrott. Adam Smith schrieb 1776:

»Wenn Staatsschulden erst einmal in einem gewissen Umfang angesammelt sind, gibt es, wie ich glaube, kaum ein einziges Beispiel, daß sie ehrlich und ganz zurückgezahlt worden wären. Die Rückführung der Staatsschulden ist, wenn überhaupt, immer durch einen Bankrott erfolgt; manchmal durch einen offen eingestandenen, aber immer durch einen echten Bankrott, wenngleich oft durch eine vorgetäuschte Zahlung.«

Aber wenn der Staat daran geht, die Schulden zurückzuzahlen, die wegen der öffentlichen Arbeiten aufgelaufen sind, muß er zwangsläufig mehr Steuern eintreiben als er ausgibt. In dieser späten Periode muß er daher wohl oder übel mehr Arbeitsplätze vernichten als er schafft. Die dann erforderliche besonders hohe Besteuerung zieht nicht nur Kaufkraft ab, sie senkt oder zerstört auch die Anreize zur Produktion und verringert damit den gesamten Reichtum und das Gesamteinkommen des Landes.

Der einzige Ausweg aus diesem Dilemma besteht in einer Annahme, die von den Verfechtern der Defizitfinanzierung selbstverständlich geltend gemacht wird. Die verantwortlichen Politiker geben das Geld selbstredend nur in Zeiten aus, die ansonsten durch Abschwung oder »Deflation« gekennzeichnet gewesen wären, und zahlen die Schulden prompt zurück, sobald Aufschwung oder »Inflation« herrscht. Das ist eine verführerische Geschichte, aber leider haben die verantwortlichen Politiker nie so gehandelt. Wirtschaftliche Voraussagen sind darüber hinaus derart unsicher, und die herrschenden politischen Zwänge oft so gelagert, daß Regierungen kaum jemals wie geschildert handeln werden. Die Defizitfinanzierung begründet, wenn man sich einmal auf sie eingelassen hat, starke rechtmäßige Interessen, die eine Fortsetzung dieser Politik unter allen Umständen verlangen.

Falls kein ernsthafter Versuch gemacht wird, die aufgelaufenen Schulden zurückzuzahlen, und statt dessen Zuflucht zur Inflation genommen wird, stellen sich die Folgen ein, die wir schon beschrieben haben. Denn das Land insgesamt kann nicht etwas erhalten, ohne dafür zu bezahlen. Die Inflation selbst ist eine Form der Besteuerung, vielleicht die schlimmstmögliche Form, denn sie trifft im allgemeinen diejenigen am härtesten, die am schwächsten sind. Unter der Annahme, daß die Inflation alles und jeden gleich belastete (was jedoch nie der Fall ist, wie wir gesehen haben), käme sie einer keine Unterschiede machenden Umsatzsteuer gleich, bei der für sämtliche Güter ein einheitlicher Prozentsatz gelten würde – für Brot und Milch genauso hoch, wie für Diamanten und Pelze. Oder man könnte sie sich als Einheitssteuer denken, die ausnahmslos alle Einkommen mit dem gleichen Steuersatz belegt. Sie ist nicht nur eine Steuer auf die Ausgaben des einzelnen, sondern auch auf seine Ersparnisse und seine Lebensversicherung. Sie ist eine einheitliche Kapitalabgabe, die keine Ausnahmen kennt und den Armen ebenso hoch belastet wie den Reichen.

Doch die Situation ist noch schlimmer, weil die Inflation, wie wir gesehen haben, nicht alle gleichmäßig belastet und das auch gar nicht kann. Einige sind härter betroffen als andere. Die Armen werden in der Regel durch die Inflation prozentual höher besteuert als die Reichen, denn sie haben nicht die gleichen Möglichkeiten, sich durch spekulative Ankäufe von Wertpapieren zu schützen. Die Inflation ist eine Steuerart, über die die Steuerbehörden keine Kontrolle mehr haben. Sie sucht sich wahllos ihre Opfer. Der Steuersatz, der durch die Inflation auferlegt wird, ist nicht festgelegt; er läßt sich nicht im voraus bestimmen. Wir wissen, wie hoch er heute ist, aber nicht, wie hoch er morgen sein wird. Und morgen wissen wir nicht, wie hoch er übermorgen sein wird.

Wie jede andere Steuer auch beeinflußt die Inflation den einzelnen und die geschäftlichen Maßnahmen, die zu ergreifen wir alle gezwungen sind. Sie untergräbt jegliche Vernunft und Sparsamkeit. Sie ermuntert zum Leichtsinn, zum Spielen und unbekümmerten Verschwenden. Oft ist es lohnender zu spekulieren als zu produzieren. Sie zerreißt das gesamte Netz der festen wirtschaftlichen Beziehungen. Ihre unverantwortlichen Ungerechtigkeiten bringen die Menschen dahin, zu verzweifelten Mittel zu greifen. Sie sät die Saat des Faschismus und Kommunismus. Sie läßt die Menschen nach totalitären Kontrollen rufen, und an ihrem Ende stehen unweigerlich bittere Ernüchterung und Zusammenbruch.

23.
Angriff auf das Sparen

Seit undenklichen Zeiten wird in weisen Sprüchen die Tugend des Sparens gepriesen und vor den Folgen der Verschwendungssucht und des Leichtsinns gewarnt. Diese sprichwörtlichen Weisheiten waren ein Spiegel der allgemeinen moralischen wie der rein praktischen Ansichten der Menschen. Aber es hat schon immer Verschwender gegeben und offensichtlich auch Menschen, die versucht haben, ihr Leben auf zu großem Fuß nachträglich verstandesmäßig zu begründen.

Die klassischen Wirtschaftstheoretiker widerlegten die Irrtümer ihrer Zeit und wiesen nach, daß eine Politik der Sparsamkeit, die zum Besten des einzelnen war, auch zum Besten des Landes war. Sie zeigten, daß der kluge Sparer, der Vorsorge für die Zukunft traf, der Gemeinschaft keinen Schaden zufügte, sondern ihr half. Doch inzwischen stehen die alte Tugend der Genügsamkeit und auch ihre Verteidigung durch die klassischen Wirtschaftstheoretiker wieder unter Beschuß, angeblich aus neuen Gründen, und in Mode ist das genaue Gegenteil – das Ausgeben.

Um die grundlegende Frage möglichst deutlich zu machen, gibt es, glaube ich, keinen besseren Weg als den, mit dem klassischen Beispiel Bastiats zu beginnen. Denken wir uns also zwei Brüder, von denen der eine ein Verschwender und der andere ein umsichtiger Mann ist. Beide haben eine Erbschaft gemacht, die ihnen ein jährliches Einkommen von 50 000 $ garantiert. Wir werden die Einkommensteuer und die Frage außer acht lassen, ob die beiden Brüder wirklich arbeiten müssen, um sich ihren Lebensunterhalt zu verdienen, oder den Großteil ihres Einkommens für wohltätige Zwecke ausgeben, denn solche Fragen sind für unsere Untersuchung ohne Belang.

Alvin, der eine Bruder, ist ein Verschwender, wie er im Buche steht. Er wirft das Geld nicht nur zum Fenster hinaus, wenn es ihm Spaß macht, sondern aus Prinzip. Er ist ein Anhänger von Rodbertus, der Mitte des 19. Jahrhunderts erklärte, daß Kapitalisten »ihre Einnahmen bis auf den letzten Pfennig für Bequemlichkeit und Luxus ausgeben müssen«, denn wenn sie »sich entschließen zu sparen,... sammeln sich die Güter an, und ein Teil der Arbeiter hat keine Arbeit mehr«.[1] Alvin verkehrt regelmäßig in Nachtclubs; er gibt fürstliche Trinkgelder, hält sich ein großzügiges Haus mit Bediensteten und Chauffeur; wie viele Autos er besitzt, weiß er nicht; er unterhält einen Rennstall, hat eine Yacht, reist viel, überhäuft seine Frau mit Schmuck und Pelzen und schenkt seinen Freunden teure und sinnlose Dinge.

Um sich all das leisten zu können, muß er sein Kapital angreifen. Aber was soll's? Wenn Sparen eine Sünde ist, muß Ausgeben eine Tugend sein. Und außerdem macht er doch nur den Schaden wieder gut, den sein knauseriger Bruder Benjamin mit seinem Sparen angerichtet hat.

Überflüssig zu erwähnen, daß Alvin umschwärmt wird von den Garderobenmädchen, den Kellnern, Restaurantbesitzern, Kürschnern, Juwelieren und in sonstigen Luxusgeschäften. Sie halten ihn für einen öffentlichen Wohltäter. Ohne Frage ist für jeden ersichtlich, daß er etwas für die Beschäftigung tut und sein Geld unter die Leute bringt.

Im Vergleich zu ihm ist der Bruder Benjamin weit weniger beliebt. Man sieht ihn nur selten einmal beim Juwelier, dem Kürschner oder in einem Nachtclub, und er nennt die Oberkellner auch nicht beim Vornamen. Während Alvin nicht nur seine Einnahmen von 50 000 $ jedes Jahr durchbringt, sondern auch noch sein Kapital angreift, lebt Benjamin weit bescheidener und gibt nur etwa 25 000 $ aus. Die Menschen, die nur sehen, was ihnen direkt ins Auge sticht, werden natürlich denken, daß er nicht einmal halb soviel für die Beschäftigung tut wie Alvin, und daß die übrigen 25 000 $ so nutzlos sind, als existierten sie überhaupt nicht.

Doch betrachten wir genauer, was Benjamin mit den übrigen 25 000 $ macht. Er hortet sie nicht in seiner Brieftasche, in der Schublade seines Schreibtisches oder in seinem Safe. Er gibt das Geld entweder einer Bank oder investiert. Falls er das Geld einer Geschäftsbank oder Sparkasse überläßt, verleiht die Bank es entweder kurzfristig als Betriebs-

---

1 Karl Rodbertus, *Overproduction and Crisis* (1850), S. 51.

kapital im Rahmen der üblichen Geschäfte, oder kauft damit Wertpapiere. Benjamin investiert sein Geld also entweder direkt oder indirekt. Aber wenn Geld investiert wird, werden damit Investitionsgüter gekauft oder geschaffen – Häuser, Bürogebäude, Fabriken, Schiffe, Lastwagen oder Maschinen. Jedes dieser Projekte bringt ebensoviel Geld in Umlauf und schafft soviel Beschäftigung, wie der gleiche Geldbetrag, der direkt für den Verbrauch ausgegeben wird.

»Sparen« ist mit anderen Worten in der heutigen Welt nur eine andere Form des Ausgebens. Der Unterschied besteht normalerweise darin, daß das Geld einem anderen überlassen wird, der es für Zwecke ausgibt, mit denen die Produktion gesteigert wird. Was das Schaffen von Arbeitsplätzen angeht, so richtet Benjamin mit seinem »Sparen« und Ausgeben zusammen ebensoviel aus, wie Alvin allein mit seinen Ausgaben, und bringt genausoviel Geld in Umlauf. Der Hauptunterschied ist der, daß jedem sofort ersichtlich ist, daß Alvin etwas mit seinen Ausgaben für die Beschäftigung tut. Bei Benjamin muß man etwas genauer hinsehen und einen Augenblick nachdenken, bis man erkennt, daß jeder von ihm gesparte Dollar ebensoviel Beschäftigung schafft, wie ein Dollar, den Alvin verjubelt.

Zwölf Jahre sind vergangen. Alvin ist ruiniert. Er verkehrt nicht mehr in den Nachtclubs und teuren Geschäften. Und wenn diejenigen, bei denen er früher ein und aus ging, heute von ihm sprechen, nennen sie ihn einen Narr. Er schreibt Bettelbriefe an Benjamin. Und Benjamin, bei dem sich Ausgeben und Sparen noch immer etwa die Waage halten, sorgt nicht nur für mehr Arbeitsplätze als früher, weil seine Einnahmen dank der Investitionen gestiegen sind; er hat auch dadurch, daß er sein Geld angelegt hat, dazu beigetragen, daß es jetzt besser bezahlte und produktivere Arbeitsplätze gibt. Sein Kapital und sein Einkommen sind gewachsen. Er hat die Produktivitätskapazität des Landes erweitert, Alvin nicht.

Um das Sparen sind in den letzten Jahren derart viele Unrichtigkeiten entstanden, daß wir sie mit unserem Beispiel von den zwei Brüdern gar nicht alle ansprechen können. Wir müssen ihnen noch mehr Raum widmen. Viele gehen auf ganz elementare Begriffsverwechslungen zurück, die insofern unglaublich sind, als sie in Arbeiten weithin bekannter Fachautoren auftauchen. Der Begriff *Sparen* bedeutet bei ihnen zum Beispiel manchmal lediglich das *Horten* von Geld, dann wieder die *Investition,* ohne daß es zwischen den beiden Begriffen eine klare Unterscheidung gibt, die konsequent eingehalten wird.

Bloßes Horten von Geld ist, wenn es sinn- und grundlos und in großem Maßstab erfolgt, in den meisten wirtschaftlichen Situationen schädlich. Allerdings ist diese Art des Hortens äußerst selten. Etwas, das so ähnlich aussieht, aber sorgfältig von ihm unterschieden werden sollte, kommt oft vor, *nachdem* sich ein wirtschaftlicher Abschwung eingestellt hat. Verbrauchsausgaben und Investitionen sind dann *beide* rückläufig. Die Verbraucher schränken das Kaufen ein. Sie tun das zum Teil, weil sie den Verlust ihrer Arbeitsplätze befürchten, und sie ihre Geldmittel schonen möchten. Sie kaufen weniger, nicht weil sie weniger verbrauchen, sondern weil sie sichergehen wollen, daß sich ihre Konsummöglichkeiten über einen längeren Zeitraum erstrecken, falls sie tatsächlich ihren Arbeitsplatz verlieren sollten.

Aber die Verbraucher schränken ihre Käufe noch aus einem anderen Grund ein. Die Preise der Güter sind wahrscheinlich gefallen, und die Verbraucher rechnen mit einem weiteren Nachgeben. Sie glauben, mehr für ihr Geld zu bekommen, wenn sie ihre Käufe hinauszögern. Sie möchten ihre Mittel nicht in Form von Produkten halten, die im Wert fallen, sondern in Geld, für das sie mit einem (relativen) Wertanstieg rechnen.

Die gleichen Erwartungen verhindern, daß sie investieren. Ihr Vertrauen in die Rentabilität geschäftlicher Unternehmungen ist erschüttert, oder zumindest glauben sie, Aktien oder Obligationen billiger zu bekommen, wenn sie noch einige Monate warten. Wir können sie uns als Personen denken, die sich weigern, Güter zu halten, die im Wert fallen könnten, sondern die Geld für einen Aufschwung zurückhalten.

Es ist falsch, diesen vorübergehenden Kaufaufschub »Sparen« zu nennen. Es liegen nicht die gleichen Motive wie beim normalen Sparen vor. Und ein noch schwerwiegenderer Irrtum ist es, diese Art des »Sparens« als die *Ursache* von Rezessionen hinzustellen. Es ist vielmehr die *Folge* der Rezessionen.

Es ist richtig, daß diese Weigerung zu kaufen eine Wirtschaftsflaute verstärken oder verlängern kann. Wenn die Eingriffe des Staates in die Wirtschaft unberechenbar sind, und die Unternehmer nicht wissen, was die Regierung als nächstes plant, kommt Unsicherheit auf. Gewinne werden nicht reinvestiert. Unternehmen und Einzelpersonen lassen zu, daß sich auf ihren Bankkonten Barbeträge ansammeln. Sie halten größere Reserven für Notfälle. Dieses Horten von Barbeträgen mag manchem wie eine Ursache erlahmender wirtschaftlicher Aktivität erscheinen. Die wirkliche Ursache ist jedoch die durch die Regierungspolitik ausgelöste Unsicherheit. Die größeren Barguthaben der Firmen und Einzelpersonen sind nur ein Glied in der Kette der Folgen dieser Unsicherheit. Dem »übermäßigen Sparen« die Schuld an der wirtschaftlichen Talfahrt anzulasten, wäre jedoch so, als wollte man für den fallenden Preis der Äpfel nicht eine Rekordernte verantwortlich machen, sondern die Verbraucher, die sich weigern, mehr für Äpfel zu zahlen.

Aber wenn die Menschen einmal entschlossen sind, eine Verhaltensweise oder eine Institution zu verspotten, sind selbst die unvernünftigsten Argumente gut genug. Es wird erklärt, die verschiedenen Verbrauchsgüterindustrien gründeten auf der Erwartung einer bestimmten Nachfrage, und die Menschen würden diese Erwartung enttäuschen und eine Rezession einleiten, wenn sie Zuflucht zum Sparen nähmen. Diese Behauptung beruht hauptsächlich auf dem Irrtum, den wir bereits untersucht haben – nämlich zu vergessen, daß das, was an Verbrauchsgütern gespart wird, für Investitionsgüter ausgegeben wird, und daß »Sparen« nicht notwendigerweise eine Verringerung der *Gesamt*ausgaben um auch nur eine Mark bedeutet. Der einzige wahre Sachverhalt in diesem Streit ist der, daß *jede plötzliche Veränderung Unruhe auslösen könnte.* Es wäre ebenso beunruhigend, wenn sich die Nachfrage der Verbraucher plötzlich von einem Verbrauchsgut auf ein anderes verlagern würde. Und noch alarmierender wäre es, wenn ehemalige Sparer ganz unvermittelt keine Investitions-, sondern nur noch Verbrauchsgüter nachfragen würden.

Noch ein weiterer Einwand wird gegen das Sparen erhoben. Es sei, so heißt es, schlicht lächerlich. Man belächelt das 19. Jahrhundert, weil es angeblich den Satz geprägt hat, die Menschheit solle sich durch das Sparen einen immer größer werdenden Kuchen backen, ohne ihn je zu essen. Dieses Bild ist an sich schon naiv und kindisch. Wir entledigen uns seiner vielleicht am besten dadurch, daß wir uns ein etwas realistischeres Bild von dem machen, was tatsächlich vor sich geht.

Stellen wir uns also ein Land vor, das insgesamt jedes Jahr etwa 20 Prozent von allem spart, was es in dem einen Jahr produziert hat. Diese Zahl übersteigt bei weitem den Betrag der Nettoersparnisse, den es in der Geschichte der Vereinigten Staaten tatsächlich gegeben hat.[2] Aber es ist eine runde Zahl, mit der sich gut rechnen läßt, und sie spricht im Zweifelsfall für diejenigen, die glauben, wir hätten »zuviel gespart«.

Als Folge dieser jährlichen Ersparnisse und Investitionen wird die gesamte Jahresproduktion des Landes jedes Jahr zunehmen. (Um das Problem zu isolieren, lassen wir für den Augenblick Konjunkturaufschwünge, Rezessionen oder andere Schwankungen außer acht.) Nehmen wir an, diese jährliche Produktionssteigerung belaufe sich auf 2,5 Prozentpunkte. (Wir haben uns lediglich deshalb für Prozentpunkte und nicht für einen zusammengesetzten Prozentsatz entschieden, weil es das Rechnen vereinfacht.) Für einen Zeitraum von beispielsweise elf Jahren würde sich dann in Indexzahlen folgendes Bild ergeben:

---

[2] Geschichtlich betrachtet würden 20 Prozent etwa den *Brutto*betrag des Bruttosozialprodukts ausmachen, der jedes Jahr für die Kapitalbildung verwendet wird (ohne die Anschaffungen der Verbraucher). Wird der Kapitalverbrauch jedoch berücksichtigt, lagen die jährlichen *Netto*ersparnisse näher bei 12 Prozent. Vgl. George Terborgh, *The Bogey of Economic Maturity* (1945). Für 1977 lagen die offiziellen Schätzungen der privaten Bruttoinlandsinvestitionen bei 16 Prozent des Bruttosozialprodukts.

Jahr	Gesamt-produktion	Produzierte Verbrauchs-güter	Produzierte Investitions-güter
Erstes	100	80	20*
Zweites	102,5	82	20,5
Drittes	105	84	21
Viertes	107,5	86	21,5
Fünftes	110	88	22
Sechstes	112,5	90	22,5
Siebtes	115	92	23
Achtes	117,5	94	23,5
Neuntes	120	96	24
Zehntes	122,5	98	24,5
Elftes	125	100	25

* Es wird natürlich davon ausgegangen, daß der Spar- und Investitionsprozeß bereits im gleichen Umfang läuft.

Als erstes ist an dieser Tabelle festzustellen, daß die Gesamtproduktion jedes Jahr *wegen der Ersparnisse* steigt, und ohne sie nicht zugenommen hätte. (Man kann sich zweifellos vorstellen, daß die Verbesserungen und neuen Erfindungen nur bei den *ersetzten* Maschinen und anderen Investitionsgütern, die höchstens den Wert der alten Anlagen haben, bereits die Produktivität des Landes erhöhen würden; aber diese Zunahme würde kaum etwas bringen, und es wird in jedem Fall davon ausgegangen, daß schon *vorher* genug investiert worden ist, um die bestehenden Anlagen zu unterhalten.) Die Ersparnisse sind Jahr für Jahr dazu benutzt worden, um die Zahl der bestehenden Maschinen zu vergrößern oder sie qualitativ zu verbessern, und so die Güterproduktion des Landes zu steigern. Es gibt, das ist richtig, jedes Jahr einen größer und größer werdenden »Kuchen« (falls das aus irgendeinem seltsamen Grund als Einwand betrachtet werden sollte). Jedes Jahr wird, und auch das ist richtig, nicht der *ganze* zuletzt hergestellte Kuchen verbraucht. Aber es gibt keine irrationale oder gar wachsende Einschränkung. Denn es wird tatsächlich jedes Jahr ein immer größerer Kuchen konsumiert; bis nach elf Jahren (in unserem Beispiel) der jährliche Kuchen der

Verbraucher allein so groß ist wie die Kuchen von Verbrauchern und Produzenten des ersten Jahres zusammen. Darüber hinaus ist die Kapitalausrüstung, die Fähigkeit, Güter herzustellen, 25 Prozent größer als im ersten Jahr.

Betrachten wir noch einige andere Punkte. Die Tatsache, daß 20 Prozent des Volkseinkommens jedes Jahr gespart werden, verunsichert die Verbrauchsgüterindustrie nicht im geringsten. Wenn sie nur die 80 Einheiten verkauft hat, die im ersten Jahr produziert wurden (und es keine Preissteigerungen durch unbefriedigte Nachfrage gab), wäre sie sicher nicht so vermessen, Produktionspläne aufzustellen, die für das zweite Jahr von einem Verkauf von 100 Einheiten ausgingen. Die Verbrauchsgüterindustrie hat sich mit anderen Worten schon auf die Annahme eingestellt, daß es hinsichtlich der Sparquote so bleibt wie bisher. Nur eine unerwartete plötzliche und kräftige Zunahme beim Sparen würde die Branche durcheinanderbringen und sie auf unverkauften Waren sitzen lassen.

Aber die gleiche Beunruhigung gäbe es, wie wir schon gesehen haben, in der Investitionsgüterindustrie, wenn die Ersparnisse plötzlich beträchtlich *zurückgingen*. Wenn Geld, das bisher gespart worden wäre, jetzt für den Kauf von Verbrauchsgütern verwendet würde, brächte das nicht mehr Beschäftigung, sondern nur höhere Verbrauchsgüterpreise und niedrigere Investitionsgüterpreise. Die erste Auswirkung auf die Nettobilanz wären erzwungene Verschiebungen im Bereich der Beschäftigung und ein vorübergehender *Rückgang* bei den Beschäftigten infolge der Auswirkungen auf die Investitionsgüterindustrie. Und die langfristige Folge wäre eine Abnahme der Produktion unter das Niveau, das ansonsten erreicht worden wäre.

Die Gegner des Sparens sind nicht konsequent. Zunächst unterscheiden sie zwischen »Ersparnissen« und »Investitionen«, was noch angeht. Aber dann tun sie so, als wären die beiden voneinander unabhängige Variable, und als wäre es reiner Zufall, wenn sie einmal gleich sind. Es ist ein erstaunliches Bild, das diese Autoren zeichnen. Auf der einen Seite gibt es die Sparer, die automatisch und ohne Sinn und

Verstand unausgesetzt sparen, und auf der anderen Seite gibt es die begrenzten »Investitionsgelegenheiten«, die gar nicht alle Ersparnisse binden können. Und siehe da, die Folge ist eine Flaute. Die einzige Lösung, so erklären sie, bestehe darin, daß der Staat diese einfältigen und schädlichen Ersparnisse konfisziert und selbst Projekte entwirft, um das Geld auszugeben und Arbeitsplätze zu schaffen, und sei es, daß nur nutzlose Gräben oder Pyramiden gebaut werden.

An diesem Bild und dieser »Lösung« ist soviel falsch, daß wir hier nur auf einige der elementarsten Trugschlüsse hinweisen können. Die Ersparnisse können die Investitionen nur um den Betrag übersteigen, der *bar gehortet* wird.[3] In den modernen Industriegesellschaften von heute bewahrt kaum noch jemand seine Münzen und Scheine im Sparstrumpf oder unter der Matratze auf. In dem geringen Umfang, in dem das vielleicht noch vorkommt, spiegelt sich das bereits in den Produktionsplänen der Wirtschaft und im Preisniveau wider. Im allgemeinen sammelt sich das nicht einmal an: Das Auflösen von gehortetem Geld gleicht das neue Horten wahrscheinlich aus – wenn zum Beispiel verschrobene Einsiedler sterben und ihre gehorteten Ersparnisse entdeckt und aufgeteilt werden. Der in Frage kommende Gesamtbetrag ist wahrscheinlich zu gering, als daß er sich nachhaltig auf das Wirtschaftsleben auswirken könnte.

Wenn das Geld den Sparkassen oder Geschäftsbanken überlassen wird, bemühen sich die Geldinstitute, es auszuleihen und anzulegen. Sie können es sich nicht leisten, das Geld nicht arbeiten zu lassen. Wie wir gesehen haben, gibt es nur zwei Gründe, die die Bankkunden beziehungsweise Banken veranlassen könnten, ihre Barguthaben zu erhöhen beziehungsweise Gelder brachliegen zu lassen und Zinseinbußen in Kauf zu nehmen: das ist entweder die Befürchtung, daß die Güterpreise fallen, oder die Angst der Banken, ihr

---

3 Viele Meinungsunterschiede, die unter Wirtschaftsfachleuten zu diesem Thema zum Ausdruck kommen, gehen lediglich auf eine unterschiedliche Definition zurück. *Ersparnis* und *Investition* können so definiert werden, daß sie identisch und daher zwangsläufig gleich sind. Ich habe mich hier entschlossen, *Ersparnisse* im Sinne von Geld, und Investitionen im Sinne von Gütern zu definieren. Das entspricht in etwa dem allgemeinen Gebrauch der Begriffe, der jedoch nicht konsequent ist.

Kapital einem zu hohen Risiko auszusetzen. Doch das bedeutet, daß die ersten Anzeichen der Rezession bereits spürbar sind und das Horten verursacht haben, und nicht, daß das Horten die Rezession ausgelöst hat.

Sehen wir also von diesem nicht ins Gewicht fallenden Horten von Bargeld ab (und selbst diese Ausnahme könnte man noch als direkte »Investition« in Geld selbst betrachten). Dann werden Ersparnisse und Investitionen auf die gleiche Art ins Gleichgewicht gebracht wie Warenangebot und -nachfrage. Denn wir können Ersparnisse und Investitionen als Angebot von, beziehungsweise Nachfrage nach, neuem Kapital definieren. Und so wie sich Warenangebot und -nachfrage über den Preis ausgleichen, gleichen sich auch Kapitalangebot und -nachfrage über den Zins aus. Zins ist lediglich ein eigener Name für den Preis geliehenen Kapitals. Er ist ein Preis, wie jeder andere auch.

Um das ganze Thema hat es in den letzten Jahren durch Spitzfindigkeiten und verheerende politische Maßnahmen derart viel Aufregung gegeben, daß man fast Angst haben mußte, nie mehr zu Vernunft und Augenmaß zurückzufinden. Es besteht eine geradezu krankhafte Angst vor »übermäßig hohen« Zinsen. Es wird argumentiert, daß es für die Wirtschaft bei hohen Zinssätzen nicht rentabel sei, Geld für Investitionen in Fabriken und Maschinen zu leihen. Dieses Argument zeigte so starke Wirkung, daß Regierungen überall in den letzten Jahrzehnten eine künstliche Politik des »billigen Geldes« betrieben haben. Aber bei all dieser Sorge um ein Ansteigen der Nachfrage nach Kapital werden die Auswirkungen dieser Politik auf das Kapitalangebot übersehen. Ein weiteres Beispiel für den Fehler, nur die Auswirkungen einer Maßnahme auf eine bestimmte Gruppe zu sehen, die Folgen für andere Gruppen dagegen nicht zu beachten.

Werden die Zinssätze im Verhältnis zum Risiko künstlich zu niedrig gehalten, gehen sowohl die Ersparnisse wie die Ausleihungen zurück. Die Befürworter des billigen Geldes glauben, es werde automatisch weitergespart, egal wie hoch die Zinsen sind, weil die übersättigten Reichen mit dem Geld gar nichts anderes anfangen können. Sie werden nicht müde, uns zu erzählen, bei welcher Einkommenshöhe genau jemand einen bestimmten Mindestbetrag unabhängig vom Zinssatz oder dem Risiko spart, zu dem er ihn ausleihen kann.

Obwohl das Sparvolumen der sehr Reichen durch Veränderungen des Zinssatzes zweifelsohne proportional weit weniger berührt wird als das der in bescheidenem Wohlstand Lebenden, bleibt die Tatsache, daß praktisch sämtliche Ersparnisse bis zu einem gewissen Grad tangiert werden. Das Argument, daß der Umfang der realen Ersparnisse durch eine starke Zinssenkung nicht zurückgehe, gleicht dem, daß die Gesamtproduktion an Zucker nach einem drastischen Preissturz nicht sinken werde, weil die leistungsfähigen Produzenten mit niedrigen Kosten immer noch soviel wie vorher erzeugen würden. Dabei werden jedoch die Grenzsparer, ja sogar die Mehrheit der Sparer insgesamt übersehen.

Die Wirkung, wenn man die Zinssätze künstlich niedrig hält, ist letztlich die gleiche, wie wenn irgendein anderer Preis unter seinem Marktpreis gehalten wird. Die Nachfrage steigt, und das Angebot geht zurück. Die Nachfrage nach Kapital nimmt zu, und das Angebot an Kapital nimmt ab. Es kommt zu wirtschaftlichen Verzerrungen. Es ist zweifellos richtig, daß ein künstliches Herabsetzen des Zinssatzes zu erhöhter Kreditaufnahme ermuntert. Es begünstigt stark spekulative Geschäfte, die nur unter den künstlich geschaffenen Bedingungen bestehen können, durch die sie ins Leben gerufen wurden. Auf der Angebotsseite hemmt die künstliche Zinssenkung die normale Genügsamkeit, das Sparen und Investieren. Sie verringert die Ansammlung von Kapital. Sie verlangsamt den Produktivitätsanstieg und das »Wirtschaftswachstum«, die zu fördern die »Progressiven« vorgeben.

Der Zinssatz läßt sich künstlich nur durch ständig neue Geldspritzen oder Bankkredite niedrig halten, die an die Stelle der realen Ersparnisse treten. Das kann die Illusion hervorrufen, es wäre mehr Kapital vorhanden, so wie das Hinzufügen von Wasser den Eindruck erwecken kann, es wäre mehr Milch da. Doch es ist eine Politik ständiger Inflationierung, ganz offensichtlich ein Prozeß, der eine sich steigernde Gefahr birgt. Der Zinssatz steigt, und es kommt zu einer Krise, falls die Inflation umgekehrt oder nur zum Stillstand gebracht wird, ja sogar wenn sie mit vermindertem Tempo weitergeht.

Es bleibt noch zu zeigen, daß neue Geldspritzen oder Bankkredite für den Anfang und vorübergehend zwar niedrigere Zinssätze bewirken können, ein Festhalten an diesem Plan aber letztendlich die Zinsen *steigen* lassen muß. Dazu kommt es, weil neue Geldspritzen im allgemeinen die Kaufkraft des Geldes verringern. Wer Geld verleiht, stellt dann nämlich fest, daß das Geld, das er heute ausleiht, in einem Jahr, wenn er es zurückbekommt, nicht mehr soviel Kaufkraft hat. Er verlangt daher neben dem normalen Zinssatz einen Aufschlag als Ausgleich für den erwarteten Schwund der Kaufkraft seines Geldes. Dieser Aufschlag kann hoch sein, was aber vom Ausmaß der erwarteten Inflation abhängt. So stieg der Zinssatz für britische Schatzwechsel 1976 auf 14 Prozent; italienische Staatsanleihen erbrachten 1977 16 Prozent; und der Diskontsatz der chilenischen Zentralbank kletterte 1974 auf 75 Prozent. Die Politik des billigen Geldes ruft, kurz gesagt, weit mehr heftige Schwankungen in der Wirtschaft hervor, als die Maßnahmen, gegen die sie gedacht ist oder die sie verhindern soll. Wenn der Staat sich nicht mit inflationären Maßnahmen in die Zinspolitik einmischt, schaffen sich die wachsenen Ersparnisse durch sinkende Zinssätze auf natürliche Weise ihre eigene Nachfrage. Das größere Angebot an Ersparnissen, die eine Anlage suchen, zwingt die Sparer, sich mit niedrigeren Zinssätzen zufriedenzugeben. Aber die niedrigeren Zinssätze bedeuten auch, daß mehr Unternehmen jetzt einen Kredit aufnehmen können. Denn ihr voraussichtlicher Gewinn aus den neuen Maschinen oder Fabriken, die sie von den Erträgen kaufen, übersteigt höchstwahrscheinlich, was sie für die geliehenen Geldmittel aufbringen müssen.

Wir kommen jetzt zum letzten Trugschluß im Zusammenhang mit dem Sparen, auf den ich noch eingehen möchte. Das ist die häufige Annahme, es gäbe eine feste Grenze für die Menge neuen Kapitals, die aufgenommen werden kann, oder gar die Annahme, die Grenze der Kapitalausweitung sei bereits erreicht. Daß sich eine solche Ansicht halten kann, ist selbst bei einem Unkundigen kaum zu glauben, geschweige denn bei einem Fachmann. Fast der gesamte Reichtum der modernen Welt, beinahe alles, was sie von der vorindustriellen Welt des 17. Jahrhunderts unterscheidet, besteht aus angesammeltem Kapital.

Dieses Kapital besteht zum einen aus zahllosen Gegenständen, die wir vielleicht besser dauerhafte Verbrauchsgüter nennen sollten – Automobile, Kühlschränke, Möbel, Schulen, Universitäten, Kirchen, Bibliotheken, Krankenhäuser und insbesondere Wohnungen. Noch nie seit Bestehen der Erde hat es von letzteren genug gegeben. Und selbst wenn es rein zahlenmäßig genug gäbe, wären unbegrenzte *qualitative* Verbesserungen möglich und wünschenswert, wovon vielleicht lediglich die allerbesten Wohnungen ausgenommen wären.

Den anderen Teil des Kapitals könnten wir das eigentliche Kapital nennen. Es besteht aus den Produktionswerkzeugen, zu denen alles gehört, von der Axt, dem Messer oder dem Pflug bis zu den kompliziertesten Werkzeugmaschinen, den größten Stromgeneratoren oder Zyklotronen oder den raffiniertest ausgestatteten Fabriken. Auch hier gibt es weder quantitative noch qualitative Grenzen für eine Erweiterung, die möglich und wünschenswert wäre. Es wird keinen »Überschuß« an Kapital geben, solange das rückständigste Land technologisch nicht genausogut ausgestattet ist wie das fortschrittlichste, solange nicht das unrentabelste Unternehmen des Landes gleichgezogen hat mit dem technisch bestausgerüstetsten, und solange die modernsten Produktionseinrichtungen nicht einen Punkt erreicht haben, an dem der menschliche Erfindungsgeist an seine Grenzen stößt und nichts mehr verbessern kann. Solange nur eine dieser Bedingungen noch nicht erfüllt ist, bleibt unbegrenzt Raum für mehr Kapital.

Aber wie kann das zusätzliche Kapital »aufgenommen« werden? Wie kann man es »bezahlen«? Wenn es beiseite gelegt und gespart wird, nimmt es sich selbst auf und bezahlt sich selbst. Denn die Produzenten kaufen neue Investitionsgüter, weil diese besseren und vielseitigeren Maschinen die Produktionskosten senken. Durch die Maschinen entstehen entweder Güter, die man von Hand ohne Unterstützung überhaupt nicht herstellen könnte (und das sind heute fast alle Dinge, die uns umgeben – Bücher, Schreibmaschinen, Autos, Lokomotiven, Hängebrücken); oder sie ermöglichen deren Produktion in gewaltigen Stückzahlen; oder sie verringern die Produktionskosten pro Einheit (was lediglich eine andere Form der obigen Aussagen ist). Und da es keine bestimmbare Grenze gibt, bis zu der die Stückkosten bei der Produktion gesenkt werden können – bis alles völlig ohne Kosten hergestellt werden kann –, gibt es auch keine bestimmbare Grenze für den Umfang des neuen Kapitals, das aufgenommen werden kann.

Der stetige Rückgang der Produktionskosten pro Stück durch den Zuwachs neuen Kapitals bewirkt folgendes: er senkt die Kosten der Produkte für die Verbraucher und/oder erhöht die Löhne der Arbeitskräfte, die mit den neuen Maschinen arbeiten, weil er die Produktivitätskraft dieser Arbeiter steigert. Eine neue Maschine ist also ein Vorteil sowohl für diejenigen, die direkt an ihr arbeiten, wie auch für die Masse der Verbraucher. Im Fall der Verbraucher läßt sich sagen, daß sie ihnen entweder mehr und bessere Güter für das gleiche Geld liefert oder ihr Realeinkommen erhöht, was das gleiche ist. Im Fall der Arbeiter, die die neuen Maschinen benutzen, verbessert sie deren Realeinkommen gleich doppelt, weil sie auch ihre Nominallöhne anhebt. Ein typisches Beispiel ist die Automobilindustrie. In der amerikanischen Automobilindustrie werden die höchsten Löhne der Welt und mit die höchsten in den USA gezahlt. Und doch konnten die amerikanischen Automobilhersteller bis etwa 1960 billiger als alle anderen Produzenten der Welt verkaufen, weil sie mit geringeren Stückkosten arbeiteten. Und das Geheimnis war, daß das Produktivkapital der amerikanischen Automobilindustrie pro Arbeiter und Auto größer war als überall sonst auf der Welt.

Und doch gibt es Leute, die meinen, wir hätten das Ende dieses Prozesses erreicht.[4] Und wieder andere glauben, daß,

---

4 Wegen einer statistischen Widerlegung dieses Irrtums vergleiche man George Terborgh, *The Bogey of Economic Maturity* (1945). Den »Stagnationsanhängern«, die Dr. Terborgh widerlegt hat, folgten die Anhänger von Galbraith mit einer ähnlichen Doktrin.

selbst wenn das nicht so wäre, die Welt närrisch sei, wenn sie weiter spart und ihren Kapitalbestand vermehrt.

Es sollte nach unserer Untersuchung nicht allzu schwerfallen zu entscheiden, wer die wirklichen Narren sind.

(Es trifft zu, daß die Vereinigten Staaten in den letzten Jahren ihre führende Stellung in der Weltwirtschaft verloren haben. Der Grund dafür liegt jedoch in den antikapitalistischen Maßnahmen des eigenen Staates, nicht in der »wirtschaftlichen Reife«.)

24.
Noch einmal: Die Lektion

Die Wirtschaftslehre ist, wie wir wieder und wieder festgestellt haben, eine Wissenschaft, die *mittelbaren* Folgen zu erkennen. Sie ist außerdem eine Wissenschaft, die *allgemeinen* Folgen festzustellen. Sie ist die Wissenschaft, welche die Auswirkungen einer geplanten oder bestehenden Maßnahme nicht nur auf einige *bestimmte* Interessen und *kurzfristig* verfolgt, sondern auf die *allgemeinen* Interessen und *langfristig*.

Das ist das spezielle Anliegen dieses Buches gewesen. Wir haben es zunächst nur skelettartig skizziert und es dann nach und nach durch zahlreiche praktische Beispiele mit Fleisch und Haut versehen.

Aber beim Studium der speziellen Darstellungen haben wir Hinweise auf anderen, allgemeinen Lehrstoff gefunden. Und darauf wollen wir noch etwas näher eingehen.

Da wir gesehen haben, daß die Wirtschaftslehre eine Wissenschaft ist, die Auswirkungen nachspürt, müßten wir auch bemerkt haben, daß sie, wie die Logik und die Mathematik, eine Wissenschaft ist, die *unvermeidbare Folgerungen* erkennt.

Wir wollen das an einer elementaren algebraischen Gleichung demonstrieren. Nehmen wir an, wir behaupten: wenn $x = 5$, dann $x + y = 12$. Die »Lösung« dieser Gleichung lautet, daß y gleich 7 ist. Sie ist deshalb so genau, weil uns die Gleichung tatsächlich *sagt,* daß y gleich 7 ist. Sie macht diese

Aussage zwar nicht direkt, sie schließt das Resultat folgerichtig ein, sie impliziert es.

Was für diese elementare Gleichung gilt, gilt auch für die kompliziertesten Gleichungen, denen man in der Mathematik begegnen kann. *Die Antwort liegt bereits in der Darstellung des Problems.* Sie muß, das ist richtig, »herausgearbeitet« werden. Das Ergebnis kann, auch das ist richtig, bei dem, der die Gleichung löst, manchmal ungläubiges Staunen hervorrufen. Er hat vielleicht sogar das Gefühl, etwas völlig Neues entdeckt zu haben. Seine Entdeckung wird vielleicht durch die theoretischen oder praktischen Folgen seiner Antwort bestätigt. Doch die Antwort war schon in der Formulierung des Problems enthalten. Er hat sie nur nicht sofort erkannt. Denn die Mathematik führt uns vor Augen, daß natürliche Folgerungen nicht immer auch offensichtliche Folgerungen sind.

All das gilt auch für die Wirtschaftstheorie, die man in dieser Beziehung vielleicht mit dem Ingenieurwesen vergleichen könnte. Wenn ein Ingenieur ein Problem hat, muß er zunächst sämtliche Fakten bestimmen, die für dieses Problem von Belang sind. Wenn er eine Brücke plant, die zwei Punkte miteinander verbinden soll, muß er als erstes die genaue Entfernung zwischen diesen beiden Punkten kennen, ihre exakte Topographie, die maximale Belastung, für welche die Brücke ausgelegt ist, die Zug- und Druckkräfte, die auf den Stahl und die anderen Materialien wirken, aus denen die Brücke besteht, und welcher Beanspruchung sie ausgesetzt sein wird. Einiges davon haben andere bereits für ihn herausgefunden. Sie haben auch schon die komplizierten mathematischen Gleichungen entwickelt, mit deren Hilfe er aufgrund seiner Material- und sonstigen Detailkenntnisse die nötige Stärke, Gestalt, Anzahl und Bauweise der Türme, Kabel und Träger festlegen kann.

Genauso muß der Wirtschaftstheoretiker bei einem praktischen Problem sowohl die wesentlichen Fakten im Zusammenhang mit diesem Problem wie auch die maßgeblichen Folgerungen kennen, die sich daraus ableiten lassen. Diese deduktive Seite ist bei wirtschaftlichen Fragen nicht weniger wichtig als die faktische. Man kann sich hier dem anschließen, was Santayana über die Logik gesagt hat, und was gleichermaßen für die Mathematik gilt. Sie »spürt die Ausstrahlung der Wahrheit auf«, so daß, »wenn man weiß, daß ein Begriff eines logischen Systems eine Tatsache beschreiben soll, das ganze System, das mit diesem Begriff verbunden ist, sozusagen erglüht«.[1]

Nun erkennen aber nur wenige die notwendigen Folgerungen, die sich aus ihren ständigen wirtschaftlichen Aussagen ergeben. Wenn sie erklären, der Weg zu wirtschaftlicher Gesundung bestehe darin, die Kredite auszuweiten, ist das so, als würden sie sagen, der Weg zu wirtschaftlicher Gesundung sei der, mehr Schulden zu machen. Denn das sind unterschiedliche Bezeichnungen für den gleichen Sachverhalt, nur von verschiedenen Seiten gesehen. Wenn sie sagen, der Weg zum Wohlstand führe über höhere Landwirtschaftspreise, läuft das aufs gleiche hinaus, wie wenn sie sagen, er führe über eine Verteuerung der Nahrungsmittel für die Arbeiter in den Städten. Wenn sie behaupten, es diene dem Wohl des Landes, staatliche Subventionen zu gewähren, sagen sie in Wahrheit nichts anderes, als daß man zu diesem Zweck die Steuern erhöhen sollte. Wenn sie es zu ihrem Hauptziel erklären, die Exporte zu steigern, sind sich die meisten dabei nicht im klaren, daß sie damit zwangsläufig auch die Erhöhung der Importe zu einem Hauptziel erklären. Wenn sie sagen, unter fast allen Umständen sei zur wirtschaftlichen Erholung eine Anhebung der Löhne nötig, sagen sie damit zugleich, der Weg zur Erholung führe über eine Erhöhung der Produktionskosten.

Weil jede dieser Anregungen, wie eine Münze, eine Kehrseite hat, oder weil der Gegenvorschlag oder die andere Bezeichnung weit weniger attraktiv klingt, folgt daraus nicht unbedingt, daß die ursprüngliche Anregung in jedem Fall schlecht wäre. Es kann Zeiten geben, in denen eine höhere Verschuldung tragbar erscheint angesichts der Gewinne, die sich mit den geliehenen Geldern erzielen lassen; wo eine staatliche Subvention nicht zu umgehen ist, wenn ein bestimmtes militärisches Ziel erreicht werden soll; wo eine bestimmte Branche sich eine Erhöhung der Produktionskosten leisten kann etc. Aber wir sollten darauf achten,

---

1 George Santayana, *The Realm of Truth* (1938), S. 16.

daß in jedem Fall beide Seiten der Medaille berücksichtigt, daß sämtliche Folgen einer Anregung geprüft worden sind. Und eben das wird selten getan.

Die Untersuchung unserer Beispiele hat uns so nebenbei noch etwas anderes gelehrt. Wenn wir die lang- und kurzfristigen Auswirkungen verschiedener Anregungen nicht nur auf bestimmte, sondern auf alle Gruppen studieren, entsprechen die Ergebnisse, zu denen wir kommen, oft dem, was der gesunde Menschenverstand uns sagt. Nur die allgegenwärtigen wirtschaftlich Halbgebildeten können annehmen, es sei gut, Fensterscheiben einzuwerfen und Städte zu zerstören; daß es etwas anderes als Verschwendung wäre, nutzlose öffentliche Projekte durchzuziehen; daß es gefährlich wäre, untätig herumsitzende Menschen wieder arbeiten zu lassen; daß Maschinen, die mehr Wohlstand schaffen und dem Menschen die Arbeit erleichtern, zu fürchten wären; daß Behinderungen der freien Produktion und des freien Verbrauchs den Wohlstand erhöhen; daß ein Land dadurch reicher wid, daß es andere Länder zwingt, ihm seine Produkte für weniger abzunehmen, als sie in der Herstellung gekostet haben; daß Sparen töricht oder verwerflich ist und Verschwendungssucht zu Reichtum führt.

»Was vernünftig ist, wenn es um die Führung einer Familie geht«, hielt Adam Smith mit seinem gesunden Menschenverstand den Sophisten seiner Zeit entgegen, »kann kaum unsinnig sein, wenn es um die eines großen Königreichs geht.« Doch weniger bedeutende Geister verlieren sich dabei in Komplikationen. Sie überprüfen ihre Überlegungen nicht, selbst dann nicht, wenn sie zu Schlußfolgerungen kommen, die schlicht unsinnig sind. Je nach Überzeugung wird der Leser dem folgenden Gedanken Bacons zustimmen oder ihn ablehnen: »Ein bißchen Philosophie läßt den Geist des Menschen sich zum Atheismus neigen, aber Vertrautheit mit der Philosophie führt ihn zur Religion.« Es trifft sicher zu, daß ein bißchen Wirtschaftstheorie sehr leicht zu den widersinnigen und albernen Folgen führen kann, die wir gerade aufgezählt haben, daß Vertrautheit mit der Wirtschaftstheorie uns aber zum gesunden Menschenverstand hinführt. Denn Vertrautheit mit der Wirtschaftstheorie bedeutet, sämtliche Auswirkungen einer Maßnahme zu bedenken und nicht nur auf die zu starren, die unmittelbar ins Auge stechen.

Im Verlauf unserer Untersuchung haben wir einen alten Freund wiederentdeckt. Es ist der *Forgotten Man* von William Graham Sumner. Sumner schreibt in seinem Werk, das 1883 erschienen ist:

»Sobald A etwas beobachtet, woran X leidet und das ihm falsch zu sein scheint, bespricht A es mit B, und dann schlagen A und B vor, ein Gesetz zu verabschieden, um das Übel abzustellen und X zu helfen. Ihr Gesetz beabsichtigt immer festzulegen, was C für X tun soll, oder besser, was A, B und C für X tun sollen... Was ich vorhabe, ist, C aufzuwerten... Ich nenne ihn den vergessenen Mann... Er ist derjenige, an den nie gedacht wird. Er ist das Opfer der Reformer, Gesellschaftstheoretiker und Philanthropen, und ich hoffe, Ihnen zeigen zu können, bevor ich zum Ende komme, daß er unsere Beachtung verdient, sowohl wegen seines Charakters wie auch wegen der vielen Lasten, die ihm auferlegt worden sind.«

Es ist die Ironie der Geschichte, daß das Schlagwort vom Vergessenen Mann, als es in den 30er Jahren dieses Jahrhunderts wiederauflebte, nicht auf C, sondern auf X angewandt wurde. Und C, von dem damals verlangt wurde, immer weitere X zu unterstützen, geriet darüber noch mehr in Vergessenheit als vorher. Und immer ist es C, der Vergessene Mann, auf den man sich beruft, um die blutenden Herzen der Politiker zu stillen und der für ihre stellvertretend ausgeübte Großmut bezahlt.

Unsere Lektion wäre nicht vollständig, wenn wir übersehen würden, daß der grundlegende Irrtum, dem dieses Buch galt, nicht zufällig, sondern systematisch aufkommt. Er ist tatsächlich beinahe zwangsläufig die Folge der Arbeitsteilung.

In einer primitiven Gemeinschaft oder unter Siedlern, wo es noch keine Arbeitsteilung gibt, arbeitet der Mann nur für sich selbst oder seine Familie. Was er verbraucht, ist identisch mit dem, was er erzeugt. Zwischen dem Ergebnis seiner Arbeit und der Befriedigung seiner Bedürfnisse besteht ein direkter und unmittelbarer Zusammenhang.

Aber sobald nur in kleinen Teilen eine durchdachte Arbeitsteilung einsetzt, beginnt dieser direkte und unmittelbare Zusammenhang abzubröckeln. Ich erzeuge nicht mehr alles selbst, was ich verbrauche, sondern vielleicht nur noch ein Produkt. Von den Erträgen, die ich dadurch erziele, daß ich dieses eine Gut herstelle oder diese eine Dienstleistung erbringe, kaufe ich alles übrige. Ich möchte, daß die Preise von allem, was ich kaufe, niedrig sind, habe aber ein Interesse daran, daß die Preise der Produkte oder Dienstleistungen, die ich zu verkaufen habe, hoch sind. Obwohl ich es also gerne sehe, daß alles übrige reichlich vorhanden ist, liegt es doch in meinem Interesse, wenn die Produkte knapp sind, die ich anzubieten habe. Je knapper sie im Vergleich zu den übrigen Erzeugnissen sind, desto höher ist das Entgelt, das ich für meine Mühen bekommen kann.

Das heißt nicht unbedingt, daß ich meine eigenen Anstrengungen oder die eigene Arbeit einschränken will. Denn ich bin ja nur einer von vielen, die dieses Gut oder diese Leistung anbieten, und falls in meinem Bereich freier Wettbewerb herrscht, würde es sich nicht auszahlen, mich einzuschränken. Wenn ich beispielsweise Weizen anbaue, möchte ich vielmehr, daß mein Ernteertrag möglichst hoch ist. Aber wenn es mir nur um den eigenen materiellen Vorteil geht und ich keine Skrupel habe, möchte ich, daß alle *anderen* Weizenbauer so *wenig* wie möglich ernten. Denn mir liegt daran, daß Weizen (und jedes andere mögliche Ersatznahrungsmittel) knapp ist, so daß speziell mein Ernteertrag den höchstmöglichen Preis erzielen kann.

Im Normalfall hätten diese egoistischen Gefühle keinen Einfluß auf den Gesamtanbau von Weizen. Wo Wettbewerb herrscht, ist jeder Produzent gezwungen, seine ganze Kraft einzusetzen, damit sein Boden einen möglichst hohen Ertrag abwirft. So werden die auf das eigene Interesse gerichteten Kräfte, die im Guten oder Schlechten stärker als die des Altruismus sind, im Sinne einer größtmöglichen Produktionsmenge genutzt.

Aber falls es den Weizenanbauern oder irgendwelchen

anderen Produzenten gelingt, sich zusammenzuschließen, um den Wettbewerb auszuschalten, und wenn der Staat ein solches Vorgehen duldet oder gar begünstigt, ändert sich die Situation. Die Weizenproduzenten können vielleicht die Regierung ihres Landes – noch besser wäre eine Weltorganisation – dazu bringen, sie alle zu zwingen, anteilsmäßig die Anbaufläche für Weizen zu verkleinern. Auf diese Weise führen sie Knappheit herbei und erhöhen den Weizenpreis. Und falls der Preisanstieg pro Bushel proportional größer ist als der Rückgang der Ertragsmenge, wozu es durchaus kommen kann, stehen sich die Weizenanbauer insgesamt besser. Sie bekommen mehr Geld und können von allem mehr kaufen. Alle anderen Bürger dagegen stehen sich schlechter, weil, unter sonst gleichen Umständen, jeder mehr von dem, was er produziert, hergeben muß, um weniger von dem zu erhalten, was die Weizenproduzenten herstellen. Das Land als Ganzes ist also um eben soviel ärmer. Es ist um die Menge Weizen ärmer, die nicht angebaut worden ist. Aber wer nur die Weizenbauern sieht, wird einen Gewinn ausmachen und den Verlust nicht bemerken, der den Gewinn übertrifft.

Das gilt für jede andere Branche auch. Wenn die Orangenernte infolge ungewöhnlich günstiger Wetterbedingungen plötzlich besonders gut ausfällt, haben alle Verbraucher dadurch einen Vorteil. Die Welt ist um die zusätzlichen Orangen reicher. Orangen werden billiger. Aber gerade diese Tatsache kann die Anbauer von Orangen als Gruppe ärmer als vorher machen, es sei denn, das größere Orangenangebot gleicht den niedrigeren Preis mindestens aus. Falls die von mir geerntete Menge Orangen unter solchen Umständen nicht größer als gewöhnlich ist, gehöre ich infolge des durch die Orangenschwemme verursachten niedrigen Preises ohne Frage zu den Verlierern.

Und was für Veränderungen auf der Angebotsseite gilt, hat auch für die Nachfrage Gültigkeit, gleichgültig, ob neue Erfindungen oder Entdeckungen oder Veränderungen im Geschmack die Ursache sind. Eine neue Erntemaschine für Baumwolle senkt zwar vielleicht die Preise für Baumwollunterwäsche und -hemden für alle, und steigert vielleicht auch den Wohlstand allgemein, bedeutet aber gleichzeitig, daß weniger Baumwollpflücker beschäftigt werden. Eine neue Webmaschine, die in kürzerer Zeit einen besseren Stoff webt, läßt Tausende anderer Maschinen veralten; sie vernichtet damit einen Teil des in die alten Maschinen investierten Kapitalwertes und macht ihre Besitzer ärmer. Die weitere Entwicklung der Kernenergie kann der Menschheit zwar ungeheure Segnungen bescheren, wird aber doch von den Besitzern der Bergwerke und Ölfelder mit Besorgnis verfolgt.

So wie es keine technische Verbesserung gibt, die nicht irgend jemanden belastet, gibt es keine Veränderung im Geschmack oder den Ansichten der Öffentlichkeit, die nicht irgendeinen anderen träfe. Mehr Abstinenz beim Trinken würde Tausende von Wirten zur Geschäftsaufgabe zwingen. Nachlassendes Interesse am Glücksspiel und an Wetten würde für viele Croupiers und Verkäufer von Wettips bei Pferderennen bedeuten, daß sie sich nach einer einträglicheren Beschäftigung umsehen müßten. Würden sich die Männer plötzlich auf ein züchtiges Leben besinnen, wäre das der Untergang des ältesten Gewerbes der Welt.

Aber von einer plötzlichen Verbesserung der Sitten würden nicht nur die getroffen, die den Lastern der Männer gezielt Vorschub leisten. Besonders hart würde es vor allem auch die treffen, zu deren Aufgaben es gehört, diese Sitten zu verbessern. Für die Pfarrer gäbe es nicht mehr soviel zu beklagen; die Reformer verlören ihre Daseinsberechtigung; die Nachfrage nach ihren Diensten und die Unterstützung für sie würden abnehmen. Wenn es keine Verbrecher mehr gäbe, bräuchten wir nicht mehr so viele Anwälte, Richter und Feuerwehrleute, keine Gefängniswärter, Schmiede und sogar keine Polizisten mehr (bis auf ein paar, die einspringen müßten, wenn der Verkehr wieder einmal zusammenbricht).

In einem arbeitsteiligen System ist, kurz gesagt, kaum die größere Befriedigung eines menschlichen Bedürfnisses denkbar, die nicht wenigstens vorübergehend einige der Personen trifft, die investiert oder sich mühsam ein bestimmtes Wissen angeeignet haben, um eben dieses Bedürfnis zu befriedigen. Wäre der Fortschritt völlig gleichmäßig überall verteilt, würde dieser Widerstreit zwischen den Interessen der gesamten Gemeinschaft und denen einzelner Gruppen kein ernsthaftes Problem darstellen, wenn er überhaupt bemerkt würde. Wenn im gleichen Jahr, in dem die Weltweizenernte zunähme, auch mein Ernteertrag im gleichen Verhältnis sich vergrößerte, wenn der Anbau von Orangen und allen anderen Landwirtschaftsprodukten entsprechend stiege, und wenn auch die Produktion aller Industriegüter erhöht würde und die Stückkosten proportional fielen, dann würde es mir als Weizenanbauer nicht schlecht gehen, weil ja der Weizenertrag gewachsen wäre. Der Preis, den ich für ein Bushel Weizen erhielte, könnte fallen. Die Gesamtsumme, die ich aus meinem größeren Ernteertrag erlösen könnte, fällt möglicherweise kleiner aus. Aber wenn ich dank umfangreicherer Angebote auch die Erzeugnisse aller anderen billiger kaufen könnte, hätte ich eigentlich keinen echten Grund zur Klage. Wenn der Preis aller anderen Güter im genau gleichen Verhältnis fiele, wie der meines Weizens, stünde ich mich tatsächlich genau in dem Maß besser, wie mein gesamter Ernteertrag zugenommen hätte. Und ähnlich würden auch alle anderen entsprechend vom gestiegenen Angebot aller Güter und Dienste profitieren.

Aber wirtschaftliches Wachstum ist noch nie auf so gleichförmige Art entstanden und wird es wahrscheinlich auch nie tun. Fortschritte gibt es heute in dieser Branche und morgen in jener. Und wenn das Angebot des Produkts, bei dessen Herstellung ich mitwirke, plötzlich zunimmt, oder wenn eine neue Entdeckung oder Erfindung das, was ich herstelle, überflüssig macht, dann bedeutet das, was für die Welt ein Gewinn ist, für mich und den Wirtschaftszweig, dem ich angehöre, eine Tragödie.

Nun ist es aber oft nicht der schwer faßbare Gewinn dank einer Angebotssteigerung oder Neuentdeckung, der selbst den teilnahmslosen Beobachter am nachhaltigsten trifft, sondern der massive Verlust. Die Tatsache, daß es für alle mehr und billigeren Kaffee gibt, geht unter. Gesehen wird nur, daß einige Kaffeeanbauer bei dem gesunkenen Preis nicht mehr ihren Lebensunterhalt bestreiten können. Den erhöhten Ausstoß an Schuhen, den die neue Maschine zu geringeren Kosten bewältigt, vergißt man. Gesehen werden nur die Männer und Frauen, die ihren Arbeitsplatz verlieren. Es ist durchaus angemessen, ja es ist für das ganze Verständnis des Problems sogar unerläßlich, daß man die mißliche Lage dieser Menschen erkennt, daß man ihnen mit Verständnis begegnet, und daß wir versuchen herauszufinden, ob man nicht einige der Gewinne dieses Spezialisierungsprozesses dazu verwenden kann, für die Opfer eine produktive Beschäftigung an anderer Stelle zu finden.

Aber die Lösung kann nie darin bestehen, willkürlich das Angebot zu drosseln, Erfindungen oder Entdeckungen zu verhindern, oder Menschen darin zu unterstützen, daß sie weiter eine Arbeit tun, die ihren Wert verloren hat. Aber genau das hat man immer wieder versucht, wenn man Schutzzölle einführte, Maschinen zerstörte, Kaffee verbrannte und unzählige andere Beschränkungen erließ. Es ist die unsinnige Lehre vom Reichtum durch Knappheit.

Es ist eine Lehre, die unglücklicherweise im privaten Bereich für eine isoliert lebende Gruppe von Produzenten immer wieder gültig sein kann – wenn sie das eine Produkt, das sie zu verkaufen haben, künstlich knapp halten können, während alle anderen Güter im Überfluß vorhanden sind. Aber es ist eine Lehre, die für den öffentlichen Bereich immer falsch ist. Sie kann nie im großen angewandt werden. Das wäre wirtschaftlicher Selbstmord.

Und das ist unsere Lektion in ihrer allgemeinsten Form. Denn vieles, was zuzutreffen scheint, wenn man sich nur auf eine wirtschaftliche Gruppe konzentriert, entpuppt sich als Täuschung, sobald die Interessen aller, der Verbraucher wie der Produzenten, berücksichtigt werden.

Das Problem im Ganzen zu sehen, und nicht in Bruchstücken, das ist das Ziel der Wirtschaftswissenschaft.

Teil 3
NACHGEDANKEN

Die erste Auflage dieses Buches erschien 1946. Inzwischen sind mehr als 30 Jahre vergangen. Was haben wir in dieser Zeit aus dem gelernt, was auf den vorangegangenen Seiten ausgebreitet wurde?

Wenn wir uns die Politiker ansehen, die für die Formulierung und Durchführung staatlicher Maßnahmen verantwortlich sind, ist praktisch nichts gelernt worden. Die Maßnahmen, die wir hier untersucht haben, sind heute verbreiteter und etablierter, als zur Zeit der Erstauflage dieses Buches.

Als treffendes Beispiel können wir die Inflation nehmen. Sie ist nicht nur eine Politik, die um ihrer selbst willen betrieben wird, sondern auch ein unvermeidliches Ergebnis fast aller interventionistischen Maßnahmen. Sie ist heute das allgegenwärtige Symbol staatlicher Eingriffe in das Wirtschaftsleben.

In der Auflage von 1946 waren die Folgen der Inflation aufgezeigt worden, doch die Inflation war damals vergleichsweise harmlos. Es stimmt zwar, daß beispielsweise die Staatsausgaben der USA 1926 weniger als 3 Milliarden $ betragen haben, und der Haushalt einen Überschuß auswies. 1946 waren die Ausgaben jedoch auf 55 Milliarden $ gestiegen, und es gab ein Defizit von 16 Milliarden $. Im Haushaltsjahr 1947 nach dem Krieg gingen die Ausgaben auf 35 Milliarden $ zurück, und der Überschuß erreichte knapp 4 Milliarden $. Im Haushaltsjahr 1978 waren die Ausgaben jedoch auf 451 Milliarden $ angewachsen, und das Defizit betrug 49 Milliarden $.

Begleitet wurde diese Entwicklung von einem gewaltigen Anstieg der Geldmenge – von 113 Milliarden $ Sichteinlagen plus umlaufendem Geld außerhalb der Banken im Jahr 1947 auf 357 Milliarden $ im August 1978. Das aktive Geldangebot hatte sich also in dieser Zeit mehr als verdreifacht.

Dieser Anstieg der Geldmenge hatte einen drastischen Preisauftrieb zur Folge. Der amerikanische Verbraucherpreisindex stand 1946 bei 58,5. Im September 1978 war er auf 199,3 geklettert, also hatten sich die Preise mehr als verdreifacht.

Die Inflationspolitik wird, wie ich schon betont habe, zum Teil um ihrer selbst willen betrieben. Mehr als 40 Jahre nach der Veröffentlichung der *Allgemeinen Theorie* von John Maynard Keynes, und mehr als 20 Jahre, nachdem dieses Buch in Theorie und Praxis eindringlich widerlegt worden ist, empfehlen viele Politiker noch immer eine Ausweitung der Defizitfinanzierung, um die bestehende Arbeitslosigkeit zu beheben oder abzubauen. Das verwunderliche daran ist, daß sie dies empfehlen, obwohl beispielsweise die amerikanische Bundesregierung in 41 der letzten 48 Haushaltsjahre jeweils ein Defizit vorzuweisen hatte, das bis zu 50 Milliarden $ pro Jahr erreichte.

Noch verwunderlicher ist, daß amerikanische Regierungsbeamte offensichtlich nicht damit zufrieden waren, solche Wahnsinnsmaßnahmen nur im eigenen Land durchzuführen und daher andere Länder tadelten, weil sie sich diesen »Expansionsmaßnahmen« nicht anschlossen – insbesondere die Bundesrepublik Deutschland und Japan. Das erinnert sehr stark an den Fuchs in Äsops Fabel, der, als er seinen Schwanz verlor, alle anderen Füchse drängte, sich ihren Schwanz abzuschneiden.

Eine der schlimmsten Folgen des Festhaltens an den Legenden von Keynes ist, daß sie nicht nur eine ständig wachsende Inflation fördern, sondern auch systematisch die Aufmerksamkeit von den eigentlichen Ursachen der Arbeitslosigkeit ablenken, wie den überhöhten Lohnforderungen der Gewerkschaften, gesetzlich festgelegten Mindestlöhnen, zu hoher und zu lange gezahlter Arbeitslosenunterstützung und zu großzügig geregelten Unterstützungszahlungen.

Doch auch wenn die Inflation heute oft beabsichtigt ist, ist sie doch meistens die Folge anderer staatlicher Eingriffe in die Wirtschaft. Sie ist, auf einen Nenner gebracht, die Folge des Umverteilungsstaates – das Ergebnis all der Maßnahmen, mit denen dem einen das Geld aus der Tasche gezogen wird, um es an einen anderen zu verschwenden.

Man könnte diesen Prozeß leichter verfolgen und seine ruinösen Auswirkungen besser darstellen, wenn alles in nur einer einzigen Maßnahme zusammengedrängt wäre, wie etwa in dem garantierten Jahresverdienst, den Ausschüsse des amerikanischen Kongresses Anfang der 70er Jahre tatsächlich vorgeschlagen und allen Ernstes beraten haben. Es war der Vorschlag, noch rücksichtsloser alle über dem Durchschnitt liegenden Einkommen zu besteuern und die Einnahmen an die Personen weiterzugeben, die unter dem sogenannten Existenzminimum leben, um ihnen ein Einkommen zu garantieren, »das ihnen ein Leben in Würde ermöglicht« – unabhängig davon, ob sie arbeitswillig waren oder nicht. Es läßt sich kaum ein Plan denken, der offener darauf abzielt, den Arbeits- und Produktionsanreiz zu nehmen und schließlich alle an den Bettelstab zu bringen.

Aber anstatt eine solche Einzelmaßnahme durchzuführen und den Untergang praktisch in einem Zug zu besiegeln, ziehen es die Regierungen vor, Hunderte von Gesetzen zu erlassen, die eine solche Umverteilung nur in einem Teilbereich bewirken. Diese Maßnahmen übergehen einige bedürftige Gruppen unter Umständen völlig, überhäufen andere aber dafür mit den unterschiedlichsten Segnungen, Subventionen und Zuwendungen. Wir wollen nur einige aufzählen: Sozialversicherung, Gesundheitswesen, Arbeitslosenversicherung, Essensmarken, Unterstützung für Kriegsteilnehmer, Landwirtschafts-, Bau- und Mietsubventionen, Schulspeisung, öffentliche Arbeitsbeschaffungsmaßnahmen, Beihilfen für Familien mit unselbständigen Kindern und direkte Unterstützungszahlungen aller Art etwa an alte Menschen, Blinde, Körperbehinderte etc. Nach einer Schätzung der amerikanischen Regierung sind Bundeszuschüsse allein an diese letzten Gruppen in 4 Millionen Fällen gezahlt worden – nicht mitgerechnet das, was die einzelnen Bundesstaaten und Städte leisten.

Vor kurzem hat jemand nicht weniger als 44 Sozialprogramme gezählt, die es in den Vereinigten Staaten gibt. Die staatlichen Ausgaben für diese Programme beliefen sich 1976 auf 187 Milliarden $. Insgesamt wuchsen diese Programme zwischen 1971 und 1976 im Durchschnitt um 25 Prozent pro Jahr – das Zweieinhalbfache der Wachstumsrate des geschätzten Bruttosozialprodukts des gleichen Zeitraums. Für 1979 waren Ausgaben von mehr als 250 Milliarden $ geplant. Parallel zum außergewöhnlichen Wachstum dieser Wohlfahrtsausgaben hat sich eine »nationale Wohlfahrtsindustrie« entwickelt, die inzwischen aus 5 Millionen öffentlichen und privatwirtschaftlichen Beschäftigten besteht, die Zahlungen und Dienstleistungen an 50 Millionen Nutznießer weiterleiten.[1]

Beinahe alle anderen westlichen Länder haben ähnlich beschaffene Hilfsprogramme durchgeführt, wenn sie auch manchmal zusammenhängender und weniger zufällig waren. Und um das zu verwirklichen, haben diese Länder immer stärker Zuflucht zu einer rigorosen Besteuerung genommen.

Wir brauchen nur ein Beispiel zu nehmen – Großbritannien. Die dortige Regierung besteuerte die persönlichen Einkünfte aus selbständiger und nichtselbständiger Arbeit mit bis zu 83 Prozent, und die persönlichen Einkünfte aus Investitionen mit bis zu 98 Prozent. Ist es verwunderlich, daß sie die Arbeitsleistung und die Investitionen und damit die Produktion und die Beschäftigung entscheidend beeinträchtigt hat? Es gibt keinen sichereren Weg, etwas gegen die Beschäftigung zu tun, als die Beschäftigten zu drangsalieren und zu bestrafen. Und der sicherste Weg, die Löhne niedrig zu halten, ist der, jeden Anreiz zu nehmen, in neue und leistungsfähigere Maschinen und andere Investitionsgüter zu investieren. Und doch wird das überall mehr und mehr zur offiziellen staatlichen Politik.

Doch die rigorose Besteuerung hat keine Einkünfte erbracht, die Schritt hätten halten können mit den immer unbekümmerter erfolgenden staatlichen Ausgaben und Plänen zur Umverteilung der Vermögen. Das Ergebnis waren chronische und ständig steigende Haushaltsdefizite und damit chronische und wachsende Inflation in fast allen Ländern der Erde.

Die New Yorker Citybank hat für die letzten 30 Jahre eine Aufstellung über diese Inflationierung in Zehnjahreszeiträumen gemacht. Die Berechnungen beruhen auf den Schätzungen der Lebenshaltungskosten, welche die einzelnen Regierungen selbst abgegeben haben. In einem Bericht vom Oktober 1977 ist eine Inflationsübersicht für 50 Länder

---

[1] Charles D. Hobbs, *The Welfare Industry* (Washington, D.C.: Heritage Foundation, 1978).

veröffentlicht. Die Zahlen zeigen, daß zum Beispiel die westdeutsche Mark, die am besten abgeschnitten hatte, in den letzten zehn Jahren 35 Prozent ihrer Kaufkraft verloren hatte; der Schweizer Franken hatte 40 Prozent verloren, der amerikanische Dollar 43 Prozent, der französische Franc 50 Prozent, der japanische Yen 57 Prozent, die schwedische Krone 47 Prozent, die italienische Lira 56 Prozent und das britische Pfund 61 Prozent. Von den lateinamerikanischen Ländern hatte der brasilianische Cruzeiro 89 Prozent seines Wertes verloren, und der urugayische, chilenische und argentinische Peso über 99 Prozent.

Ein oder zwei Jahre vorher hatte sich die Wertminderung der großen Weltwährungen noch in Grenzen gehalten, wie eine entsprechende Aufzeichnung belegt. Der amerikanische Dollar hatte 1977 6 Prozent jährlichen Wertverlust erfahren, der französische Franc 8,6 Prozent, der japanische Yen 9,1 Prozent, die schwedische Krone 9,5 Prozent, das britische Pfund 14,5 Prozent, die italienische Lira 15,7 Prozent und die spanische Peseta 17,5 Prozent. Die brasilianische Währungseinheit war 1977 um 30,8 Prozent im Wert gefallen, die uruguayische um 35,5 Prozent, die chilenische um 53,9 Prozent und die argentinische um 65,7 Prozent.

Ich überlasse es dem Leser, sich das Chaos auszumalen, das diese Geldentwertungssätze in den Volkswirtschaften der einzelnen Länder hervorriefen, und sich die Leiden zu vergegenwärtigen, die diese Zustände millionenfach in das Leben der Menschen dort brachten.

Wie ich dargelegt habe, waren diese Inflationen, die selbst die Ursache so großer menschlicher Not waren, ihrerseits größtenteils die Folge anderer staatlicher Eingriffe in die Wirtschaft. Praktisch belegen und unterstreichen all diese Interventionen ungewollt die zentrale Lektion dieses Buchs. Alle waren sie unter der Annahme durchgeführt worden, sie würden bestimmten Gruppen unmittelbare Vorteile bringen. Diejenigen, die sie vornahmen, versäumten es, sich um die mittelbaren Folgen zu kümmern, achteten nicht auf die langfristigen Auswirkungen auf alle Gruppen.

Soweit es also die Politiker betrifft, läßt sich das Fazit ziehen, daß die Lektion, die dieses Buch vor mehr als 30

Jahren zu vermitteln versucht hat, offenbar nirgendwo verstanden worden ist.

Gehen wir der Reihe nach die Kapitel dieses Buchs durch, finden wir im Grunde keine Form staatlicher Eingriffe in die Wirtschaft, die nicht in der ersten Auflage verworfen worden wäre und doch noch immer praktiziert wird, im allgemeinen sogar mit noch größerer Verbissenheit. Noch immer versuchen die Regierungen überall, durch vom Staat vergebene Aufträge der Arbeitslosigkeit beizukommen, die sie doch selbst durch ihre Politik verschuldet haben. Die Steuern, die sie erheben, werden immer höher und erdrückender. Noch immer empfehlen sie eine Ausweitung der Kredite. Für die meisten gilt noch immer als oberstes Ziel die »Vollbeschäftigung«. Nach wie vor verhängen sie Importquoten und errichten Schutzzölle. Sie versuchen, die Exporte anzukurbeln, indem sie die eigene Währung weiter abwerten. Bauern »streiken« noch immer für »Paritätspreise«. Die Staaten liefern unrentablen Wirtschaftszweigen noch immer besondere Anreize. Und noch immer bemühen sie sich darum, bestimmte Güterpreise zu »stabilisieren«.

Die Staaten, die durch das Aufblähen ihres Geldumlaufs die Güterpreise in die Höhe treiben, geben die Schuld an den höheren Preisen nach wie vor den privaten Produzenten, dem Handel und den »Profitmachern«. Sie setzen Preisobergrenzen für Öl und Erdgas fest, um deren Erschließung gerade dann zu hemmen, wenn das Gegenteil nötig wäre, oder verlegen sich darauf, generell die Preise oder Löhne festzusetzen oder zu »überwachen«. Sie halten trotz der offenkundig verheerenden Auswirkungen am Mieterschutz fest. Sie belassen es nicht nur bei Gesetzen über Mindestlöhne, sondern heben deren Niveau noch weiter an, ungeachtet der chronischen Arbeitslosigkeit, die sie ganz unzweideutig verursachen. Sie verabschieden weiterhin Gesetze, die den Gewerkschaften Sonderrechte und Freiräume sichern, um Druck auf die Arbeiter auszuüben, Mitglieder zu werden, um das Aufstellen von Streikposten in großem Stil und andere Formen des Zwangs dulden zu können und die Arbeitgeber zu zwingen, »geschlossen und in Treu und Glauben« mit solchen Gewerkschaften zu verhandeln – das heißt, wenigstens einige Zugeständnisse an ihre Forderungen zu machen. Die Absicht all dieser Maßnahmen ist, den »Beschäftigten zu helfen«. Doch das Ergebnis sind wieder nur zusätzliche und längere Arbeitslosigkeit und niedrigere Gesamtlöhne, als sonst eventuell angefallen wären.

Die meisten Politiker verkennen nach wie vor die Notwendigkeit von Gewinnen, schätzen deren Durchschnitts- oder gesamten Nettobetrag zu hoch ein, prangern ungewöhnlich hohe Gewinne ohnehin an, belegen sie mit überzogenen Steuern und bedauern manchmal sogar, daß es überhaupt Gewinne gibt.

Die antikapitalistische Mentalität scheint tiefer verwurzelt zu sein denn je. Sobald es irgendeinen konjunkturellen Einbruch gibt, sehen die Politiker die Ursache dafür in den »ungenügenden Verbraucherausgaben«. Und im gleichen Atemzug, in dem sie höhere Verbraucherausgaben fördern, legen sie den Sparern und Investoren weitere Hindernisse in den Weg. Das geschieht, wie wir gesehen haben, heute im wesentlichen dadurch, daß sie sich auf eine inflationistische Politik einlassen oder sie verschärfen. Die Folge ist, daß zum erstenmal in der Geschichte heute kein Land mehr eine Metallwährung hat, und praktisch jeder Staat die eigene Bevölkerung betrügt, weil er Papiergeld druckt, dessen Wert sich laufend verringert.

Untersuchen wir zum Abschluß noch eine neuere Tendenz, die in Europa wie in den Vereinigten Staaten anzutreffen ist, und die zur Folge hat, daß beinahe jedes »Sozialprogramm« völlig außer Kontrolle gerät, sobald es einmal angelaufen ist. Wir haben die Situation im großen bereits kurz gestreift, wollen aber jetzt ein besonders anschauliches Beispiel näher betrachten – die Sozialversicherung in den Vereinigten Staaten.

Das ursprüngliche Bundesgesetz, der Social Security Act, wurde 1935 erlassen. Ihm lag die Annahme zugrunde, daß das Problem der Unterstützungszahlungen im wesentlichen darauf zurückgehe, daß die Menschen nicht in den Jahren sparten, in denen sie arbeiteten, und dann, wenn sie zu alt zum Arbeiten waren, keinen finanziellen Rückhalt hatten. Dieses Problem, so glaubte man, könnte gelöst werden. Man mußte die Arbeiter und Angestellten nur zwingen, sich zu versichern, wobei die Arbeitgeber die Hälfte der Versicherungsbeiträge tragen mußten. Dann hätten die Beschäftigten eine ausreichende Rente, um sich mit 65 Jahren oder später zur Ruhe setzen zu können. Die Sozialversicherung war als ein sich ganz selbst tragendes Versicherungssystem gedacht, dem rein versicherungsmathematische Prinzipien zugrunde lagen. Ein ausreichender Reservefonds sollte eingerichtet werden, um die zukünftigen Forderungen und fälligen Zahlungen erfüllen zu können.

Aber dazu kam es nie. Der Reservefonds existierte im wesentlichen nur auf dem Papier. Die Regierung gab die Einnahmen aus der Sozialversicherungssteuer so, wie sie kamen, entweder für normale Verpflichtungen aus oder beglich damit die Versicherungsleistungen. Seit 1975 sind die Leistungszahlungen höher als die Einnahmen der Sozialversicherung.

Außerdem stellte sich heraus, daß der Kongreß auf praktisch jeder Sitzung Wege fand, die Leistungszahlungen aufzubessern, den Versicherungsschutz auszuweiten und neue Formen der »Sozialversicherung« einzuführen. So bemerkte ein Beobachter 1965, einige Wochen nach dem Start von *Medicare,* einem staatlichen Krankenversicherungsprogramm vor allem für ältere Menschen: »In jedem der sieben letzten Jahre einer allgemeinen Wahl sind Wahlgeschenke bei der Sozialversicherung gemacht worden.«

Als die Inflation zunahm und sich zusehends beschleunigte, wurden die Leistungen der Sozialversicherung nicht proportional, sondern überproportional erhöht. Dabei wurde der übliche politische Trick angewandt, die Leistungen sofort zu erbringen, die Kosten dagegen in die Zukunft zu verlagern. Doch diese Zukunft war immer irgendwann plötzlich da, und der Kongreß war gezwungen, alle paar Jahre die Pflichtbeiträge zur Sozialversicherung für die Arbeitnehmer wie für die Arbeitgeber anzuheben.

Aber es wurden nicht nur laufend die Beitragssätze erhöht, sondern auch die Bemessungsgrundlage vergrößerte sich von Mal zu Mal. In der ursprünglichen Gesetzesfassung wurden vom Verdienst nur die ersten 3000 Dollar besteuert, und die Beitragssätze waren äußerst niedrig. Aber zwischen 1965 und 1977 beispielsweise erhöhte sich der Beitragssatz zur Sozialversicherung von 4,4 Prozent (der von Arbeitnehmer und Arbeitgeber erhoben wurde) für die ersten 6600 Dollar des Verdienstes auf gemeinsam aufzubringende 11,7 Prozent für die ersten 16 500 Dollar. (Zwischen 1960 und 1977 stiegen die jährlichen Gesamtbeiträge um 572 Prozent, was einem jährlichen Zuwachs von knapp 12 Prozent entspricht. Und eine weitere Zunahme ist geplant.)

Anfang 1977 wurden die Verbindlichkeiten des Sozialversicherungssystems, die nicht durch Rücklagen gedeckt waren, auf 4,1 Billionen $ geschätzt.

Niemand kann heute sagen, ob die Sozialversicherung wirklich ein Versicherungsprogramm ist oder nur ein kompliziertes Unterstützungssystem mit Schlagseite. Der großen Masse der gegenwärtigen Leistungsempfänger wird versichert, sie hätten ihre Leistungen »verdient« und »dafür bezahlt«. Aber keine private Versicherungsgesellschaft hätte es sich leisten können, die bestehenden Verpflichtungen aus den täglich eingehenden »Prämien« zu begleichen. Anfang 1978 erhielt ein Arbeiter, der wenig verdient hatte und aufhörte zu arbeiten, im allgemeinen etwa 60 Prozent seines Verdienstes. Arbeiter mit einem mittleren Verdienst bekamen ungefähr 45 Prozent. Bei Großverdienern sank der Satz unter Umständen auf 10 oder 5 Prozent. Wenn die Sozialversicherung jedoch als ein Unterstützungssystem gedacht ist, so ist sie ein sehr eigenartiges System. Denn wer bisher schon am meisten verdient hat, bekommt auch die höchsten Zuwendungen.

Doch die Sozialversicherung ist noch immer tabu. Jeder Kongreßabgeordnete begeht politischen Selbstmord, der zur Debatte stellt, die gegenwärtigen oder auch die zugesagten zukünftigen Leistungen langsamer steigen zu lassen oder zu kürzen. Das amerikanische Sozialversicherungssystem muß heute als beängstigendes Symbol der beinahe zwangsläufigen Tendenz jedes staatlichen Unterstützungs-, Umverteilungs- oder »Versicherungs«-Systems gelten, völlig außer Kontrolle zu geraten, sobald es einmal eingeführt ist.

Das Hauptproblem, dem wir heute gegenüberstehen, ist also nicht wirtschaftlicher, sondern politischer Natur. Besonnene Wirtschaftsexperten sind sich im wesentlichen über das einig, was getan werden müßte. Praktisch alle staatlichen Versuche, Vermögen und Einkommen umzuverteilen, lähmen im allgemeinen die Anreize zur Produktion und haben eine generelle Verarmung zur Folge. Es ist der ureigenste Bereich des Staates, einen Gesetzesrahmen zu schaffen und durchzusetzen, der Gewalt und Betrug verhindert. Doch er muß sich spezielle Eingriffe in das Wirtschaftsleben versagen. Auf wirtschaftlichem Gebiet ist es die Hauptaufgabe des Staates, einen freien Markt zu fördern und zu bewahren. Als Alexander der Große den Philosophen Diogenes besuchte und ihn fragte, ob er etwas für ihn tun könne, soll Diogenes geantwortet haben: »Ja, geh mir etwas aus der Sonne.« Genau das kann jeder Bürger vom Staat fordern.

Die Lage ist ernst, aber nicht hoffnungslos. Hier und da zeigt sich ein Silberstreif am Horizont. Immer mehr Menschen wird klar, daß der Staat nichts zu verschenken hat, was er nicht vorher anderen weggenommen hat – vielleicht sogar ihnen selbst. Höhere Zuwendungen an ausgesuchte Gruppen bedeuten nichts anderes als mehr Steuern, oder gestiegene Defizite und mehr Inflation. Und Inflation gibt der Produktion eine falsche Richtung und verursacht Störungen. Sogar einige Politiker beginnen, das zu erkennen, und von diesen wiederum sprechen das einige sogar offen aus.

Im übrigen gibt es deutliche Anzeichen für ein Umdenken in theoretischer Hinsicht. Die Anhänger des New Deal und von Keynes scheinen etwas in die Defensive gedrängt worden zu sein. Konservative, Befürworter der individuellen Freiheit und andere Verfechter der freien Marktwirtschaft treten stärker und bestimmter in Erscheinung. Und sie sind zahlreich. Unter den Jüngeren gewinnt die disziplinierte österreichische Schule immer mehr Anhänger.

Es besteht die begründete Hoffnung, daß die Politik sich eines Besseren besinnt, bevor der Schaden, den die gegenwärtigen Maßnahmen und Trends schon angerichtet haben, nicht mehr wiedergutzumachen wäre.

Personen- und Sachregister

A

Absatzstruktur 91
Abschwung 174
Agrarmarktordnung 86
Agricultural adjustment acts 91
Alexander der Große 211
Alterung 26
Arbeit 68, 98, 102, 105, 120, 146, 154 f.
Arbeiten, öffentliche 28 f., 162, 173
Arbeiterbewegung 137
Arbeitgeber 137 f.
Arbeitsaufwand 51
Arbeitsbedingungen 138
Arbeitsbeschaffung 27, 48, 134, 149
Arbeitsbeschaffungspraktiken 68
Arbeitskräfte 23, 75, 96, 101, 105, 147
Arbeitslosenunterstützung 134, 143, 203
Arbeitslosenversicherung 204
Arbeitslosigkeit 27, 35, 45, 48 f., 51, 60, 61 ff., 67 f., 122, 132 f., 139, 143 f., 146, 153, 171, 203, 207 f.
Arbeitsplätze 27, 29 ff., 36, 42, 52 ff., 60 ff., 64, 68, 75, 130, 138, 157
Arbeitsproduktivität 75, 147, 153
Arbeitsteilung 25, 45, 101
Arbeitszeit 60 f.
Arbeitszeitverkürzung 148
Arkwright 46
Amerika 22
Amerikaner 26
Angebot 25, 102, 116 f., 119
Anlagen 26 f., 146
Aufschwung 87, 89, 174
Ausbeutung 146
Ausbildung 137
Ausgaben, öffentliche 28
Ausfuhr 81, 83, 85

Ausland 83
Auslandskredite 83
Austausch 25
Außenhandel 82, 85
Automation 49, 54

B

Bacon 193
Bankkredite 186 f.
Bargeld 185
Bastiat, Frédéric 8, 20, 176
Bauherren 127
Bausubventionen 204
Bedarf 22, 115
Beschäftigung 21, 30, 36, 52, 55, 58, 67 f., 74, 78, 84, 145, 147, 205
Besteuerung 174
Bevölkerungszunahme 55
Binnenhandel 82, 84
Bilateralismus 80
Brasilien 91
Bürokraten 106, 113, 161
Bundesrepublik Deutschland 203

C

China 67, 69, 94
Cohen, Morris R. 8
Crusoe, Robinson 101

D

Darlehn 37, 82
Darlehn, private 43
Darlehnspolitik 110
Defizit 164
Defizitfinanzierung 64, 174, 203
Deflation 94, 174
Deutsche 26
Deutschland 24, 137
Devisen 82
Devisenbewirtschaftung 80
Devisentausch 81
Diogenes 211

Douglas, Major 9
Douglas, Paul H. 154
Durchschnittsproduktivität 75

E
Edwards, Corvin 48
Eigeninteressen 14
Einfuhr 81, 85
Einkommen 92, 148, 156
Einkommensteuer 34
England 137
Entwicklungsländer 50
Ersatzrate 26
Ersparnisse 27, 181 f., 186 f.
Ertrag 68
Europa 208
Export 80 f., 84, 164, 192, 207
Exportkredite 83
Exportmarkt 77
Exportsubventionen 85

F
Faschismus 175
Felkin, William 46
Festpreise 113, 118
Fortschritt, technischer 51
Frankreich 24
Freihandel 79
Freiheit 114

G
Geld 22 f., 25 f., 28, 82, 122, 162 f., 170, 184, 187
Geldentwertung 125
Geldinflation 26
Geldinstitute 184
Geldmenge 165 f., 169, 202
Geldpolitik 162
Geldschleier 25
Geldspritzen 186 f.
Geldumlauf 207
Geldwert 169
Gesundheitswesen 204
Gewerkschaften 45, 48, 58, 68, 137 ff., 143 f., 145, 147 f., 150 f., 162, 171, 207
Gewerkschaftsforderungen 144
Gewerkschaftspolitik 96

Gewerkschaftspraktiken 5
Gewinn 52, 102, 104, 106, 122, 137 f., 145, 157 ff., 161, 168, 198, 208
Gewinniveau 102
Gewinnspanne 116
Gleichgewicht 156
Gleichgewichtsniveau 157
Gold 82
Goldstandard 82
Grenzproduktionskosten 103
Grenzproduzenten 116, 133
Großbritannien 205
Großunternehmen 136
Guffey Act 95

H
Hamilton, Alexander 120
Handel, freier 70, 113
Handelsbeschränkungen 70
Hansen, Alvin 9
Haushaltsdefizit 205
Hitler 68
Höchstpreise 115, 122

I
Import 80 f., 164, 192
Importquoten 80, 207
Indien 22, 68
Industrieerzeugnisse 87
Inflation 23, 25, 28, 36, 114, 123, 140, 162 f., 166, 168 ff., 187, 202 f., 205 f., 209, 211
Interventionen 206
Investitionen 42, 76, 147, 168, 179, 181, 183, 205
Investitionsgüter 178, 180
Investitionsgüterindustrie 183
Investoren 145, 208

J
Japan 203
Japaner 26

K
Kapital 24, 27, 33, 35, 37 ff., 42, 75, 98 f., 102, 105, 113, 146, 159, 168, 185 f., 188

Kapitalbildung 136 f.
Kapitalerträge 97
Kapitalknappheit 68
Kartelle 96
Kaufkraft 22 f., 26 f., 61, 63 ff., 79, 82, 87, 90 ff., 112, 115 f., 119, 154, 165, 170, 173, 187
Kaufkraft-Argument 153
Kaufkraft-Schule 150
Keynes, Lord John Maynard 9, 203, 211
Kinderarbeit 69
Knappheit 104, 106, 118, 122, 199
Kommunismus 175
Kosten 63, 106, 160, 170
Kosteneinsparungen 161
Kostenkontrolle 117
Kredit 37, 83, 162, 192, 207
Krieg 22, 25, 27

L
Landwirt 87
Landwirtschaftsprodukte 92
Landwirtschaftssubventionen 204
Lebenshaltungskosten 112, 122, 142, 147, 171
Lebensstandard 55 f., 69, 80, 97, 113 f., 122
Liberale 138
Liberalismus 18
Lobbyisten 71
Löhne 25, 56, 62 f., 68, 74, 78, 80, 120 f., 131 f., 136 f., 139, 142, 145, 150, 157, 160, 170, 192, 205, 207
Lohnniveau 74 f.
Lohnerhöhung 142, 153 f.
Lohngefüge 171
Lohn-Kosten-Preis-Gefüge 172
Lohnsätze 170
Lohnsteigerungen 132, 147
Lohnsumme 154
Lohnverhandlungen 152
Lohnzahlungen 25

M
Macaulay 24
Management 137

Markt 104, 113, 160
Markt, freier 112
Markt, schwarzer 121
Marktpreise 106, 115, 118
Marktwert 141
Marktwirtschaft 114, 212
Marx, Karl 9, 150
Marxisten 150
Maschinen 45, 48, 54, 56, 136, 149, 168, 199
Medicare 209
Merkantilismus 17
Mieten 31, 12, 128
Mieterschutz 207
Mietpreisbindung 124 f., 128 f.
Mietsubventionen 204
Mietzuschüsse 31
Mill, John Stuart 25, 85
Mindestlöhne 131, 133, 203, 207
Mindestpreise 97
Mises, Ludwig von 8
Monopol 96
Multiplikator 171
Myrdal, Gunnar 50

N
Nachfrage 22 f., 25, 53 f., 64, 75, 87, 102, 104, 116 f., 119, 133, 143, 160 f.
Nachfrage, öffentliche 29
Nation 25
New Deal 44, 86, 211
Norris-Damm 33

P
Parität 87
Paritätspreise 86 ff., 92, 207
Paritätspreissystem 92 f.
Pigou, A. C. 154
Planwirtschaft 44
Preise 23, 25 f., 63, 85, 102 ff., 114, 116, 120, 145, 150, 157, 166, 171, 195, 207
Preisauftrieb 202
Preiserhöhungen 161
Preiskontrolle 116, 119 f., 124, 129 ff.
Preisniveau 165

Preisobergrenze 123, 207
Preisschwankungen 107
Preis-Stütze 106
Preissystem 99, 102
Preisüberwachung 116, 120, 124, 129
Privatkredit 38
Privatwirtschaft 27, 64, 66, 104
Produktion 25, 34, 36, 43, 53, 55 f., 58, 63, 67 ff., 90, 104, 110, 112, 137, 147, 157, 161, 189, 193, 205, 211
Produktionsbeschränkung 112
Produktionsfaktoren 161
Produktionskapazität 23
Produktionskosten 62 f., 102 f., 105, 112, 148, 161, 189, 192
Produktionsstruktur 78
Produktionsverfahren 68
Produktivität 27, 68, 137, 147 ff., 165
Produktivitätsanstieg 186
Produktivkapital 189
Produktivitätssteigerung 88
Produzenten 104, 106, 118, 120, 123, 199
Profit 100, 122, 158
Protektionismus 79

R

Rationierungen 117, 119 f.
Realeinkommen 35
Reallöhne 56, 63, 75, 112, 137, 145, 147, 149 f., 171
Reichtum 163, 170, 193, 199
Rentabilität 179
Revolution, industrielle 46
Rezession 164, 168, 180 f.
Richtung 188
Risiko 35, 38, 41, 108, 146, 159
Rodbertus 176
Rohstoffe 120
Roosevelt 44, 50
Rußland 68

S

Santayana 48, 191
Schulden 28, 173

Schutzzölle 69, 71, 92 f., 199, 207
Shaw, George Bernhard 32
Smith, Adam 45, 69 f., 163, 173, 193
Social Security Act 208
Sozialismus 41
Sozialkredit 164
Sozialprogramm 204, 208
Sozialprodukt 157
Sozialversicherung 204, 208 f.
Sozialversicherungssystem 210
Spätfolgen 14
Sparen 187, 193, 208
Sparvolumen 186
Spekulanten 107 f.
Spezialisierung 101
Staat 28, 38 f., 109, 115, 117, 128, 137, 163
Staatsausgaben 27 f., 30, 34, 202
Staatsbankrott 28
Staatsbürgschaften 36
Staatsdarlehen 43, 84
Staatshaushalt 64
Staatskredite 36, 40, 44
Staatsverschuldung 28, 64, 173
Steuer 28 f., 31, 33 ff., 44, 130, 166, 175, 192, 207 f., 211
Steueraufkommen 28, 34
Steuergelder 28, 30, 32, 41
Steuerlast 36
Steuerzahler 29, 31, 64 f., 97 f., 109, 119, 123, 128, 143
Streik 140
Streikbrecher 140
Subventionen 44, 97 f., 117 ff., 123, 128, 192, 204
Sumner, William Graham 194

T

Tauschwirtschaft 25, 63, 153, 170
Technokraten 48
TNEC-Studie 158
Tennessee Valley Authority 32

U

Überbeschäftigung 55
Überstundenzuschlag 60
Umlaufgeschwindigkeit 165

Umverteilung 34, 204 f.
Umverteilungsstaat 203
Unternehmen 35, 105, 132, 139, 147
Unternehmer 108, 145, 157, 161
Unternehmergewinne 145, 170
Unternehmertum 103
Unterstützungssystem 143
Unterstützungszahlungen 204
USA 60, 68 f., 85, 91, 94, 137, 190, 202, 208

V

Veblen, Thorstein 9
Verbrauch 193
Verbraucher 35, 53, 56, 73, 85, 91, 106, 108, 118, 119, 120, 123, 133, 137, 145, 160 f., 179, 189, 199
Verbraucherpreise 150
Verbrauchsgüter 180
Verbrauchsgüterindustrie 183
Verlust 198
Verteilung 69
Verzinsung 159
Volkseinkommen 26, 34, 36, 65, 146, 155, 159
Vollbeschäftigung 55, 67 ff., 90, 157, 164, 170, 207

W

Wachstum, wirtschaftliches 198
Währungssystem 117
Warenangebot 185
Warenaustausch 25
Warenbewirtschaftung 113
Warenpreise 114
Wells, David A. 47
Wertminderung 26
Wettbewerb 53, 96, 138, 145, 160, 195 f.
Wicksteed, Philip 8
Wirtschaftslehre 190
Wirtschaftspolitik 7, 15, 24
Wirtschaftstheorie 191, 193
Wirtschaftswachstum 24, 186
Wirtschaftswissenschaften 199
Wochenarbeitszeit 61 ff.
Wohlfahrtsausgaben 204
Wohlstand 22, 24, 29, 31, 34, 55, 58, 65, 90 f., 98, 192 f.
Wohnraum 125 f.
Wohnungsbau-Darlehn 44
Wohnungsbau, sozialer 31
Wohnungsbauprogramm 128
Works Progress Administration 68

Z

Zahlungsbilanz 81
Zerstörung 21 f.
Zins 185
Zinssätze 185 f.
Zinssenkung 186
Zölle 70 ff., 76, 78, 86, 92, 97
Zollabbau 72, 79
Zollmauer 75 f.

Horst Poller Verlag im
Verlag BONN AKTUELL GmbH
Postfach 31 08 07
D-7000 Stuttgart 31

Weitere Bücher zum Thema Wirtschaft und Politik

Kurt Richebächer
**Im Teufelskreis
der Wirtschaftspolitik**
*Fiskalsozialismus verdrängt
die Marktwirtschaft*
296 Seiten, 3. Aufl. 1981,
geb. m. Schutzumschlag

Walter Wittmann
**Kreuzzug gegen
die Realität**
*Die ersten hundert Jahre
nach Karl Marx*
220 Seiten, Paperback

Heik Afheldt und
Peter G. Rogge (Hrsg.)
Geht uns die Arbeit aus?
*Vorausgedachtes von Ralf
Dahrendorf, Georg H. Endress,
Hansjürg Mey und Heimfrid
Wolff*
Prognos Forum
Zukunftsfragen bei Poller
119 Seiten, Paperback

Statistisches Bundesamt
(Hrsg.)
Datenreport 1
*Zahlen und Fakten über
die Bundesrepublik
Deutschland 1983/84*
400 Seiten mit zahlreichen
Abb. und Tabellen,
Paperback

Wolfgang Stützel
**Marktpreis und
Menschenwürde**
*Thesen zur Wirtschafts- und
Bildungspolitik*
176 Seiten, 3. Auflage 1982
geb. m. Schutzumschlag

Meinhard Miegel
Die verkannte Revolution (1)
*Einkommen und Vermögen
der privaten Haushalte*
Mit einem Vorwort von
Kurt H. Biedenkopf
202 Seiten, Paperback

Bitte fordern Sie unser
Gesamtverzeichnis an.

Horst Poller Verlag im
Verlag BONN AKTUELL GmbH
Postfach 31 08 07
D-7000 Stuttgart 31

In unserer raschlebigen, immer neuere Erkenntnisse hervorbringenden Zeit, verblassen Namen sehr rasch, auch Namen von Personen, die durch ihre Gedanken ihre Generation beeinflußt haben. Dazu gehört auch Ludwig von Mises.
Zwei seiner Werke sind in unserem Verlag erschienen:

Ludwig von Mises
Im Namen des Staates
oder die Gefahren des Kollektivismus
Vorwort von Alfred Müller-Armack
262 Seiten, geb. mit Schutzumschlag

»Liest man das Buch kritisch, so ist man überrascht über die Fähigkeit des Autors, künftige Entwicklungen vorherzusehen. Auch wenn das Buch unter dem unmittelbaren Eindruck der nationalsozialistischen Herrschaft (der Autor mußte 1943 in die Schweiz emigrieren), geschrieben wurde, so rechnet er scharf mit allen Kräften ab, ob politisch links oder rechts stehend, die den »Liberalismus« in seiner idealen Ausprägung ablehnen, was letztlich zu einem staatlichen Interventionismus und damit zum Kollektivismus führen muß. Scharfsinning sind seine Analysen über die Eigenart des Deutschen Nationalismus und des Weges zum Nationalsozialismus. Lesenswert seine Gedanken über den künftigen Frieden, geschrieben vor 40 Jahren. Insgesamt ein lesenswertes Buch.«
(Literatur – Berater Wirtschaft 1/81)

Ludwig von Mises
Vom Wert der besseren Ideen
Sechs Vorlesungen über
Wirtschaft und Politik
114 Seiten, Kasteneinband

»Obwohl jeder der sechs Vorträge als unabhängige Abhandlung gelten kann, bereitet die Harmonie der ganzen Reihe dem Leser einen ästhetischen Genuß, wie ihn der Beschauer eines architektonischen Meisterwerks erlebt.«

Fritz Machlup, Princeton, 1979